Beverly Engel
ビヴァリー・エンゲル［著］
石井礼子［訳］
THE POWER OF APOLOGY
Healing Steps to Transform All Your Relationships

人はなぜ謝れないのか

自分も相手も幸せになれる「謝罪」の心理学

日本教文社

人はなぜ謝れないのか・・・目次 Contents

第7章　許すに時あり——そして、許しを忘れるにも時がある　157

●……第4部　謝罪の求め方を学ぶ……●

第8章　沈黙がつねに金であるとはかぎらない　172

第5部　謝罪を通してあらゆる人間関係をつくり変える

第13章　結婚生活や恋愛関係を癒すには

装幀――――清水良洋（Malpu Design）

人はなぜ謝れないのか

自分も相手も幸せになれる「謝罪」の心理学

はじめに

私が個人的に「謝罪」に興味をもちはじめたのは、母が、私を幼い頃精神的に虐待していたことを私にわびた時です。その時の経験は、私のその後の人生を左右するほど意義深いものだったため、私は「謝罪」というテーマに関心をもつようになったのです。やがて私は、自らが謝罪を実践した時、そこに宿る癒しの力に驚かされるようになりました。そして、自分の体験だけではなく、自分と同じ体験をもつ人々についても、みなさんに知ってもらわねばならないと感じるようになったのです。

「謝罪」に対するセラピストとしての私の関心は、幼児虐待を乗り越えて成長した人々とその家族との出会いからめばえました。虐待を生き抜いた人々が「許し」という問題に直面して味わう苦しみや葛藤を、私は長年見つづけてきました。彼らの多くが、「許し」は可能だと信じる心の豊かな人々でしたが、そんな彼らであっても、謝ろうとしない両親や家族、あるいは自分の過ちを認めようとさえしない両親や家族を、許せずにいたのです。「許し」によって大きな癒しがもたらされることはわかっていましたが、意味のある謝罪を受け取っていない人にとって、許すことはきわめて困難なのだと、私は実感したのでした。だから私は他のセラピストとは異なって、自分のクライアントには「許し」を強要しないのです。

私は本書を著すことによって、謝罪を受け取るまでは許そうとしない人たちがけっして誤ってはいないことを、述べていきたいと思います。公正な観点からすれば、許すことはたしかに正しい行為ですが、相手から自発的な謝罪がない場合、許さないことは健全な選択肢になり得ることを、そうした人たちに知ってほしいと思うのです。さらに私は本書で、「謝罪を相手に求める」という選択肢についても述べていきたいと思います。

以上のほかにも、つぎのような理由から私は本書を著しました。

1 私と母が経験したような癒しを、両親と心が通じ合わなくなったアダルト・チルドレン〔訳註・依存症など、精神的自立や社会生活、対人関係に困難を抱えている親をもち、自らも同様の問題に悩む人々〕のみなさんにも経験していただきたい。

2 なかなか謝ることのできなかった私の母のような方々に、抵抗感を打ち破り、プライドの壁を乗り越えていただきたい。そして、自分自身と自分の愛する者たちにわびるという、奇跡とも呼べる体験をしていただきたい。

3 私のように謝罪を受け取った人たちが、それを自分の中に受け入れることで、自分自身を癒せるようになってほしい。

4 謝ることができないせいで、私たちの人生に、いかに多くの弊害が生じているかを示していきたい。

5　身体の健康同様、心の健康、そして幸福な暮らしにとって、謝ることがどれほど必要かを示したい。

6　「許し」にいたるプロセスの中で、謝ることがいかに大切かを示したい。

7　ひとりの人間、家族、集団、共同体を変えていくだけの力を、謝罪がどのようにして発揮するかを示したい。

「許し」について述べた本はたくさんありますが、「謝罪」を包括的にあつかった本はまったくといっていいほどありません。生きるうえで精神性《スピリチュアリティ》がいかに大事か、多くの人が理解するようになるにつれ、人々の関心は「許すこと」に向かうようになりました。「謝罪」とは、重要であるにもかかわらずこれまで見過ごされてきた、「許し」のもつ一側面なのです。

とはいえ、覚えておいていただきたいのは、本書は許しに関する本ではないということです。焦点はあくまで「謝罪」にあります――人に謝ることができないこと、人に謝ってほしいと求められないことから生じる無数の問題、そして、謝ることによって得られる恩恵（そのうちのひとつが「許し」なのです）に、本書は焦点を当てています。

謝罪に的を絞った本はなかったにせよ、人々はこのテーマに強い関心を寄せています。多くの読者を得た『わかりあえる理由わかりあえない理由』（邦訳、講談社）の著者デボラ・タネンは、謝罪の重要性をよく認識していて、彼女の最新刊『論争の文化——口論から対話へ *The Argument Culture : Moving from Debate to Dialogue*』でこのテーマを取り上げていますし、他の専門家たちも、謝罪に関する数々の論説を雑誌に寄せています。しかし、こうした意見を一冊の本にまとめた人は誰ひとりいませんでした。そこで私は、謝罪に関して読者が抱いたあらゆる疑問やトラブルを解決するため、ひとつの基本図書となるものを出版すべきだと感じたのです。彼らが抱える課題はつぎのようなことがらです。

＊謝ることに対する抵抗感を乗り越えること
＊謝る必要のない時にまで条件反射的に謝ったり、謝りすぎたりするのをやめること
＊自分に謝ろうとしない夫あるいは妻、家族の心を理解すること
＊もはや連絡の取れなくなった相手に対する償いの方法を見つけること
＊自分の行為の責任をどうやって取るべきか、子どもたちに教えること
＊他者からの謝罪の受け入れ方を学ぶこと

世の中では「責任」や「許し」という言葉が乱用されていて、多くの人がいら立ちを感じています。責任を取るべきだ、相手を許さなければならない、さかんにそう言われるものの、そのために何をどうしたらいいのか、多くの人がわからないでいるのです。本書ではこうした人たちにアドバイスと、目標達成のための具体的な行動の取り方を示していきたいと思います。

米国など北アメリカでは現在、謝罪をふたつの両極的な観点からあつかっているようです。いっ

ぽうでは謝罪を万能薬と見なし、私たちの行動がいかに軽率であろうが、利己的であろうが、残酷であろうが、問題にしません。つまり、私たちのすべきことは謝罪がすべてであり、謝れば何もかも許されるという考え方です。もういっぽうでは、自分の行動の責任を取ることから逃げようとして、他者を非難したり、言い訳探しをしがちな私たちがいます。そのため、自分の過ちを認め、傷つけた相手に意味のある謝罪を行なうことがますますむずかしくなっているのです。

「責任」と「許し」に関して、つぎのような矛盾するメッセージが世の中に広まっている今、私がこれから本書で述べていくことをぜひ参考にしてほしいと思います。

1　何か問題が起きても自分の責任を認めるな。否定して、否定して、否定しつづけること——そして、他者を非難することで自分を守らねばならない。

2　誰かがあなたを、あるいはあなたの家族を傷つけても、その人を許さなければならない。たとえ相手の行為がどんなにひどいものであっても、また、あなたの受けた傷がどんなに深いものであっても。

いまや「謝罪」と「許し」は間違って用いられているだけでなく、両方とも人生を変えることができるほど重要な意思表示のかたちであるにもかかわらず、安易な常套手段《クリシエ》と化しつつあります。また、現在私たちが素直に謝ることができなくなっているせいで、身近な人間関係や家族・子どもとの関係、職場の人間関係、学校、法律制度、共同体、ひいては国の文化まで、いたるところで悪影響が生まれています。著者としてはこの本が、「責任」と「許し」に関する曇りなき導きの書となって、世の中の謝罪に対する概念を一新してくれることを願っています。

謝罪には、世界を変える力がある

『小さな親切の花束――心一つでできること』（邦訳、サンマーク出版）や、感謝の大切さについて説く本を手にすると、時として、もっとも身近なテーマにこそもっとも深い意義があるのではないかと感じます。「親切」や「感謝」と同様、「謝罪」にも、ひじょうに大きな力が宿っています。世界を変える可能性が秘められているのです。

自分の行為の責任を取ろうとしない、すぐに他人を非難する、高い離婚率といった現代人の傾向と、子どもたちが自分のことも人のことも尊敬しなくなっているという事実のあいだには、深い関連があります。いずれの問題もつぎのような現実を映し出しているのです――自分の行為（あるいは行動しなかったこと）で誰かを傷つけてもその事実を認めない。自分の子どもに、謝ることについて教えない。そして、謝罪を相手に求めることなく恨みを抱き、その相手から遠ざかる。こうした私たちの生きる姿勢が反映した結果、今の現実があるのです。人間関係を修復し、子どもを癒し、世界を救いたいと思うなら、私たちのすべきことは、日常レベルで「謝ること」を生活の一部にしていくことです。そのための有効で実際的な方法を、本書で紹介していきますので、家庭や学校、職場など、日常生活のあらゆる場面で役立ててください。

本書ではこのほかに、自分自身そして他者が抱く「怒り」という感情への対処の仕方、相手を許すべき時の見きわめ方、相手に対する共感や同情心の育て方、行動の責任の取り方といったテーマについて取り上げていきます。

近年暴力が増大する米国では、怒りに悶々とする人々や疎外感に苦しむ人々をどうやって救えばいいのかに多くの関心が寄せられています。本書によって、長期にわたる抑うつ、あるいは精神疾患の問題がすっかり解決されることはないでしょうが、疎外感や怒り、憤りといった感情を最大限、軽減させる方法は知っていただけると思います。

本書のしくみ

謝罪の重要性に焦点を当てること、これは素朴なテーマですが、素朴だからこそ革新的なのです。謝罪というテーマには許しの問題だけではなく、怒りのコントロール法、共感を育むこと、羞恥心《しゅうちしん》とプライドの問題などがふくまれてきます。

本書では謝罪の重要性を、(一) 謝罪を「行なう」こと、(二) 謝罪を「受け取る」こと、(三) 謝罪を「求める」ことの三つの観点から考察します。また本書の前半第1章から第8章の冒頭には、人が生きるうえで必要なさまざまな原則をひとつずつ掲げ、さらに、全体を通して数多くのエクササイズを紹介していますが、各章の終わりには筆記式のエクササイズを用意しました。これらのエクササイズは、その章で取り上げた内容を読者の方に消化しやすくしていただくため、また、自分の中に抵抗を感じた場合にはそれを克服していただくためのものです。

私にとって本書は、プライベートな要素もつまった本です。「謝罪」に関する私自身の体験、および、その体験によって私の人生がいかに変わっていったかを記したからです。もちろん私個人の体験だけではなく、謝罪によって人生が一変した他の人々の体験も記されています。謝ることによってお互いの関係を好転させたカップル、関係を修復した親子、信頼関係を取りもどした仕事仲間、加害者からの謝罪によって傷が癒された犯罪の被害者たち、被害者に謝罪することで立ち直った加害者たちの体験です。

この本が役に立つのはどんな人か

本書はあらゆる人の役に立てると確信していますが、顕著な例を以下に挙げます。

*自己改革に関心のある人は、「謝罪」には人生を変えるための力が宿っていると気づくでしょう。感謝の気持ちをもつこと、素直になることが、人生にとって多くの意義があるように。

*健全かつ永続的な関係を望むカップルは、過去からのわだかまりを克服するための方法を知り、大きな恩恵を得るでしょう。謝罪をめぐる問題がもとで、多くの人が結婚カウンセラーのもとをおとずれますが、パートナーとの距離感、あるいはパートナーに対する敵意の根本的な原因は、謝ったり謝られたりするお互いの必要が満たされていないことにあるということに、彼らはなかなか気づきません。

*アルコール依存などさまざまな依存症克服のためのプログラムに取り組む人は、誰かに償いをしようとする際、新たな助けが得られるでしょう。

*精神的、肉体的、性的虐待の被害者や犯罪被害者は、きっと加害者側から謝罪の言葉を引き出せるような、謝罪の求め方を学べるでしょう。それと同時に、許すことに対する抵抗感を認め、それを捨てるべき時とはいつなのかを学べるでしょう。

*幼少期に受けた虐待や、親のアルコール依存や薬物依存（ベビーブーマー〔第二次世界大戦後生まれの第一世代〕に多い）のせいで、親と疎遠になったアダルト・チルドレンたちは、現在、すすんで親と和解しようとしています。しかし彼らには助けが必要です。

*アダルト・チルドレンになった子どもたちと和解したいと願う親にとって、謝り方と許し方について説く本書は、示唆に富んだものとなるでしょう。

*自分の子どもを責任感と思いやりのある人間に育てたいと願う親には、それらの価値を説き、具体例を示してくれるアドバイスの書が必要です。最近、学校で起こる痛ましい事件を目にするにつけ、私たちは、親と子どものあいだには大きな断絶があること、子どもの行動を決定づけるうえで、家庭以外の要素が想像以上に大きく影響していること、そして、親は子どもの言葉にもっと耳を傾けなければならないことを痛感するようになりました。本書には、

子どもの心や考え方にふれるための方法、言葉だけでなく身をもって、大切なことを子どもに教えるための方法が記してあります。親も子も、お互いの話に耳を傾けるだけでなく、お互いの権利と感情を尊重し合うようにならなければなりません。

*老いを迎えつつあるベビーブーマーは、これまでの人生を振り返り、やり終えていない問題は何かを見直すようになりました。過去の行為をわびることは、そのプロセスの重要な一部です。

*病気や寿命で人生を終えつつある人は、どうやって自分の人生を振り返ったらいいか、どうやって傷つけてきた人たちに償ったらいいかについて、助言が得られるでしょう。

*誰かを深く傷つけたり失望させたりした人は、誠意のこもった謝罪があれば、自分の信用を取りもどし相手との関係を修復できるだけでなく、自分自身をも許せるようになるのだということを理解できなければなりません。

*職場における人事の責任者や管理職、学校の校長や教頭、カウンセラーなど、グループのリーダーおよび管理・監督の立場にある人たちは、本書に挙げた、仕事関連、学校関連の問題に対する解決策が、参考になるでしょう。

*犯罪の被害者とその家族にとって、また、修復的司法〔訳注・犯罪事件などの問題や紛争を、懲罰や刑罰によってではなく、当事者同士の対話、また、コミュニティの協力を通して解決していこうという司法のあり方〕の支持者にとって、本書は、加害者とその家族に関する貴重な参考資料として役立つでしょう。

*世の中に何か貢献したいと願っている人は、周囲にプラスの影響を与える方法を、本書から学ぶことができるでしょう。「謝ること」を生活の一部にすることで、ひとりの人間を変えることも、世の中全体を変えることもできるのです。

第1部●●●「謝罪」の力●●●

第1章 「謝罪」は、すべての人のために

謝ることには、かぐわしい香りがある。それは、ぎこちない一瞬を素晴らしい贈り物に変える
——マーガレット・リー・ランベック

曇りなき良心は富よりも貴い——フィリピンのことわざ

原則1——謝罪があること、または謝罪の欠如によって、誰もが日々影響を受けている

謝罪は、私の人生を変えました。同じように、あなたの人生もきっと変わると信じています。誰かに迷惑をかけたのに謝ることができないのなら、あるいは、誰かに謝ってもらったのに受け入れることができないのなら、当然なされるべき謝罪なのに相手にそれを求めることができないのなら、本書を通して何が障害物となっているのかがわかるでしょうし、それらを乗り越えるための方法を学ぶことができるでしょう。またあなたに、人に謝りすぎる傾向があったり、自分は何も悪くないのに条件反射的に謝ってばかりいるような傾向がある場合にも、本書は役に立つでしょう。争いを

避けようとしてそれが習慣になっているのかもしれませんし、低い自己評価のあらわれかもしれませんが、謝りすぎることは、謝らないでいるのと同じくらい、多くの問題を生むのです。謝罪のあり方は、人から見たあなたの感じ、あなたの自分自身に対するイメージ、人間関係や仕事におけるあなたの位置に大きな影響をおよぼします。

謝ることが人生におよぼす影響力を過小評価してはいけません。自分には謝罪に関する問題など何もないと思っておられるかもしれませんが、本書を読み終えたあと、あなたの考えはきっと変わることでしょう。

とはいえ、本書は謝罪についてのみ書かれたものではありません。より謙虚で、忍耐強く、思いやりと共感にあふれた人間になるにはどうしたらいいのかについて述べた本でもあります。自分のことも他人のことも裁かないし批判しない、そんな人間になれるよう、みなさんを導いていくでしょう。また、相手に説教することよりも、あなたが自らの人生のレッスンを学ぶことに意識を集中するよう、本書は導いてくれるでしょう。これまでの人生を振り返るにはどうしたらいいか、そして、これまで傷つけてきた人たちに償いをするにはどうしたらいいかを学んでください。さらに本書を通して、相手を許すべき時とはいつなのか、許すべきでない時とはいつを言うのか、許しに関してあなたが抱くそんな問題に対しても、答えを見出してください。

日常生活において、夫婦や恋人たち、家族の距離を縮めていくこと、そして仲たがいした家族や友人との関係を修復させていくことも、本書の目的のひとつです。さらに子どもたちが、自分の行為に対して責任を取り、他者に共感と思いやりの心がもてるよう手助けすること、そして最終的に、あなたの魂、あなたの愛する人たちの魂を救うことが、本書の目的なのです。

「謝罪」がもつ癒しの力

謝罪には、個々人を癒し、夫婦・恋人を癒し、家族を癒す力があります。まるで魔法のように、謝罪は人間関係を修復し、胸の痛みや傷ついたプライドを癒してくれるのです。

傷つけたり、失望させたり、無視したり、裏切ったりしてしまった人たちに謝ることで、私たちは、彼らを癒すために自分にできる最高のプレゼントを贈ることができます。謝ることで私たちは、彼/彼女を傷つけたり、裏切ったり、怒らせてしまったことを悔やんでいるというメッセージを送ることができるのですが、それに劣らず大切なのは、謝ることで、自分が相手を尊重していること、相手の気持ちを大事にしていることを伝えられる、という点です。謝罪は人間関係を修復するうえで、また、健全な人間関係をつくり出し、維持していくうえで、大きな力を発揮します。そこから愛と信頼が育まれていくのです。

謝罪とは、礼儀正しい人間になろうとして行なうものではありません。謝罪とはひとつの重要な社会的儀式であり、不当なあつかいを受けた人に敬意と共感を示すための方法です。お互いの関係をこれで良しとせず、自分の過ちをないがしろにせず、自らそれを認めるための方法なのです。そして謝罪には、人の怒りをやわらげる力、誤解がひろがるのをふせぐ力、人と人との掛け橋となる力があるのです。

しかし謝罪には、傷を癒したり人間関係を修復したりする力以上のものがあります。それは、人を更生させ、紛争を解決し、社会に調和を取りもどさせるという力です。もちろん、謝ることによって過去の行為によってもたらされた弊害が帳消しになるというわけではありません。しかし、心をこめて相手にきちんと謝るのであれば、そうなることも可能なのです。謝罪が最高のプレゼントとして相手に受け取られ、許しというお返しがかえってきたとしたら、それはまさに奇跡といっていいでしょう。

誰かに傷つけられ、その人物が謝ろうとしないなら、私たちは相手に対して憤りを覚えます。この「憤り」という感情は、相手に距離を置くというかたちであらわれたり、さまざまな直接的・間接的方法で怒りとなって表現されたり、その人に何の思いやりももてなくなるといった結果となってあらわれます。

たとえば誰かに対するあなたの態度が攻撃的になったり、無関心になったり、とげとげしいものになったりすると、相手はあなたに対して警戒心を抱きます。あなたの態度の変化をはっきり意識したわけでなくても、相手は防衛的になるのです。こうなると、その人はもうあなたのそばにいるとリラックスできなくなり、信用することすらできなくなってしまいます。このままあなたの側から謝ることがなければ、警戒心や不信感は増大しつづけるでしょう。

誰かを傷つけてしまうことそれ自体と、誰かを傷つけたのにそのことに気づかないこと、あるいは傷つけても気にしないことは、まったく別のことなのです。誰かとつき合うようになって間もない頃にこんな事態が起きてしまうと、ふたりの関係は短期間で終わってしまうかもしれません。つき合いが長い場合であれば、ふたりのあいだの距離がはなれ、憤懣《ふんまん》がつのることになるでしょう。

人にわびることとは、あらゆる行為の中でももっとも健全かつ前向きなものです――自分自身にとっても、他者にとっても、人間関係全般にとっても。謝罪は、私たちの精神的・身体的健康、そして幸福のため、なくてはならないものです。人から謝罪を受け取ることによって、明らかに健康状態にプラスの効果があらわれるという研究結果もあります。

謝罪という行為は、謝罪を受け取る側だけでなく、謝罪する側にとっても、有益なものなのです。誰かを傷つけた時に抱く自責の念や羞恥心のせいで、私たちは精神的・肉体的に徐々にむしばまれ、病気になってしまうこともあります。きちんと謝り、自分の行為の責任を取ることで、私たちは自らの自尊心を傷つける罪悪感や羞恥心から、自分自身を救い出すことができるのです。

●「恥」と「力《パワー》」の交換

精神科医アーロン・ラザール博士は『サイコロジー・トゥデイ』誌の中で、つぎのように述べています。謝罪に効果が生まれるのは、傷つけた人と傷つけられた人のあいだで、「恥」と「力《パワー》」の交換が行なわれる時である、と。

これはどういうことでしょうか。謝ることによって、あなたは、自分のなした行為によって相手に与えた恥辱を、自分自身の方に向け直すことになります。誰かを傷つけたこと、あるいは誰かをおとしめたことを認めたあなたは、実際に自分が傷つけたのは自分自身なのだと認めることになるのです――「悪かったのは、間違っていたのは、無神経だったのは、愚かだったのは、この私だったのだ」と。

あなたが自分自身の恥の意識を認めてしまえば、傷つけてしまった相手に許すための力を与えることになります。「恥」と「力」のこうした交換が、癒しのプロセスの中心にあるのです。

謝るという行為には、どんなに尊大な人間をも謙虚にさせる力があります。自分の過ちを認める勇気、相手に謝ることへの不安と抵抗を捨て去る勇気がもてた時、私たちは深い自尊心を身につけることができるでしょう。この自尊心が私たちの自己評価に、自信に、人生の展望に影響してくるのです。

私があなたに謝る時、私はあなたに、自分はあなたを尊敬し、あなたの気持ちを大事にしていると伝えるでしょう。そして、あなたを傷つけるつもりはなかったこと、これからはフェアな態度であなたに接していきたいと告げるでしょう。いっぽう私の謝罪を受けたあなたは、私に（そしてあなた自身に）寛大さを示し、私、そしてふたりの関係にもう一度チャンスをあげようと応えてくれます。さらにあなたは、自分自身の失敗も思い出し、私をふくめて、人には敬意と配慮をもって接していかなければならないと思うようになるのです。

私的なものであれ仕事上のものであれ、あらゆる人間関係を敬意と思いやりに満ちたものにする力が、謝罪にはあります。謝罪が正しく行なわれれば、屈辱感は癒され、和解と許しが生まれてきます。本当の謝罪を行なうこと、そしてそれを受け入れることは、社会に生きる者のあいだで交わされる、とても意義深い、人と人との交流なのです。

私の体験

三五歳の時、私は母と縁を切りました。当時の私は、そうするしかないと思ったからです。幼い頃から母は私にひどい精神的虐待を加えてきたのですが、大人になってからも、目が合ったり話しかけたりしただけで、母は私を精神的に痛めつけ続けました。母といるだけで心も身体もくたびれ果て、健康状態にも悪影響をおよぼすようになりました。そのため私はついに、母にはもう会わないという、むずかしいけれどやむを得ない決断を下したのです。

絶縁状態は三年間つづきました。この間に私は『親との絶縁 *Divorcing a Parent*』を著わし、その本の中で母との絶縁について触れ、似たような状況にある人々に、私と同じようにしてはどうかとすすめました。そんなある日、電話が鳴りました。受話器を取ると、電話の向こうの相手が言いました。「ごめんなさいね」声の主はすぐにわかりました。母でした。

安堵《あんど》の波が押し寄せてきて、憤懣、苦痛、不安、怒りといった感情がみな私の中から流れ出ていきました。何より驚いたのは、「ごめんなさい」のたった一言が、私の怒りと苦しみの年月を、消し去ってしまったことです。この言葉こそ、今まで私が待ち望んでいたものでした。

ものすごくプライドの高い母が「ごめんなさい」を言うには、かなりの勇気が必要だったはずです。だから私はそんな母をあざ笑ったりはしませんでした。大事なのは母が謝ってくれたこと——これまで一度もなかったこと——です。母の声の調子から、私に対するこれまでの態度を心から悔やんでいること、そして本当にすまないと思っていることが伝わってきました。

ここまでは話のほんのさわりです。私は母の謝罪を信じましたが、本当に彼女の態度が変わっていくかどうか確信がもてませんでした。そこで、私は何度か実家をおとずれ、ゆっくりと慎重に事態を見つめていきました。しかしやがて、本当に奇跡が起こったのだと気づきました。母はまったくの別人になっていたのです。

何年間か別れて暮らすことによって、母は自分自身そして自分の態度について真剣に振り返るようになっていたのです。しかし、母の変化の原因はそれだけではありません。母は、私が別居しているあいだに書いたもう一冊の本『精神的虐待を受けた女性　*The Emotionally Abused Woman*』を、近所の本屋で偶然手にしていたのです。この本の中で私は、精神的虐待行為をタイプ別にくわしく取り上げています。母はこの本を読んで、自分が娘を虐待してきたことに気づいたのでした。

母が「ごめんなさい」と言えるまでには、多くのことが必要でした。私は完全に母との関係を断たなければなりませんでしたし、母の方は内省に数年間を要しました。それでもついに奇跡は起こったのです。私は先の本のことを母に話したことはありませんでした。彼女はめったに本屋には行かないし、行ったとしても足を止めるのはミステリーのコーナーで、自己啓発や癒し関連のコーナーに立ち寄るようなことはなかったのです。それに、自分の行ないを認めることはできたとしても、謝罪するにいたるまで、自分のプライドを棚上げにするには、かなりの勇気が必要だったと思います。

それからわずか三年後、母は亡くなりました。しかし母は謝ることができ、私は母の謝罪を受け入れることができたので、その三年間、私たちはかつてないほど親密になっていました。そして、いっしょに過ごした時間のおかげで、私たちふたりはこの上もなく癒されたのでした。

「謝罪」は、すべての人のために

本書は、自分の過去の行ないを謝らなければならない人、あるいは誰かに深く傷つけられた人のための本です。そう、本書はすべての人のためにあるのです。なぜなら謝罪の有無によって、私たちひとりひとりが日々、大きな影響を受けているのですから。

あらゆる人が謝ることをめぐって、多かれ少なかれ、何らかの問題を抱えています。謝罪があって当然なのに、相手から謝ってもらえない人がいます——こうした人は怒りを抱え、謝罪があれば事態はちがってくるのにと嘆いています。いっぽう、謝らなければならないのに、相手にまだ謝っていない人がいます——彼らは、謝るすべがまったく見つからないため、自分に対して怒りや自己嫌悪をつのらせています。あるいは、傷つけた相手が音信不通になっているため、もう謝れないと悲観しています。また、なかなか謝ることのできない人がおおぜいいるいっぽうで、とくに女性には多いのですが、自ら責任を引きうけて謝ってばかりいる人たちもいます。

あなたがもし謝ることのできない人なら、なぜ自分にとって謝ることがむずかしいのか、抵抗感を乗り越えるにはどうしたらいいのか、効果的な謝り方とはどういうものなのかを、本書から学んでください。かつて誰かに謝ろうとしたけれど、どうしてもうまくいかなかった人もいるでしょう。そんな人には「意義ある」謝罪の行ない方をお教えします。意義ある謝罪は、相手の心にとどき、相手に信じてもらえるのです。ばらばらになった人間関係を修復したいと願っている人のために、これからつぎのような問題に答えていきたいと思います。（一）自分がどれほどすまないと思っているかを伝えるには、何をすべきか？（二）以前の関係にもどすには何が必要か？（三）自分を裏切った人間との関係を復活させるにはどうしたらいいか？

あなたを傷つけたり、あなたに害をおよぼした人が、まだ謝っていないせいで、あなたが怒りや憤りを覚え、その人を許すことができないでいるとしたら、あなたに二通りの解決策をお教えします。（一）相手に謝ってもらうよう促すための方法、（二）謝ってもらえなくても相手を許すための方法。

謝罪すること、謝罪を受け取ること、謝罪を求めること

多くの人にとって謝罪とは、行なうよりも、受け取り、受け入れることの方がむずかしいものです。このことはとくに女性にあてはまります。女性の場合、謝罪を快く受け入れるのではなく、相手の犯した過ちを過小評価したり、多少なりともその責任は自分にもあると考えたりしがちなのです。思い出してください。相手に過ちの全責任を取ってもらうのではなく、「何かの行き違いだったのね」と女性たち（あるいはあなた自身）がどれほど口にしていることか。また、喧嘩のあと腹の虫がおさまらずにいたり、心の傷をなめているような時であれば誰であっても、たとえ誠意のある心のこもった謝罪があったとしても、それを受け入れるのはやはりむずかしいことでしょう。

謝罪の求め方を知ることは、謝罪の行ない方を知るのと同じくらい重要です。私たちはたいてい、自分に謝ってくれないような人には距離を置きます。彼らのことを頭の中から切り捨ててしまったり、彼らに弱みを見せては危険だと感じるようになったりします。しかし謝罪を求めることによって、ふたりのあいだにひろがった溝に橋を掛けることができます。自分が傷ついたことを相手に知らせ、関係修復のため、相手にもう一度チャンスを与えることができるのです。

意義深い謝罪を「行ない」「受け取り」「受け入れる」方法を学ぶことで、あなたの人生、あなたを取り巻く人間関係は変わってきます。自分の過ちをかたくなに否定したり周囲から孤立したりせず、素直に自分の非を認め謝ることで、あなたはまわりの人から尊敬されるようになるでしょう。また、相手からの誠意のこもった謝罪を拒否したり、あるいは、いたずらに相手をかばったりせず、あるがままの謝罪を受け入れることで、謝ることによってもたらされる癒しの効果を実感できるよ

うになるでしょう。そして、誰かに傷つけられた時、怒りをためこむのではなく、その相手になぜ自分が傷ついたのか説明できるようになるでしょうし、その結果、当然あるべき謝罪を受け取れるよことでしょう。

謝罪と「許し」ブーム

謝罪は、昨今の「許し」ブームの中で見すごされてしまっている、大切な要素なのではないかと思います。「許し」は、私たちが抱えるすべての問題を解決してくれる万能薬になってしまったかのようです。お昼のトーク番組でも、取り上げられるのは「怒り」ではなく「許し」ばかりです。たとえば、親が不仲だった子どもと和解したとか、夫婦がお互いの裏切りを許し合ったとか、政治家や組織の指導者が人々に許しを求めた、といった内容です。許すことで抑うつが緩和され、自己評価が高まり、過去の痛みが消えていくといわれます。しかしいっぽう、許すことができないと、人は残りの人生を自らが犠牲者となって生きる定めになりかねません。

とてもショックを受けた出来事があります。それは、コロラド州リトルトンで起きた高校生による銃乱射事件の直後、テレビのレポーターが悲嘆にくれる被害者の親にマイクを突きつけ、こうたずねた時のことです。「加害者のことは許せましたか?」親の答えを聞いた時、私はさらにショックを受けました。「はい」彼らはそう答えたのです。ここまで人に許しを無理強いするような世の中になってしまったのでしょうか。許しというものは、ふつう人が考えるよりはるかにむずかしく、複雑です。許しにいたるには、時間と努力が必要です。そしてもっとも重要なのが、真の許しが生まれるには、「意義ある謝罪」——それを行なうことと、受け取ること——が不可欠だということです。不可能ではないかもしれませんが、真摯《しんし》な謝罪がないのであれば、深く傷ついた人たちは相手のことをそう簡単に許せたりはしないのです。そしてまた、それと同じくらい困難なのが、誰かを傷つけ、その相手に謝るだけの強さのない自分を許すことです。

「許す」ための、「謝罪」の必要性

私たちは人を許せるようになるべきだ——そのことに間違いはありません。しかし、必ずしもそうはいきません。どんなにがんばっても、許せないでいる人たちがいます。そこには「謝罪」が欠けているからです。

誰かに不当なあつかいを受けたと感じた時のことを思い出してください。その人を許すためには、彼／彼女に何をしてほしいと思いましたか？　ほとんどの人が「謝罪」だと答えていますが、なぜでしょうか？　私たちがほしいのは「ごめんなさい」の言葉だけではないはずです。私たちに必要なのは相手に行動の責任を取ってもらうこと、そして、その人が、自分のしたことを本当に後悔し反省しているかどうか知ることなのです。相手が自分の「責任」と「反省」をはっきり表現してはじめて、私たちは、自分を傷つけた人に対して思いやりと共感を抱くことができるのです。私たちが人を許せるようになるためには、このふたつが必要なのです。

【……エクササイズ……】謝罪のためのリスト

みなさんに謝罪の大切さを深く理解してもらえるよう、また、謝ることを生活の完全な一部として取り入れてもらえるよう、私は本書の中で、各章末にエクササイズを用意しました。

私は読者のみなさんそれぞれと直接お会いすることはできないので、本書のエクササイズがセラピーの次善策となるでしょう。時間を取ってこうしたエクササイズを実践することで、人生に大きな変化がおとずれることを私は体験的に知っています。

まずこのエクササイズを通して、謝罪に関してあなたが抱いている問題を探ってみてください。

A　あなたが謝らなければならないと感じている人たちのリストをつくってみましょう。心に浮かぶ人をすべて、書き出してください。リストは完全でなくてもかまいません（本書の後半で、より完璧なリストづくりを行なっていきます）。

1　リストをつくってみて気づいたこと、あるいは学んだことを書いてください。たとえば、

＊謝らなければならない人はたくさんいましたか、少ししかいませんでしたか？
＊謝ることについて考えるのはつらいですか？
＊プライドが邪魔しますか？
＊自分が頑固になっていると感じましたか？　また、自分の方がいつも正しい側でいなけ

ればならないと思っていたことに気づきましたか？

＊相手が自分にしたことばかり考えて、その人に謝ることについて考えることができませんでしたか？

2　あなたがすすんで謝ろうと思える人について、また、そう思える理由について書いてみてください。たとえば、自分にとって近い人（妻や夫、家族、親友）に謝る方が容易そうですか、それとも、遠い人（仕事上の仲間や知人）の方が楽そうですか？

3　謝るのに、とても強く抵抗を感じる相手は誰ですか？　その理由も書いてください。

B　あなたに対して謝る義務があるはずだと思う人たちのリストをつくりましょう。

1　リストをつくってみて気づいたこと、あるいは学んだことを書いてください。たとえば、

＊自分に対して謝るべきだと思う人はたくさんいましたか？

＊彼らに謝罪を求めることを考えると、不安になりますか？

＊謝罪を求める勇気が自分にあると思いますか？

＊なぜあなたは、今まで謝罪を求めてこなかったのでしょう？

2　あなたが謝罪を求めたいと思える人について、また、そう思える理由について書いてください。謝罪を求めやすい人とは、あなたにとって近い人ですか、それとも遠い人ですか？

3　謝罪を求めるのに、強く抵抗を感じるのは誰ですか？　その理由も書いてください。

私たちはみな、謝らなければならない問題をたくさん抱えています。日々、誰かの心を傷つけたり、誰かに無礼な態度を取ったりしているのです。イライラして店員に当たる、同僚にかみつく、自己防衛してむやみに友人とけんかする、口論の最中に妻や夫に暴言を吐く、自分を助けようとしてくれている友だちの厚意をひねくれて取る、子どもが嘘をついたと誤解して非難する、などというように。

誰かを傷つけてしまったことに気づき、後悔で胸がズキズキ痛んでいる時でさえ、私たちは相手に謝らないまま時を過ごしてしまいます。「こんなことはたいしたことじゃない――あの人なら大丈夫」、そう自分に言い聞かせたり、相手も似たようなことを私にしてるんだからと自分を正当化したりするからです。あとで謝ろうと心に誓うかもしれませんが、やがて忘れてしまうのです。

残念ながら謝罪は、相手を敬い気づかうためのものである他の多くの社交上の言葉（「どうぞ(please)」とか「すみませんが（excuse me)」など）と同じ運命をたどってしまったようです。しかし本書の目的のひとつは、こうした言葉や態度にもともとあった尊敬と思いやりの心を復活させること、そしてさらに、同様に大切な意味をもつ数々の言葉を、もう一度みなさんに口にしてもらうことなのです。

第2章 謝罪すること、謝罪を受け取ること、謝罪を求めることの大切さ

互いに自分の罪を告白し合いなさい――「ヤコブの手紙」

言葉は変化をもたらし得る、ひとつの行動である――イングリッド・ベンギス

原則2――人はみなそれぞれ尊敬されるに値し、公平にあつかわれるべき存在である。私たちは謝罪を通してその事実に目覚める

私たちはごくふつうに、自分は誰かに謝ってもらわなければならないとか、誰かに謝らなければならないといった言葉を口にします。また、自分は誰かから謝罪を受けた、あるいは、誰かの謝罪を受け入れたなどと言うこともよくあります。こうした言葉は、何か具体的なものが二者のあいだでやり取りされているという意味をふくんでいます。しかし市場原理や社会的交換の概念とはちがって、謝罪は一方向的な償いの行為であり、金もうけ主義、消費志向の強い現代にあって、この

ことは謝罪のもつ力を証明するための最上のあかしといえるでしょう。こうした現実において、罪を犯した側の悔恨《かいこん》の気持ちそのものが償いとなり、それ以上何も要求されないというのは、私たちにとって大きな驚きです。しかしこれこそがまさに、「謝罪」が成し得ることなのです。

社会秩序における謝罪の重要性

中世の暗黒時代、人は誰かを傷つけても謝罪などしませんでした。そして、傷つけた側の人間には決闘が申し込まれたのでした。文明化するにつれ、人は、名誉や世間体は大事だが命を賭してまで守るほどのものでもないことに気づきました（今日の暴力団《ギャング》組織の社会でこの古き決闘精神への先祖がえりが見られるのは、興味深いことです——ただし剣は銃にかわりましたが）。

やがて人は、血を流さずに自分の名誉を守る方法が必要だと考えるようになりました。自分が誰かを傷つけた時、名誉を回復するための形式的な方法が必要になってきたわけです。このようにして生まれたのが謝罪です。

共同体の総意にもとづいてつくられたルールを、ひとりひとりが遵守しなければならないことを、謝罪は反映しているのです。ある人が社会のルールを破ると、たとえそれがたんなるエチケット違反であっても、ルールを破った人は過ちをわびるよう求められます。それは、違反行為によって害をこうむった人だけでなく、ルールそのものも尊重され、敬意を払われているからなのです。

行動を取り締まる確固としたルールがなければ社会は正しく機能しないのですが、人間は完璧でないことを私たちはみな知っています。だから、大多数の人がルールに従うだろうと予想はしても、時々ルールを破る人々がいることも想定しなければなりません。そんな場合のために、社会への名誉ある復帰の道――謝罪――が用意されているのです。自分の過ちを認めて正式に謝罪することで、各人は、社会のルールに従うことをふたたび誓うことになるのです。

宗教団体や依存症者更生団体における謝罪の重要性

謝罪はつねに本質的な部分で許しとつながってきました。そのため、謝罪はほとんどの宗教における信仰の柱となってきたのです。たとえばカトリック教会で行なわれる懺悔《ざんげ》は、もともとは、神への謝罪です。懺悔には謝罪の重要な要素がすべてふくまれています。悔恨の意を言葉にすること、自分の行為に対する責任を受け入れること、罪を繰り返さないと誓うこと、許しを乞うこと、などです。

他の宗教には、形式的なものであれ日常的なものであれ、信徒のための懺悔の場はないようですが、多くの場合、ある種の告白のようなかたちで、謝罪を信徒に促します。ユダヤ教では伝統的に大祭日の期間中に、家族や友人、隣人、同僚に許しを求めるという習慣があります。また、東ヨーロッパのシナゴーグ（ユダヤ教の会堂）では、信徒が仲間や友だちの方を向いて静かに許しを求めるという光景を目にします。

宗教団体のほかにも、伝統的な宗教団体に劣らぬ権威があり、かつ精神性《スピリチュアリティ》を重視する団体があります。こうした団体では謝罪がその基本理念にしっかりと組み込まれています。ＡＡ（アルコール依存症者更生会）で行なわれているような、回復のための「12ステップ・プログラム」を実践する団体、ＮＡ（薬物依存症者更生会）、ＧＡ（ギャンブル依存症者更生会）、ＳＡＡ（セックス依存症者更生会）、ＯＡ（摂食障害者更生会）などはすべて、回復のため用いるべき効果的な要素として謝罪を取り上げています。

アルコールであれドラッグ、ギャンブル、セックス、食物であれ、何かに依存している人のほとんどが、更生にいたるプロセスの中で、つぎのようなことを見出しまsす。それは、他者とのつき合い方に問題があること、他者との接し方をめぐって強い罪悪感と恥の意識を抱いていることです。また彼らはつぎのようなことも学びます。もし自分が自制心を保ち、心の平穏を見出したいと思うなら、人との上手なつき合い方を身につけなければならないということです。自制心と心の平穏は、更生者が衝動や依存から抜け出して向かうべき、ふたつの主たるゴールです。ここでいう上手なつき合い方とは、彼らに苦痛ではなく喜びをもたらすものをさします。

12ステップ・プログラムの８番目のステップでは、他者および自分自身に害をおよぼしてきた行動パターンを探るため、参加者が自分の人間関係（現在と過去の両方にわたって）を検証します。自分が傷つけてきた人をすべて書き出し、そのリストに載った各人に償いをしようという気持ちが持てたところで、このステップは終了します。

つづく９番目のステップでは参加者に、彼らが傷つけた人たちに直接償いをさせるよう促します。ただし、行動を起こすことで自分自身および相手をふたたび傷つけてしまいそうな場合はのぞきます。これは自分の過ちを認めること、そして、自分がもたらした損害や損失を相手に償うための直接的な行動を起こすというステップです。この段階を終えた多くの人は、驚くほど、過去の過ちから解き放たれます。彼らの人生は大きく変わり、壊れた人間関係は修復へと向かい、長年にわたって彼らの心を蝕んできた憎悪の念はきれいに洗い流されていきます。償いをすることは、言葉でただ「ごめんなさい」と言うより大変ですが、このステップにおける主な目的は、まず過去の行為について謝ることです。

謝罪と法

遠い昔、とくに古代の部族社会では、誰かが自分の行為の責任を取って謝ったら、被害者も彼らが属する共同体も、罪を犯したその人間をめったに罰したりしませんでした。こうした風習はいまだに、ニュージーランドに住むマオリ族のあいだに残っています。彼らは犯罪者を罰することより、謝罪や、関係者全員が納得できるような償いの計画を立てさせることに重きを置きます。

現代の民事・刑事の司法制度はこれとまったく異なり、不正を正すことよりも罰を与えることに重点を置いているのですが、それでも、罪を犯した人間が謝罪した場合には、多くの人がすすんで訴訟や刑事告訴を取り下げます。中には謝罪を受け取ることに大きな意味を感じる人がいて、彼らは、加害者が改悛《かいしゅん》の情を示して謝罪してくれるなら、憎むべき重罪であってもそれを忘れよう、あるいは許そうとさえしています。多くの人々にとって、罪を犯した人にその責任を認めてもらうこと、また、損害を引き起こしたことに対する反省の気持ちをあらわしてもらうことは、その人に課せられるであろうどんな罰よりも心の慰めとなるのです。

数年前、バーバラという女性と夫のライルが四歳の娘と外食して家にもどると、目の前の光景に愕然としました。家が荒らされていたのです。本や衣類が散乱し、引出しの中のものがいたるところに投げ出されていました。バーバラの宝石がいくつか、そしてCDプレーヤーがなくなっていました。

それから数週間というもの、バーバラは混乱し恐怖に怯《おび》えつづけました。「本当に腹が立ちました。幼い娘はあの事件のせいで心に傷を負ってしまったのです。家に入ったら誰かに何もかもひっくり返されていたのを見て、家族全員震え上がりました。プライバシーの侵害です。犯人が舞いもどってきて、今度は傷つけられるんじゃないかっていつもびくびくしていました」

幸い、一家は小さな町に住んでいたので、警察が犯人――一五歳の少年ランディ――を見つけ出すにはそう長くかかりませんでした。警察の手によってバーバラの宝石も他の品物も無事にもどってきました。

「本当にほっとしました。得体の知れないおかしな男がいつかまたもどって来るんじゃないかって、心配しなくていいのですから」

今回が初犯だったこと、そして心から反省しているように見えたため、ランディには、「修復的司法」と呼ばれる新しい更生用プログラムが適用されました。このプログラムには、被害者と加害者が直接面会する機会が設けられています。ライルはとても怒っていたので、少年に会うのをいやがりました。「正直言って、自分が何を言ってしまうか、何をしてしまうか、怖かったんです」

しかしバーバラは言いました。「私は少年に会って、彼がどれほど私たち家族を困らせたかはっきり言おうと思いました。自分のやったことがどんなにひどいことか、わかってもらいたかったんです」

そして面会の準備が整いました。まずバーバラとライルがランディに、彼の侵入によって自分たちがどんな被害を受けたか話しました。ランディは黙って聞いていなければなりません。つぎはランディの番です。彼はふたりに自分がどれほど反省しているか伝え、自分には彼らを脅かすつもりはなかった――家の住人がどう感じるかなど考えもしなかったと告げました。そして、自分のしたことの重大さを学んだので、二度とこんなまねはしないと誓いました。

ランディの謝罪の言葉を聞くと、ライルの怒りは鎮まりました。「僕は彼が本当に反省していると信じました。会ってみると彼は怪物なんかじゃなく、心の不安定な子どもだとわかったんです」

バーバラも、ランディに対する自分の考えが変わったことに驚いていました。「彼は本当にかわいそうな子なんです。担当官に教えてもらったんですが、あの子の父親は、あの子がまだ六歳の頃家を出てしまったそうです。それで母親が生活のため夜働いているとのことでした。彼が何か問題を抱えていたのはたしかです。法を犯したのもこれがはじめてとのことでした」

修復的司法のシステムで肝心なのは、加害者の量刑を決める際、被害者に発言権が与えられる点です。バーバラはこう説明します。「ランディを罰する必要はないと思いました。私には彼の反省と謝罪で充分だったので。でも彼を立ち直らせるきっかけになるのではないかと思い、服役するかわりにランディには罰として、三カ月間週に一回、家を掃除してもらうことにしました。家の中をめちゃくちゃにしたのですから、適切な罰ではないでしょうか」

しかしランディとこの一家の関係は、約束の三カ月がすぎてもつづきました。一家は少年の人生がとても気にかかるようになったのです。ライルは少年の後見人となり、彼を野球の試合や釣りに連れていくようになりました。ランディはほぼ毎晩、母親が仕事に出かけている時はこの家をおとずれ、宿題をすませました。バーバラとライルにとって、少年は家族の一員となったのです。

謝罪と対人関係

謝ることがもっとも大事な役割を果たすのは、個人レベルの人間関係においてです。非のある側の人物が謝らないせいで、家族や親しい友人と疎遠になった人たちがたくさんいます。謝罪の有無が原因で、長い間つちかってきた友情が壊れ、家族がばらばらになり、結婚生活が試練にさらされ、時には終わりを迎えているのです。

そのいっぽうで、長いこと疎遠になっていた友人たち、家族たちが、ちょっとした謝罪の言葉で仲直りしたり、夫婦のどちらかが謝ることで結婚生活が救われたりしているのも事実です。ひとことの謝罪の言葉で、かたくなな心が解きほぐされ、大きな壁が打ち破られることさえあります。

誰かに傷つけられた時、人にはそれぞれ自分を守らねばならないという必要が生じます。謝罪とは、その必要性を理解し受け入れるためのものです。じつのところ、謝罪する必要性を認めることによって、私たちは、傷つけてしまった人に向かって、つぎのように宣言しているのです。

「私は自分があなたを傷つけたこと、そしてそのためあなたが私を拒絶し、私からあなた自身を守るため、ふたりのあいだに壁を築いたとわかっています。だから私はあなたに謝り、私がもう危険な存在ではないことを示すため、自分の力をしばらくあなたにゆずりわたし、あなたの前で謙虚になります。あなたが私を警戒し、もはや私を信じていないこともわかっています。だからこそ今、私はあなたの信頼を取りもどさなければならないのです。自分の過ちを認めることで、私は以前の信頼を取りもどしたいと思っています」

謝ってもらう理由

本書の執筆にあたり、私は謝罪に関するアンケートを用意し、非公式の聞き取り調査を行ないました。質問のひとつに、「相手が謝って当然だと思う態度や行動を上から順に三つ挙げてください」というものがありました。調査結果は以下のとおりです（この結果は、私のクライアントに対して行なったものと同じでした）。

*乱暴あるいは無神経な態度
*嘘をつくこと、だますこと
*嫌がらせをする、あるいは皮肉を言う
*思いやりがないこと
*秘密を暴露すること
*短気なこと
*否定的な態度
*無礼な態度
*否定的な評価、あるいは誤った評価を下すこと
*約束を破ること
*噂や中傷、デマを広げること
*不公平な態度

＊精神的・肉体的・性的虐待を誰かに加えること
＊卑しい、あるいは冷酷な行為
＊約束や時間にルーズな態度

【……エクササイズ……】あなたのトップ3を見つける

A　人が犯す過ちの中で、謝罪に値すると思う行動を三つ挙げてください。
B　こういう理由で人は謝らないのだろうと思うものを、三つ挙げてください。
C　自分だったら罪悪感を抱き、謝罪の必要を感じるだろうと思われる行為を三つ挙げてください。
D　あなたがなかなか謝れない時の理由を、三つ挙げてください。

なぜ人に謝ることが大切か

私たちは内心、自分の過ちを認めて、相手に許しを乞いたいと願っています。何か過ちを犯した時、私たちは罪悪感や恥ずかしさを感じてしまうものですが、そうした感情は、私たちが自分の非を認め、傷つけた相手に謝るまで、私たちの心をむしばみつづけます。謝ると、罪悪感や恥ずかしさがやわらぐため、気分がよくなってきます。そしてもし相手に謝罪が受け入れられるなら、自分は許されたと感じ、とても楽に自分自身を許せるようになるのです。

申し訳ないことをしたと思っていた相手に謝ったあとどれほど気分がよくなるか、想像してみてください。罪悪感や恥ずかしさから解放されたと感じるだけでなく、過ちを認める勇気がもてたことで、前より自分のことが好きになるかもしれません。また、謝った相手に親近感を抱くようになるかもしれません。それは今まであなたが、迷惑をかけてしまったという負い目から、その人とのあいだに距離をつくっていたからです。さらに、謝ったことで新たな事実が明らかになり、誤解がひろがらずにすむことがあります。たとえば打ち合わせであれ、デートであれ、電話での会話であれ、私たちが誰かと接したあと不安な気分になってくるのは、ふたりのあいだで何かがうまくいっていなかったとか、ふたりのあいだに強い緊張感が漂っていたような覚えがあるからです。自分の言ったことが原因だろうか、何か相手の気にさわるようなことをしたのだろうか、私たちはそんな不安に駆られます。そんな時は「もしあなたを傷つけていたら、ごめんなさい」と先に自分から相手に謝り、誤解を解くこともできるのです。

人が謝るのには、四つの主な理由があります。

1　誰かを苦しめたことに対する後悔の念と、その人の受けた痛みをやわらげたい、あるいは消し去りたいという願いから
2　良心の呵責《かしゃく》から解放されるため
3　人間関係を修復するため、あるいは、もとにもどすため
4　罰から逃れるため、あるいは、自分を〝いい人〟に見せるため

今度あなたが誰かに謝ろうと思った時には、こう自分にたずねてみてください。「私はなぜ謝ろうとしているのか？　謝罪の目的は何か？」

謝罪の理由としてもっともふさわしいのは1ですが、4は謝る理由としてふさわしいとは言えません。もしこれがあなたが謝ろうとする理由なら、相手にもっと共感と思いやりがもてるまで謝らない方がいいでしょう。

なぜ謝罪を受け取ることが大切か

謝ることは私たちの精神的、霊的、そして肉体的健康にとって大切なものです。研究結果によると、謝罪を受け取った人には、生化学的状態に変化が生じてくることが明らかにされています。血圧が下がり、心拍数のペースが落ち、呼吸が安定してくるそうです。

私たちが誰かに怒りを感じると、身体が緊張する、血圧が高くなるなど、さまざまな症状があらわれますが、謝罪を受け取り、それにともなって相手から敬意が寄せられると、こうした症状のもとである怒りはふつうおさまってくるものです。

相手が謝ってくるというのは、あなたがたしかに害を被ったこと、また、あなたには苦痛や怒りを抱くに足る充分な理由があることを、相手が認めたしるしでもあります。こうした正当化には、大きな癒しの効果があります。誰もがみな、自分の気持ちをわかってほしいと願っていますが、心を傷つけられたり、精神的にダメージを負わされたりした場合はなおさらです。「自分はたしかにあなたを傷つけた」、私たちは相手にそう示してほしいのです。

相手が謝ってきた場合、私たちはもうその人のことを危険な存在とは感じません。それは、「闘うか・逃げるか」という反応が優勢だった太古の昔に、人に芽生えた心理です。むかし人は、誰かを「敵」にする余裕はありませんでした。なぜなら、たえずその人物に目を光らせなければならないからです。そこで、「敵」が謝ってきたら彼は自分が悪いと認めたことになり、その結果として、その力と脅威（この先も敵でありつづけるかもしれないという恐怖）は消えるようになったのです。

害をもたらした人物に自分の行為を謝ってもらいたいと願うのは、切実で普遍的な私たちの欲求のあらわれです。謝罪がないままだと私たちはだまされたと感じ、怒りや憤りを手放すことができません。「ほしいのは謝罪の言葉なんだ」あるいは「謝ってもらうまで許せない」誰かがそう言うのを、あなたは何度も耳にしているでしょう。

謝ってもらうことでダメージがなくなるわけではありませんが、それは私たちにとって大きな救いとなるのです。最近私の友人は、昔の恋人から手紙をもらいました。手紙で彼は、つき合っていた当時、彼女に対して取っていた自分の態度をわびたそうです。彼から謝罪を受けたことで自分に大きな変化が生じたと、彼女は驚いていました。彼女は長年のあいだその男性との交信を断っていましたが、彼の残酷な言葉はずっと心の中に残っていたのです。謝ることで、彼はかつての自分の言葉を撤回するとともに、彼女がいまだ抱えつづけていた苦しみを引き取っていったのです。

謝罪のないまま相手を許せば、相手は反省せず、責任を取らないままになるのではないかと考える人たちもおおぜいいます。そうなると当然、すすんでその人を許そうという気持ちにはなれなくなります。そのいっぽうで、謝罪がなくても相手を許せる人々もいます。それは彼らが、自己の信念あるいは精神的・霊的な実践により、謝罪の必要性を超越した高次の理解と慈悲の境地に到達しているからです。こうした人々は本当に稀です（ローマ法王が、自分を暗殺しようとした男に許しを与えたのはその好例です）。ほとんどの人にとって、相手を許せるようになるには、謝罪が必要です。こうした欲求はきわめて人間らしいものであり、けっして恥ずべきものではありません。

自分の認識が正しいことを証明する

謝罪が大切なのは、人から謝ってもらうことで、自分の認識が正しいことが証明されるからでもあります。もし私たちが誰かの態度や行為をとがめた時、その人が自分は何ひとつ悪いことはしていないと否定したとしたら、私たちが示す反応はつぎのうちのどちらかでしょう。（一）否定されたことに腹を立て、こんな人間を相手にしても意味がないと、彼／彼女とのあいだに距離を置きはじめる、（二）自分自身の認識が間違っているのではないかと疑いはじめる。

たくさんの「否定」「否認」が存在した家庭で育った人（一方の親あるいは両親がともにアルコール依存症だった人、家庭内に精神的・肉体的・性的虐待があった人）は、自分の認識を疑いながら成長していきます。そんな人が誰かからの否定や否認に出くわすと、自分は正しいと主張するより、自分自身の認識を疑ってしまうものなのです。

●私に教えてくれようとしたのに……

しかし中には、怒りと疑問の両方の反応を示す人がいます。私の親友は、人をコントロールしたがる傾向をもっていましたが、彼女と対立した時、私もそれに巻き込まれました。私はその親友が大好きでしたし、尊敬もしていました。私たちには深い精神的結びつきがあり、私にとって彼女はかけがえのない存在でした。彼女は幼い頃に虐待を受けた私の苦しみを充分理解し、共有してくれた人物です。いっぽう彼女にとっても、私は同じような意味をもつ存在でした。

ところが彼女には、あらゆる状況をコントロールしたがる傾向がありました。しかも、主導権をにぎりたいという彼女の欲求は、どのレストランに行くか何の映画を観るか自分が決めなければ気がすまないといったレベルを越えていたのでした。彼女は人に車の運転さえさせませんでした。彼女の威圧的な性格でもっとも不快だったのは、人をコントロールしようとする点でした。たとえば彼女はいつも、もう自立していた自分の子どもたちの生活にも口出ししていました。そしてもし子どもたちが自分の思ったとおりにしないと、怒って彼らから離れてしまうのでした。

彼女と私はとても親しく、また、それまで何度もお互いの態度について話し合ってきたので、私はこの問題を彼女に指摘するべきだと思いました。とくに彼女が私をコントロールしようとした時には。しかし私がこの問題を持ち出すたびに、彼女は自分にはそんなところはないと否定するのでした。時がたつにつれ私はどんどん腹が立ってきて、彼女に対してそっけなくなっていきました。しかし時々、ひょっとしたら私の方が間違っているのではないかと、自分の認識を疑ったりもしました。

やがて私は自分をコントロールしたがる友人に耐えられなくなり、その後の数年間で、私たちは疎遠になっていきました。彼女は再婚し新たな人間関係を大事にしはじめ、私は私で新しい人間関係のなかに身を置くようになったのです。しかし彼女が人生の重大危機に直面した時、彼女に対する私の思いは過去の葛藤を超越し、彼女を慰めるため、私は彼女のもとをおとずれたのでした。

その間、私たちはふたたび親しくなりました。

そしてある日、彼女の危機がすぎ去ってから数カ月後、彼女はこう言ってくれました。「私、ずいぶん威張っていたわよね。ごめんなさい。何年も前にあなたはそのことを教えてくれようとしたのに、私にはわからなかったのね。本当にごめんなさい」その言葉をきっかけに、私たちは本音で話し合いました。ちょうど母の時と同じように、私はまた、肩から重荷を下ろしたような経験をしました。彼女に対して抱いていた私の怒りはたちまち消え、お互いの距離が急に縮まったように思えました。かつてないほど近くに彼女を感じたのです。今では彼女を、自己防衛しなければならない対象としてではなく、信頼すべき友人として見られるようになりました。

友人が私に謝った時、もうひとつのことが起こりました——彼女は、私の認識が正しいことを証明してくれたのです。私の母は自分のしたことを平気で否定する、そんな人間でした。そんな支離滅裂な母親に育てられてきたせいで、私はいつも心ひそかに、自分の認識はどこかおかしいかもしれないと思ってきました。たとえ自信のある時でさえ、もし誰かに否定されたら、私は混乱し、突然目まいを覚え、間違っているのは自分の方だと思ってしまうのでした。しかし友人から受けた謝罪は、彼女に対する私の認識が誤っていなかったことを証明しました。私にとって、そのこと自体、素晴らしいプレゼントでした。

おわかりのとおり、謝罪とは「ごめんなさい」の言葉以上のものです。それはつぎのような言葉なのです。

＊相手に痛みをもたらしたことを認める言葉

*自分の行為に対する後悔や自責の念をあらわす言葉
*自分の責任を認める言葉
*和解の申し入れ——仲直りを求める言葉
*理解と思いやり、そして最終的には許しを求める言葉
*相手の認識の正しさを証明する言葉

謝罪がないために生まれる不幸な結果

謝罪を受け取ることが私たちにとって有益なのと同じくらい、謝罪がないことで私たちは傷つきます。それにはいくつかの理由があります。

愛する人々との関係において、相手の方に謝る義務があると感じる場合、私たちは怒りを抱きつづけ、彼らに距離を置くようになるものです。謝罪がないまま時がすぎると、私たちはしだいに自分はだまされたと感じるようになり、苦々しい気持ちになってきます。

謝罪がないと、私たちはいつまでも過去に固執するようになります。たとえば、恋人に捨てられたり、だまされたり、裏切られたりした人たちは、元恋人が自分のもとに許しを乞いにやってくる、そんな日のことを夢見るようです。その日、彼らは自分がやっと報われたと感じるのでしょう。しかし過去に固執していると、前に進めませんし、ふたたび誰かを愛したり、信じたりすることもできません。親に育児放棄されたり虐待されたりして育った人々は、いつか親が否定や否認するのをやめ、自分の行ないがいかに子どもを傷つけたか、その事実を認めてくれる日がくるのではないか

と待ち望んでいます。しかし残念ながらこうした親が謝罪するのはまれですし、謝罪を待ちつづけても、そのことによって彼らはますます過去にしばられて、心は憎しみに満ち、他者に心を開くことができなくなります。

不仲になった親戚や友人は、謝罪があるまで和解を拒むものです。また多くの場合、暴力事件の被害者たちは、加害者が自分の過ちを認めるまでは、新しい人生を歩んでいこうとは思えないものです。

「謝罪は、それを行なうことを拒んだ時のみ、その力を発揮する」といわれますが、この言葉にはある種の真実があります。謝ることはたしかに力を発揮する効果的な行為なのですが、謝らないことで私たちは、自分が傷つけた相手に、何らかの強力な意思表示をすることになるからです。相手が自分の過ちや無礼な態度をわびない時は、私たちの自尊心は低くなり、自分に対する希望も小さくなっていきます。さらに、周囲の人間関係が悪化するのと並行して、自分自身の言動も悪化の一途をたどるのです。

謝罪を受け入れることの重要性

相手の謝罪を受け入れられる力も、やはり大切です。誰かの謝罪を受け入れる時、私たちは、過去のことは過去のこととして水に流そうと相手に伝えるだけでなく、つぎのようなことも相手に伝えています。

*私は、相手が自分のしたことを後悔していると認めた
*私は、相手が心から反省し、同じ態度や行動を二度と取らないよう努力すると信じている
*私は、過ちを犯した相手を理解し、彼/彼女に対して思いやりをもとうとしている
*私は和解したいと願っている
*私は許そうと思っている

これらはどれも相手に対して影響力をもつ内容です。相手から謝罪を拒絶された人より受け入れられた人の方が、恥ずかしさや罪悪感がはるかに軽くなるのです。

謝罪を受け入れることとは、あなたの側からの信任投票です。謝罪を受け入れることによってあなたは彼らに、自分は彼/彼女を根は善良であると信じていること、また、彼/彼女には変わる力があると信じていることを伝えているのです。この信任投票は相手を力づけ、相手を尊重する行為です。

謝罪を求めることの重要性

誰かがあなたを見くだしたり、思いやりのない態度であつかったり、しいたげたりした時、それに対し声を上げて抗議しなければ、あなたは相手に、自分をどうあつかってもかまわないという許可を与えたも同然です。謝罪を求めることとは、ていねいにしかしはっきりした態度で相手に、自分と接する時は敬意と気配りと優しさを忘れないでほしいと訴えることであり、それに反したこと

は受け入れられないと主張することです。

謝罪を求める時、私たちは相手にすまないと言ってもらいたいだけでなく、つぎのことも要求しているのです。

*損害を補償してもらう、あるいは、同じ過ちを繰り返さないという約束をしてもらう
*自分の行為に対して責任を取ってもらう
*こうした害を与えたことに対する後悔の気持ちや自責の念をあらわしてもらう
*彼/彼女がもたらした苦痛や迷惑を認めてもらう

たとえあなたの要求がはね返されたとしても、努力が無駄になることはありません。相手に向かって声を上げたこと、そしてその人から負った傷を自ら確認したことによって、あなたは怒りと苦痛から解放され、傷を癒すためのプロセスを歩みはじめるようになるでしょう。また、あなたは相手の人物に、自分の問題行動を認識するチャンスを与えたのです。それは貴重な贈り物です。それにたとえ、彼/彼女がその贈り物に感謝しなくても、あなたには以前にもまして、その人に関する情報を得ることができます。その情報がきっかけで、あなたは彼/彼女から身を守る必要が出てくるかもしれませんが、少なくとも、怒りで身も心もくたくたになるようなことはないでしょう。

【……エクササイズ……】「謝罪」にまつわるあなたの経験

何らかの点であなたにとって意義深かった、謝罪にまつわる体験（謝罪する、謝罪を受け取る、謝罪を求める）を書いてみてください。それらを書く際には、つぎの質問の答えをすべて入れてください。

1　なぜこの体験はあなたにとって重要だったのですか？

2　この体験はあなたにどんな影響をおよぼしましたか？

3　謝罪する／謝罪を受け取る／謝罪を求めることによって、あなたに何か変化がおとずれましたか？　あるいは人間関係に変化がおとずれましたか？　もしイエスなら、それはどんなふうに？

4　「謝罪」は、それを行なった相手の人間性を変えたと思いますか？　もし変えたと思うなら、どんなふうに？

第3章 「どうしても謝れない人」と「やたらと謝りすぎてしまう人」

釈明と言い訳に走るのは、弱虫のしるしである――アガサ・クリスティー

恥のないところには、名誉もない――西アフリカのことわざ

原則3――人にはふたつのタイプがある=他者に共感できない人と、他者の願望や気持ちに注意を向けすぎる人

エルトン・ジョンの歌で、「『ごめんよ』はいちばん言えない言葉」（「悲しみのバラード」）というのがあります。なぜなのでしょう？　誰かに謝ってもらう必要性、誰かに謝る必要性、両方とも切実なのに、なぜ多くの人にとって「ごめん」と言葉に出すのがむずかしいのでしょう？　そのいっぽうで、なぜいともたやすく謝ることのできる人がいるのでしょう？　本章ではこれらの問題を掘り下げていきます。

私たちは慎重に学ばねばならない

謝ることも許すことも、人が生まれながらにしてもつ特性ではありません。このふたつは後天的に教えられ、そうするよう促されるものです。誰かを傷つけてしまった時、ある程度、後悔や自責の念を感じるのは人間としての本質でしょうが、通常、私たちは相手の返す反応を思って心を閉ざしてしまいがちです。自分に腹を立てている人たちや、仕返ししてきて当然の人たちに対し、心を開き無防備なままでいるのはきわめて危険だからです。

それと同様、私たちが誰かに傷つけられたり、裏切られたり、失望させられたりした場合も、私たちが示すもっとも人間らしい反応は、心を閉ざしてその打撃（傷つけた人間）から自分を守ることです。無理もない話です。すでに私たちを痛めつけた人、だからこそさらに痛めつけることができるであろう人に対して、あなたは心を開き無防備なままいようと思うでしょうか？

「謝罪」とは、相手に贖罪《しょくざい》を求める立派な意思表示であり、これによって私たちは、自尊心を損ねることなく相手の過ちを許すことができます。謝ることを通して私たちはもう一度、お互いに警戒心を解くことができるのです。ところが、謝ることがもっとも効果的なソーシャルスキルであるにもかかわらず、この重要なスキルを学んだり、子どもたちに教えたりすることに、現在ほとんど注意が払われていないのです。そのためほとんどの人が本当の謝罪の仕方を理解していないのですが、これは悲しいことです。謝りたいという気持ちは純粋なのに、謝り方をしくじって、私たちはしょっちゅう事態を悪化させているのですから。

米国では、「自分が許されてきたように、他者も許すべきである」というキリストの教えのもと、人々は成長します。しかしその方法は教えられてきませんでした。また、許しという行為において謝ることが果たす大きな役割についても、教えられることがなかったのです。ところが他の文化や宗教では、謝罪の重要性について説かれ、謝罪が促されています。

その優れた著書『許せない時にいかに許すか *How to Forgive When You Can't Forget*』の中でラビ（ユダヤ教の聖職者）である著者チャールズ・クライン師は、彼自身の経験をつぎのように述べています。エルサレムで研究をはじめた最初の年、彼は学生たちがヨム・キプールというユダヤ教の贖罪の日のため準備をしているのに気づきました。彼らは掲示板に小さなメモを何枚も貼り、この一年間に自分が傷つけてしまったと思う人に許しを求めているのでした。メモの内容は単純でしたが、それらのメッセージによって、許しと和解がおとずれるような雰囲気がかもしだされていました。

「弱さの証し」

相手に謝ったり謝ってもらったりすると、たいていの人は気分がよくなるものですが、私たち個々の中には、それと対立する、同じくらい強力な欲求があります——自我やプライドを守りたい、年月をかけてつくりあげ守ってきた社会人としての自己を守りたい、という欲求です。私たちが謝らないのは、謝ることで自分の欠点や失敗を認めることになるからです。

多くの人、とくに男性にとって、謝ることは弱さの証しです。先日友人が、知り合いの家で交わされた会話について教えてくれました。その家の主人である夫は、みんなの前で妻を傷つけるようなまねをしてしまいました。妻は冗談っぽく「あなた、私に謝らなくちゃね」と言ったのですが、夫は謝るどころか本気で「俺は絶対に謝らないよ」と言い放ちました。友人によると、このセリフは彼の人となりを如実に物語っているそうです。彼は全人格をかけて、「ごめんなさい」と言うのを避けているかのようです。彼にとって、謝罪を断固拒否することが、プライドのしるしなのかもしれません。

謝るためには自分の過ちを認めなければならないため、謝ることは弱さの証しであり、謝ることでさらに非難されてしまうと多くの人が思っています。謝ることで生まれる結果は、まったく逆の場合が多いのに。こうした人々は、謝らないこと、あるいは歪んだ謝り方をすることが、体面をとりつくろううえで有効な策だと思っています。

主導権を捨てる

謝ることとは自分の非を認めること、それはすなわち主導権や権力を放棄してしまうことだと解釈している人たちもいます。友人のステラが先日話してくれました。「夫は、自分が悪いと思った時だけ謝るわ。でも彼はいつも自分が正しいと思っているから、まず謝らないわね」

多くの男性の場合、誤りのない「正しい」人間でいることで、人に対する主導権が得られると思っています。だから、優位に立ちたいと願う男性なら、いつも「正しい」人でいることが不可欠なのです。

もちろん女性にも、男性と同じくらい謝ることの苦手な人たちがいます。友人のメアリーはこう言います。「私たちの場合、役割が反対ね。トニーの方が泣き虫で、素直に謝ってくれるわ。私の方が感情を表に出すのが下手で、めったに謝りもしない。たとえ自分が悪いとわかっていてもね。

私が謝るのは、失うものが何もないとわかっている時だけだわ」私が彼女に、失うのが怖いものとは何かとたずねると、彼女はしばらく考えて言いました。「やはり主導権ね」

プライドの問題

謝ることとは、自分の欠点が認められるようになるまで、いったんプライドを捨てることです。中にはそれを、あまりに無防備で危険だと感じる人がいます。また、謝るためには、言い訳したり人のせいにしたりしがちな自分というものを乗り越えることも必要です。こうやって私たちは自分の行動の責任を認めていかなければならないのですが、それが自分の性格と相反するために、至難のわざとなっているのかもしれません。

コロラド州リトルトンの銃乱射事件〔訳註・一九九八年、学校内で当時一一歳と一三歳の少年が生徒四名と教員一名を射殺した〕の直後、TVニュース番組『ナイトライン』は、アーカンソー州ジョーンズボロで子どもを殺された家族たちと、番組内でコミュニティの会合を開きました。参加者の名前はふせられていたのですが、その中に、殺された教師の夫と、ふたりの少年犯罪者のうちのひとりミッチェル・ジョンソンの母親が、ともに参加していたのでした。

射殺された教師の夫ライト氏は、ミッチェルの母親グレッチェン・ウッダードが参加者の中にいると気づくと、事件が起きてから一年一カ月がすぎたというのに、どちらの少年の親からも謝罪がないと訴えました。そして彼は悲痛な口調で、「被害者の方から謝罪を要求させないでください」と言いました。

グレッチェンは立ち上がると弁解し、自分もひどく苦しんできたと告げましたが、謝罪の言葉は出ませんでした。司会者テッド・コペルが彼女に謝罪するようすすめたのですが、彼女は、自分はすでにメディアをつうじて謝罪していると主張しました。彼は食い下がり、あなたは直接謝っていないのだから今がよい機会だと、なおも謝罪をすすめましたが、彼女は拒みつづけました。

グレッチェン・ウッダードのような人たちは、プライドをいったん捨てること、また、すすんで自分の弱さをさらけ出すことを教えてもらうべきなのです。さらに、そうしたプロセスを経るうちに、自分の尊厳に傷がついたり破壊されたりしないことに気づく必要があるのです。私たちがみな、どれほど謝ってもらうことを望み、また必要としているか、彼らには思い起こす必要があります。そしてまた多くの人は、相手の心にとどき相手に受け入れられる謝り方を学ぶ必要があるのです。

謝ったあとの不安

プライドの問題のほかにも、謝ったあとに起きることへの不安から、私たちは謝ることや責任を取ることができずにいます。危険を冒して謝ったところで相手に拒絶されたらどうしよう、そう多くの人が不安を感じているのです。「彼が二度と口をきいてくれなかったらどうしよう」「彼女が僕から去っていってしまったらどうしよう」、といったふうに。

謝ることで自分の過ちがすべて暴露されたり、自分の評判が地に落ちたりするのではないかと不安を感じる人もいます。「もし彼/彼女が僕のしたことをみんなに話したりしたら?」というのが、その本音です。過ちを認めることで、人から尊敬されなくなるのではないかと恐れる人たちは、「彼女が私を能なしだと思ったらどうしよう」「彼らが僕のことを弱虫になったと思ったらどうしよう」と考えます。ほかにも、仕返しを恐れる人たちがいます。「彼が怒鳴ったらどうしよう」「彼女が復讐しようとしたら……」と。

先にも述べたとおり、仕返しや暴露、さらには処罰されることに対する不安から、私たちは自分のすべきことができなくなっているのかもしれません。自分の過ちをわびたいと思っている人でさえ、訴えられたり逮捕されたりする恐怖から、あるいは弁護士の助言のせいで、それを実行に移せずにいるのです。

「気づき」の欠如

自分の行動が他者にどんな影響を与えたかまったく気づかないため、謝らない人がたくさんいます。彼らはただたんに、問題が自分の方にあることに気づいていないのです。だから謝らないのです。彼らは、これまで自分が人からされたことばかり考えて、自分が人をどんなふうに傷つけているかわからないのかもしれません。あるいはあまりに自己中心的で、自分の態度が人にどんな影響をおよぼしているか、わからないのかもしれません。誰が何を言っても、どんなに多くの人から悪いのはあなただと言われても、彼らには理解できないのです。

人はひとりひとり何らかのかたちで苦しんでおり、それぞれが自分なりのやり方でその苦しみを終わらせようとしています。時として私たちは、苦悩に終わりを告げる最後の手段として、心を閉ざしたり硬化させたりする方法を選びます。すると自分の痛みを感じなくなるという目標は達成されますが、それとともに、他人の痛みも感じることがなくなります。こうなってしまうと私たちは知らず知らずのうちに、無神経で、自分勝手で、時として冷酷な態度を取ることになりかねません。自分の行為がどんな影響をおよぼしているかわからないだけなのに、人に対して何の思いやりもないという印象を与えることになるのです。

以前は私にも、自分の態度が人を傷つけていることに気づかない面がありました。何度か、「あなたに傷つけられた」と人から指摘されましたが、私はろくに反省せず、また、彼らの感情について深く考えたりもしませんでした。それどころか時には、相手の方が神経過敏だとか自分のことを誤解していると言って責めたりさえしました。

しかし母が私に謝ってくれ、自分にも精神的に誰かを虐待する傾向があることに気づいてからは、そんな自分を変えようと努力しました。もし誰かに気分を害されたと言われたら、以前なら自己弁護したところを、言い訳するのをやめ、謝るようつとめたのです。こうした態度の変化は大きく功を奏しました。以前とは比べものにならないほど、自分の行為に自覚がもてるようになり、今では、無神経になったり、自己中心的になったり、批判的になったりしはじめると、自分でそれが察知できるようになりました。もし誰かがいつもよりよそよそしいとか無愛想だとか感じたら、私はその人に対する自分の態度を見つめ直し、無意識のうちに相手を傷つけているのではないか確かめています。

謝ることによって自分が傷つけた人、そして自分自身に、とても大きな恩恵がもたらされることに気づいていない人たちがいます。ばつが悪すぎて謝ることができないからと相手に距離を置く人、あるいは、時がきたら罪は忘れてもらえるだろうと期待している人たちも多くいます。しかしこうした人たちは、しかるべき時にきちんと謝ることで、あらゆるタイプの人間関係が改善されることをしっかり学ぶべきです。それは夫婦、親子、同僚のあいだであっても変わりません。謝らないでいることは、相手の傷口に塩をすり込むのと同じです。

共感できないこと、あるいは共感しすぎること

謝ることのできないもっとも大きな原因とは、私たちに、他者に対する共感が足りないからです。共感とは、自分を相手の立場に置くことができるという資質です。本当の意味で謝るためには、自分の態度や行動が相手にどんな影響をおよぼしたかを想像できなければなりません。共感というもの自体を忘れてしまい、共感を抱くにはどうしたらいいか思い起こさなければならない人もいるでしょうし、これからそれを学ばなければならない人もいるでしょう。

一般的に言って、人にはふたつのタイプがあるものです。他者になかなか共感できない人と、他者の気持ちや必要に気を使いすぎ、自分自身のことがなおざりになってしまう人です。

間違いや過ちを犯したりすると、すぐに言い訳する人がいます。言い訳の内容はこうです。「つぎはうまくやるよ」「誰にだって間違いはあるさ」「起きたことは起きたこと、自分を責めても仕方がない」しかし皮肉なことに、こうした人は誰かに傷つけられると深く傷つき、こんなふうに考えます。「どうしてあいつがこんなことを?」「私に向かってよくもこんなまねができたわね」彼らにとっては、相手を許すこと、過去のことだからと水に流すことがむずかしいのです。彼らは相手に許しを求めるものの、自分では謝れないという人々です。

彼らと反対のタイプとは、相手の行動を正当化してしまう人たちです。「けっきょく誰だって同じようなことをしているのだから」、そう考えるのです。しかし、自分自身が（わざとでなくても）過ちを犯したり誰かを傷つけたりすると、完全に異なった態度になります。自分自身は他者を許し、他者を理解するのですが、相手が自分となると、一片の許しも示すことができないのです。彼らはこう考えます。「自分はなんてばかなんだ」「なんであんなことをしてしまったのだろう？」

誰かに共感を抱くこと（相手の立場に自分を置くこと）と、相手の態度を合理化したり正当化したり、あるいは弁解してあげることは、まったく似て非なるものです。何か問題が起きた時、もしあなたが自分を責めているのなら、あるいは自分の認識を疑い、自分の認識より相手の認識を信用しているのなら、あなたは自分を裁いたりせずに、もっと自分自身に共感を抱いて、自分の認識を信用すべきです。あなたが他者に対して充分共感を抱いているなら、あなたに必要なのは怒りを自分に向けるのでなく、自分を傷つけた人間に腹を立ててもいいのだという許しを、自分自身に与えることです。そして相手に謝るよう求めることです。

これとは逆に、何か問題が起きた時、あなたがよく人を責めたり、自分の認識はつねに正しいと信じているのなら、あるいは、間違いを犯した時その事実を自ら認めることができなかったり、自分の非をわびることができないなら、あなたは他者にもっと共感をもち、人を裁くのをやめ、他者の認識を尊重し、誰かを傷つけた時は相手に謝れるよう努力しなければなりません。

【……エクササイズ……】あなたの「共感のスタイル」は？

自分の共感がどんなタイプのものなのかわかっている人もいるでしょうし、ここまで読んで、はじめて把握した人もいるでしょう。しかし中には混乱したままの人もいるかもしれません。そんな方は、自分が人とどんなかかわり方をしているか日誌をつけてみてください。あなたは一週間に何度、人からひどい仕打ちをされたと感じましたか？　あるいは、自分が傷ついたと感じましたか？　それを書きとめてみてください。

A　リストをふたつつくります。

1　この一週間、何か問題が起きた時、あなたは何度、人のせいにしましたか？

2　何か問題が起きた時、あなたは何度、自分のせいにしましたか？　それぞれ記録してください。

B　一週間の終わりに、どちらの回数が多いか比べてみてください。他者に対する共感と自分自身に対する共感、どちらが自分に欠けているかよくわかるでしょう。

謝らないことへの「言い訳」

以下に挙げるのは、謝らないことへの言い訳の数々です。あなたはどの言い訳をいちばんよく使いますか？

◎「たいしたことじゃない」——自分をごまかさないでください。謝ることは大事な問題です。自分は謝ってほしかったのに、相手の人物が謝ってくれなくて、あなたがどんなに傷ついたか思い出してください。また、誰かが謝ってくれた時、あなたの気分がどれほどよくなったかも思い出してください。「謝るかどうかなんてたいした問題じゃない」、あなたがそう自分に言い聞かせようとした時は、それぞれの時の気持ちを思い出してください。

◎「相手も私に同じようなことをしたのに、謝らなかった」——相手の側に前例があっても、あなたの不正は不正です。その時、相手はあなたを傷つけたとか、あなたを怒らせたなんて気づいていなかったのかもしれません。だから、謝る理由があることに気づいていなかったのかもしれません。謝ってほしいと求めるのはあなたの責任です——とくに、その問題であなたがいまだに悩んでいるのなら。自分の不適切な行為についてあなたがまず謝ることが、そうした行為は人を傷つけるものであると相手に知らせてあげることにもなります。あなたがお手本となるわけです。相手は自分の態度を振り返り、いつか謝ろうという気持ちになるでしょう。

◎**「彼／彼女がけっして私に謝らないから」**——もしそれが（誇張でなく）本当なら、傷つけられたとか迷惑をかけられたと感じた時、相手に謝ってほしいと求めることで、あなたは自分の責任を果たすべきでしょう。また、その人と話をして、謝ってもらえないことを自分がどう感じているか伝えることも必要です。いずれにせよ、相手のこれまでの態度を口実に、今の自分の無神経な態度を棚上げしてはなりません。お返しは相手より寛大な人間になることで行ない、彼／彼女が高慢だったり鈍感だったりする時でも、それを自分の謝る能力を磨く機会にしてください。

◎**「もう手遅れだ」**——謝るのに手遅れはありません。問題を起こしたらすぐに謝る方がはるかに効果的なケースもありますが、遅すぎるからという理由で、相手の謝罪を拒否する人はほとんどいません。私自身の体験から例を挙げましょう。

何年も前のことになりますが、私はロサンゼルス地区にあるカウンセリングセンターの臨床部長をつとめていました。そのクリニックの所長とは以前からの知り合いでもあり、働きだしてから二年間で、私は彼女ととても親しくなりました。残業後いっしょによく食事し、クリニックが効率的に機能するにはどうしたらいいかプランを練りながらふたりで何時間も過ごしました。私は彼女の息子や男友だちと親しくなり、彼女の方も私の友人や恋人と顔見知りになりました。彼女が自分の家で私の誕生パーティーを開いてくれた年もありましたし、母を紹介しようとクリスマスにふたりで彼女のもとをおとずれた年もありました。私たちは互いに信頼し合い、また、困った時は互いに支え合っていました。

しかし四年ほどたった頃、友人でもあり同僚でもあった彼女が変わりはじめました。当時抱えていた精神的な問題の答えを探っていた彼女は、それを心理療法以外の世界に求めるようになったのです。彼女には新しい友だちがたくさんでき、私と親しくなった時と同じように、彼らと親しくなっていきました。この件で私は傷つきましたが、自分がもっとも必要とする助けを彼女が見つけられたのだと思い、満足でした。

私が悲しかったのは、仕事場における彼女の変化です。彼女はクリニックの方針について私に意見を求めるのをやめ、そのかわり、新しい友人を数名コンサルタントとしてクリニックに呼び入れました。仕事の出来に変わりはないのに、職場での私の発言権はしだいに小さくなったような気がしました。

私は何度か、しめ出されている感じがすると彼女に伝えようとしたのですが、彼女は私の話に耳を貸したがらない様子でした。彼女の手によりふたりのあいだに巨大な壁が築かれたかのようでした。彼女は遠い存在になってしまいました。こうした状況下では働く気になれず、私は彼女に退職届を出し、クリニックを辞めました。周囲の人間には、独立開業でやっていきたいと告げて。私の送別会でもあいかわらず彼女は冷淡でよそよそしく、私は深く傷つきました。彼女とはじつに長いつき合いでした。あれほど親しかった人間に無視されるのは、私にとってつらい経験でした。

それからの数年間、クリニックで起きたことを思い出すたびに私は悲しくなり、怒りがこみ上げてきました。若手のセラピストを指導したり、他のセラピストたちと交流する場は失ってしまいましたが、開業してからの仕事は軌道にのり、私は自己啓発書の執筆もはじめました。やがて一連の出来事は記憶の隅に置かれ、私は自分の新しい生活に没頭していきました。

その後一五年間、彼女とは音信不通でした。そんなある日、ロサンゼルスから北に四時間のところにある、とある食料品店で私は彼女とばったり出くわしました。かつて私たちがともに働いていた場所からは遠く離れていたので、本当に驚きました。

ふたりのあいさつは当然のことながらぎくしゃくしていました。「ひさしぶりね」の言葉のあと、彼女は自分の隣りにいる男性を私に紹介し、私は彼女に、五年前カンブリアに引っ越したこと、自分がその土地を気に入っていることを話しました。すると彼女は私の目をじっと見つめ、言いました。「あなたを傷つけてごめんなさい」その時私はふたたびこの言葉の重みを実感したのでした。表情や声の調子から、私に対する過去の態度を彼女が真剣に見つめなおしていたことがわかり、その瞬間、私の心に残っていた傷跡があとかたもなく消え去りました。私はずっと前に――いろいろな面で――あなたを許していたと、彼女に告げました。しかし私はこの時あらためて、自分がいまだにこの言葉をすごく必要としていたこと、そして、この言葉に大きな癒しの力があることに驚きました。

今の私には、彼女の人間性がわかります。かつて大切にしていたその人を理解することができるのです。以前彼女に抱いていた敬意の念を、取りもどすことができました。彼女が私を傷つけてから一五年後のことです。謝罪に手遅れはありません。

どうしても謝れない人、簡単に謝りすぎる人

謝ることがむずかしく、また、謝るのにずいぶんつらい思いをするのは、つぎのような人たちです。

*強くなれ、あるいは「男らしく」なれと言われて育った人、弱みを見せるなと言われて育った人（男性に多い）
*完全主義者
*つねに「正しい」人間でいなければならないと思っている人
*他者に批判的になりがちな人
*自分の欠点を他者に投影しがちな人
*ナルシスト（彼らは、もろい自我を隠したり守ったりするため、過剰なプライドをもつ）
*過去にひどく恥ずかしい思いをしたため、これ以上恥をかかないよう自分を守らなければならない、と思っている人
*他者に共感する力の乏しい人

こうした人々の反対側の端には、謝罪の言葉をやたらと口にしすぎる人がいます。謝りすぎたり、不必要な時に謝ったりする人々とは、つぎのようなタイプです。

*誤解、口論、問題の責任はみんな自分にあると感じながら育った人（女性に多い）
*たとえ自分は悪くなくても、謝るのは社会におけるエチケットだと信じて育った人
*人をコントロールするため謝罪を用いることを学んだ人（彼らにとって謝罪とは、自分の行動

の責任を認めたかのように見せかけるための方法、あるいは人をなだめて自分の態度を大目に見てもらうための方法です）

＊虐待などの犠牲者となり、犠牲になったのは自分にも落ち度があったからだと教えこまれてきた人

何らかのかたちで犠牲者となった人たち（幼い頃に虐待や育児放棄にあった人、大人になってから精神的・肉体的虐待を受けた人）は、謝りすぎたり、自分は何もしていないのに謝ったりする傾向があります。そうなってしまうのは、ことを荒立てないため、もしくは、虐待されていたことに対して羞恥心《しゅうちしん》や罪悪感を抱いているせいです。

●プライドと羞恥心のつながり

謝りすぎる人がいるいっぽうで、どうしても謝ることのできない人がいますが、それを理解するためには、プライドと羞恥心の関係を理解することが重要です。たとえば、プライドをもちすぎたり自信過剰におちいるのは、実際にはその人が恥をめぐる問題を抱えていることのあらわれです。おそらく、子どもの頃すごく恥ずかしい思いをしたせいでしょう。過去にひどく恥をかいた人たちは、謝れなくなることがよくあります。なぜなら、謝ることは恥をかくことと同じだと感じるからです。彼らは似たような傷を負うのが耐えられないのです。これと同じ理由から、謝りすぎてしまう人や謝罪を求められない人たちも、羞恥心に関する問題で悩んでいることが多いのです。

自分が他の人間を傷つけてしまったと気づいたら、私たちはたいてい恥ずかしくなります。比較

的ささいな失態や迷惑、あるいは無礼な行為であれば、私たちもほんの少々の恥ずかしさしか感じなくてすみます。しかし、人を深く傷つけてしまったり、人に多大な迷惑をかけてしまったりしたら、恥ずかしさが津波のごとく押し寄せてきて、私たちはプライドを失い、時には罪の意識や良心の呵責《かしゃく》、自己嫌悪の壁の中に押し込められてしまうでしょう。

自分の羞恥心にどう対処するかは、人はそれぞれに異なります。健全なレベルの自尊心をもつ人や、子どもの頃に過度に恥をかいたことのない人は、罪悪感や自己批判の嵐に襲われても、比較的すぐに立ち直ることができるものです。またこうした人たちは、自分がかけた迷惑を率直にわびることができますし、その過程で羞恥心から解放される可能性も高いのです。

そのいっぽうで、自尊心の低い人や、子どもの頃ひどく恥をかいた人たちは、羞恥心の攻撃を振り払うのに非常に苦労します。この攻撃はいつまでも続くため、彼らに残されたひとかけらの自信さえじわじわと侵食され、自分に対して抱くイメージにも大きな悪影響がおよぼされます。

こうした人の中には納得のいく謝り方ができず、謝ったあとも強い罪悪感を抱く人がいます。たとえ罪を許されたり免責されたとしても、彼らは羞恥心から解放されることはありません。心を占領した恥の意識に耐えられなくなる人たちもいます。まるで心が羞恥心で埋めつくされ、新たに生じた恥を受け入れる余裕がないかのようです。彼らは羞恥心の攻撃に対して無力なため、誰かを傷つけたり過ちを犯したりするとすぐに、自分を守るため、心に壁を築いてしまいます。壁はいっきに高くなるので、彼らが相手の痛みに動じることはなくなります。じつのところ、壁が急激に大きくなるので、彼ら自身、自分がどれほど心に大きな影響を受けているか気づかないのです。言うまでもなく、こうした人々が謝罪するのは不可能ではないにせよ、きわめてむずかしいことなのです。

●なぜ男性の方が自分の過ちを認められないのか

男性が女性より謝るのに苦労するという考えには、ある種の真実があります。前出『論争の文化』の著者デボラ・タネンら専門家は、この点に関して女性と男性とはたしかに違いがあるとする充分な証拠を示しています。また、謝罪に関する私のアンケートに答えた大多数の人が、女性より男性の方が謝る時に苦労すると感じているようです。

男性は一般的に、自分のことを弱い人間だと思いたくはありません。ですから、謝ったり自分の非を認めたりすることによって、多くの男性は過度に自分は弱虫だと感じ、また、謝ると権力闘争に破れるのではないかと感じます。男性は、夫婦喧嘩はもちろん、あらゆる争いを「正しい／間違っている」でかたづけようとします。論理的に考えると（男性は論理的な傾向があります）、間違えることとは負けることを意味するのです。しかも文化的にみて、男性は競争心をもつよう条件づけされているため、たいていの人が負けるのを嫌います。

皮肉なことに、男性の中には、自分の方が悪いとわかっているからこそ、謝るのがいっそうむずかしいという人がいます。私の親友がそのいい例です。

妻と喧嘩していて彼女に痛い点をつかれると、僕はきまって口で丸め込みます。君はお義母《かあ》さんにそっくりだよと言うか、あるいは、そんなこと言ってないよとしらばっくれて、彼女の勘違いだと思わせるのです。そんなことをするのは、自分に非があるとわかるのが怖いからです。たいした問題じゃないってわかっているのに、その瞬間、自分が主導権を失うような感じがしてならないんです。

多くの男性は繊細な自我をもっています。ある男性のクライアントはこう言いました。「僕はいつも、自分はなんとか大失敗をまぬがれてきたにすぎないと感じています。だから有能で正しい人間だという体裁をつくろわなければなりません。そうでないと自分が崩れ落ちそうになるんです」

男性についてとやかく言う前に、私たちは、ほとんどの社会で男性が、強くて、優秀で、有能であれと求められていることを思い出す必要があります。女性は、自分のパートナーには、感情の機微がわかり社交的であってほしいと言いますが、それと同じくらい、彼女たちは男性が弱虫なのを嫌います。もし男性がしょっちゅう謝ってばかりいたら、女性はうんざりしてしまうでしょう。

●なぜ女性は謝りすぎるのか

調査結果によると、女性は男性よりはるかに多く「すみません」「ごめんなさい」と言うそうです。女性は夫や友人、子ども、上司、同僚に頭を下げ、スーパーでぶつかった相手に頭を下げます。女性は条件反射的に、そしてしょっちゅう謝っているため、時々自分がなぜ謝っているのかわからなくなることさえあります。しかも自分に非がないような場合でも、謝ることが多いのです。

女性であることで、なぜ「すみません」と言わなければならないのでしょう？　デボラ・タネンによると、頻繁に人にわびるという女性の傾向は、女性固有の話し方に何かしら理由があると言います。そもそも、会話とは根本的に一種のしきたりであると彼女は説きます。私たちが何か発言するのは、それが、ある特定の状況においてふさわしい内容であることを学んできたからです。女性が用いるしきたりの多くには、相手の感情に気を配るという働きがありますが、人に謝る際にもこれが起こります。女性が謝る時、彼女たちはある行為の責任を取ろうとしているのではなく、ただたんに、何かが相手にとってつらかったのだなと察したからにすぎない場合があるのです。残念ながら、「男性は、いつも親切な人でいようとして条件反射的に謝るということが少ないため、女性の言葉を本物の謝罪の言葉と解釈してしまう」とタネンは指摘します。その結果、女性の立場は弱くなりがちです――悪くないのに罪を着せられたり、非力あるいは無力と見なされたりするのです。女性は相手も謝ってくれるだろうと考えて、謝るのかもしれません（たとえば夫婦喧嘩の際、妻が先に負けを認める）。しかし夫は、いつも妻の方が本当に悪いと思い込んでしまうかもしれません。また、ふだんから夫ではなく自分の方が非難を受け入れさせられる（あるいは非難されがちな）女性なら、自分の能力や認識に疑いをもつようになるかもしれませんし、怒りをつのらせることになるかもしれません。従来から男女間では、最終的に女性は怒りを爆発させます――ある女性が私に言いました、「ふたりの問題に関して、自分の責任はすすんで認めるわよ。でも、すべてを引き受けるのはもうたくさん」女性が怒りを爆発させると、なんであんなに怒るんだろうとか、理性がない、ヒステリックだとか言われ、彼女がもつ不満の本質が見失われてしまいます。

しかし正真正銘の謝罪――過ちを犯した人、あるいは悪いのは自分だと感じた人がする謝罪――ができるのも、男性より女性の方です。男性は幼い頃から、たくましく、堂々と、毅然《きぜん》たる態度を取れと教えられ、また、落ち度を認めないことで面子《めんつ》を保てと教えられています。いっぽう女性は、人生をより私的な観点から見つめます。そしてもし何か問題が生じると、とくにその問題が解決されない場合は、女性は罪悪感を抱くようになります。自分が悪いのだと思い込むか、あるいは、問題を解決するために充分努力しなかったと思うようになるのです。

なぜ女性は自分に落ち度がないのに謝ってしまうのか、それには主な理由が四つあります。

1　女性は他者の感情を害さないようにしようとする
2　女性は何かの問題を状況や他人のせいにするより、自分のせいにしがちである
3　女性は男性よりも自尊心が低い
4　女性は争いを恐れ、避けたがる

自尊心が低いと、弁解がましい人間だと見なされることがあります――「こんな容姿でごめんなさい」「嫉妬深いうえに疑り深くてごめんなさい」「気がつかなくてごめんなさい」「こんな私でごめんなさい」――そして、自分に非がない時でも、責任を引き受けてしまうケースがたびたび出てくるのです。

多くの女性は、争いを避けるためなら何でもしようとします。その場を丸くおさめようと努力し、謝ることで喧嘩になるのを防いだり、もしくは喧嘩を終わらせようとするのです。私のアンケートに答えたある女性は、つぎのように述べています。「主人が謝ることはめったにありません。私が悪者になりさえすれば、喧嘩にはならないんです」

【……エクササイズ……】謝りすぎなのか、謝らなさすぎなのか

A　あなたは謝れないタイプですか？　謝りすぎるタイプですか？　なぜそうなってしまうのか書いてみてください。たとえば——

1　幼い頃、謝ることの大切さを教えられましたか？

2　謝ることは弱さの証しだと教えられませんでしたか？

3　あなたの両親は謝ることについて、言葉や例を用いてどんなメッセージをあなたに伝えましたか？

4　あなたの両親（あるいは父母のいずれか）は、人をコントロールする手段として謝罪をよく用いていませんでしたか？

5　子どもの頃、無理して誰かに謝ったことがありませんでしたか？

B　謝ることができない方におたずねします。誰かに謝る場合、何がとてもむずかしいのでしょう？

1　誰かに謝る時、あなたは何を感じますか？　また、どんな状況であれば、謝ろうと思いますか？

2　あなたにとってもっとも謝りにくい相手とは誰ですか？　また、それはなぜですか？

C　すぐに謝ってしまう方、謝ってばかりいる方におたずねします。もし条件反射的に謝るのをやめるとしたら、どんな感じがすると思いますか？　答えを書いてみてください。

誰にもみな、時として謝りにくい場合があり、謝れない理由があります。理由を探すのは大切ですが、過去に謝れなかったことで自分自身を責めるのは建設的な行為とはいえないでしょう。かつて謝れなかった理由にいつまでも固執するのではなく、謝ることがいかに大切か、そして、あらゆる人間関係を癒すことのできる謝罪の力について、しっかり理解していただきたいのです。

【……エクササイズ……】謝罪のリストを振り返る

このエクササイズでは、第1章の終わりでつくったふたつのリスト（あなたが謝らなければならないと感じている人たちのリスト、あなたに対して謝る義務があるはずだと思う人たちのリスト）を用います。

A　ひとつ目のリストに挙がった人たちについて、つぎの質問に答えてください。何が邪魔をして、あなたはその人に謝ることができないのでしょう？　できるだけくわしく答えを書いてみてください。もし答えが浮かばないようなら、時間を取って考えてみてください。

B　ふたつ目のリストに挙がった人たちについて、つぎの質問に答えてください。その人があなたに謝っていないのはなぜだと思いますか？　できるだけくわしく、自分なりの答えを書いてください。

第2部 ●●●「意義深い謝罪」の行ない方を学ぶ●●●

第4章 正しい謝り方、間違った謝り方

もし真実を告げるなら、あなたに味方する無限の力が手に入る。
告げないのなら、無限の力を敵にまわすことになる——チャールズ・ゴードン

言い訳にはつねに嘘がまざっている——アラブのことわざ

原則4——意義深い謝罪には三つのRがふくまれる=後悔(Regret)、責任(Responsibility)、改善(Remedy)

本章では、あなたと相手がともに癒される、意義深い、心のこもった謝罪の行ない方をくわしく述べていこうと思います。

まずはじめに、間違った謝り方——効を奏さない謝罪のスタイル——について取り上げ、つぎに、意義深い謝罪を行なうための正しい方法について説明します。

意味のない謝罪

謝罪の中には明らかに効を奏さないもの、また、まったく意味のないものがあります。ここではこうしたタイプの謝罪を取り上げ、例を挙げながら検証していきます。

●見せかけ、あるいは偽りの謝罪

私たち誰もがこうしたタイプの謝罪を受け取り、また、自らもこうした謝罪を行なっています。見せかけの謝罪とは、社会生活やビジネスの世界、あるいは建前上謝らなければならないような状況で行なわれる、うわべだけの謝罪です。

子どもが謝罪について学ぶのは大切ですが、それを教える親たちは、たびたび間違った教え方をします。当人には自分が何をしたのかよくわかっていないのに、あるいは、自分は何も悪くないと思っているのに、彼らに謝るよう命じるのです。多くの場合それがもとで、子どもたちは大人になっても、見せかけの謝罪をしつづけます。

偽りの謝罪とは、いわば嘘のようなものです。偽りの謝罪を行なう人はたいていの場合、自分を許してもらうため、相手をあやつろうとしています。みなさんにも、相手が心から反省しているとは思ってもいないのに、不思議とその人を許してしまったという経験があるでしょう。しかし許しが本物になるかどうかは、謝罪の質しだいです。ですから、偽りの謝罪をもらっても、その人に対する信頼は実際には回復しませんし、怒りの感情はいつのまにか私たちの中によみがえってきます。

偽りの謝罪について論じていると、かつてクリントン元大統領がモニカ・ルインスキーとの一件で行なった謝罪を思い出す方もいるでしょう。

●罰を逃れるため、または、人に嫌われないためにする謝罪

人から否定的な反応を示されるのがいやで謝ることが、私たちにはよくあります。じつはこの時私たちは、自分のしでかしたことを悔やんでいるのではなく、非難されてしまうことを悔やんでいるのです。

長年にわたって私は幼児虐待の被害者とそのパートナー、家族の心の癒しに従事してきました。被害者の親が虐待行為を認めるケースはめったにありません。行為そのものは認めたとしても、彼らはそれが虐待にあたるとは思っていないのです。このことはとくに子どもに対する性的虐待の加害者にあてはまるのですが、つぎに挙げる例がそれを如実に物語っています。

ジェニーの父親は、ジェニーが四歳から一六歳になるまで、彼女に性的虐待を加えつづけました。父親は夜になるとジェニーの部屋に来て、寝かしつけるという名目で彼女にいたずらしたのです。こうした行為が数年つづくと、今度はジェニーに自分の身体を触らせはじめました。そして彼女が思春期に入った頃、彼は娘と肉体関係をもったのです。

何年間にもおよぶセラピーのあと、ジェニーはついに虐待の件で父親と向き合うことができました。父親は過去の行為を軽視し、一連の出来事と彼女が今抱えている問題とのあいだに因果関係はないとしたものの、加害者としてはめずらしく、自分の犯した行為そのものは認めました。虐待によって自分がどれほど傷ついたかジェニーが説明しようとすると、父親は、彼女がとても優秀な娘に育ったことを指摘して（彼女は医者になっていました）、虐待が彼女におよぼした影響は小さい

と主張しました。

話し合いの後の数年間、ジェニーは父親のそばにいると不快でしたが、彼とのつき合いは保ちました。彼女は父親と対峙できた自分を誇らしく思いましたし、予想に反して父親が虐待の事実を認めたのだからこれで充分だと、自分を納得させていたのでした。

私がジェニーと出会ったのは、私が指導する、幼児期に虐待を受けた女性被害者のグループに彼女が参加した時です。彼女は当時、回復効果を高めるため、本で取り上げられたあらゆる方法、また、セラピストがすすめるあらゆる方法をためしていたのですが、なぜ自分がひどく落ち込むのか、なぜ父親に対してわだかまりを感じているのか理解できずにいました。私が、父親に対して怒りをはっきりあらわすよう促しても、彼女はいつも父親の行為を弁解し、むしろ、虐待の件で自分が何らかの役割を演じていたのではないかと疑うようになっていました。彼女は「許すこと」「忘れること」の重要性を強く信じていたのですが、そのどちらもできない自分にいら立っていたのです。他者に対して、共感と思いやりをもちすぎてしまうジェニーの性向、そんな性格の奥底にある怒りの感情に、彼女が向き合わなければならないのは明らかでした。

グループのメンバーに支えられ、彼女はしだいに、父親への怒りをあらわにするようになり、自分を責めることは少なくなっていきました。私のもとに来るようになって一年ほどたったある日、ジェニーは、父親が同席するセッションを開いてくれないかと頼んできました。「私は前よりは強くなったわ。もうひとりでやっていけると思うの。父がどんなに私を傷つけたか、父の行為が私の人生にどれほど暗い影を落としたか、もう一度彼に伝えたいの。私の話をしっかり聞いて、謝ってほしいんです」彼女はそう言いました。

その後、きわめて重要なこのセッションにそなえ、私はジェニーと数回にわたって面談し、父親とのセッションがどんな展開になるか、あらゆる場合を想定して、はっきり自己主張するよう彼女を指導しました。父親の人となりを彼女から聞いていたので、相手が敵対心をもった病的に自己防衛的な男性であることは予想していましたし、彼が本当にジェニーの話に耳を傾けるのか、責任を完全に認めるのか、そして謝罪するのか、あまり期待はしていなかったのですが、彼女はきっとうまくやる、私にはそんな自信がありました。

たしかに父親はジェニーが言ったとおりの人でした。あまりに神経をとがらせている彼を見た時、私は彼が少し頭がおかしいのではないかと思いました。彼の素顔は、強固な壁の向こうに隠れていました。

ジェニーがまず彼に来てくれてありがとうと感謝を述べ、私も、ここに来るにはかなりの勇気がいったでしょうと、彼女の意見に同調しました。いっぽう彼は、娘を助けるためなら何でもしようと言いましたが、私たちの言葉をはなから聞こうとしない様子でした。

するとジェニーは彼に向かって、虐待のせいで自分の人生がいかにひどい影響を受けたかを話し出しました。父親はすぐに反論し、母親の態度だってけっして立派ではなかったと指摘し、「困難は人を鍛える」といった類いの格言を口にしました。

ジェニーは言い訳は聞きたくないと言って彼を拒みました。静かに自分の話に耳を傾けてほしかったのです。父親は目をしばたたかせると肩をすくめ、黙り込みました。彼は黙ったまま最後までジェニーの話を聞いていましたが、彼女の言葉が胸に染みてないのは明らかです。早くセッションが終わらないかと、我慢していただけなのです。

ジェニーは話し終えると父親を見て言いました。「さあ、謝ってちょうだい」父親は勢い込んで言い返しました。「何度おまえにすまないと言えばいいんだ？　私に何をしてほしいというんだ。私は繰り返しおまえに謝ってきたが、まだ充分じゃないらしい。やってしまったことはもとにはもどらない。なぜ私を困らせつづけるんだ？　昔の話だろう。おまえはもう立派な大人だ。忘れてもいい頃だ」

彼の言葉には威力があり、ジェニーはしばらく黙ったままでした。しかし彼女はあきらめませんでした。「パパ、忘れることなんてできないわ。そこが重要なのよ。私がパパと親子の関係をつづけるには、パパに、自分がどれほど娘を傷つけたか理解してもらわなきゃならないの。そして真剣に謝ってもらわなきゃならないのよ」

謝らなければ、娘はもう自分に会わないと言っているのだと気づき、しぶしぶ彼はわびました。「すまない、すまない、すまない、すまない。こんなことはたくさんだ。こんな拷問は耐えられない」

ジェニーは心のこもった真実の謝罪を受け取ったわけではありません。父親の言葉は彼女にとってまったく無意味でした。のちに彼女が説明したところによると、彼女はその瞬間、父親は自分の苦しみを思いやることができないのだから、心からわびてくれることなどあり得ないだろうと悟ったと言います。それが彼のすべてです。この先も自分と会ってもらいたくて、彼は彼女をなだめようとしたのです。最初から自分のことしか考えていないのに、娘のためなら何でもする良き父親に自分を見せようとして、彼は謝ったにすぎません。さらに彼は、息子たちをはじめとする他の家族に、自分のしたことを彼女が打ち明けるのを恐れていました。過去が暴露されるのを避けるためなら、彼はジェニーを鎮めようとして、セラピーにも参加するし、謝罪もするし、彼女が求めることなら何でもするのでしょう。

●悔恨《かいこん》の情のない謝罪

反省がともなわない謝罪とは明らかに、罰や嫌われることを恐れてする謝罪と同じです。一般に、自分が生んだ結果を受け入れたくなくて謝る人は、本当の良心の呵責を感じていません。つぎに挙げるのは、会社の上司から謝罪を受けた私のクライアント、ロビンという女性のケースです。

新しい仕事についてから数カ月のあいだロビンは、服装や、身体、性生活に関して、会社の上司から不適切な発言を受けていました。彼女がふだんより少しでもおしゃれをしていると彼はこんなふうに言います。「ほう、色っぽいね。今夜はお楽しみかい？　幸せなヤツがいたもんだな」そして彼女のブラウスの胸元が少しでもあいていたり、スカートが短かったり、ドレスがぴったりしていたりすると、彼はいやらしい目つきで唇をなめながらこう言うのです。「もし僕が結婚してなかったなら……」とか「そんな格好をした君とどんな仕事をしろって言うんだい？」

上司の態度にロビンは頭を悩ませ、こうした言葉が減るのを願って、彼女は自分の好みの服装よりずっと地味な服装をして出社するようになりました。すると彼はこう言います。「いったいどうしたんだ。僕が雇ったセクシーな秘書はどこだ？　お前、彼女に何をしたんだ？　彼女の後釜の、このやぼったい女は誰だ？」

ロビンは何をしても無駄だと感じました。きれいな格好をしていると卑猥な言葉を浴び、ラフな格好をしていると批判の言葉を浴びるのです。困り果てた彼女は、ついに会社の人事部門に苦情を申し立てました。担当者は彼女の報告書に目を通すと、正式なセクハラの告発書を提出するのではなく、ふたりのあいだに調停委員会に入ってもらうようすすめました。ロビンはそれに同意しました。

面談の席で上司は、彼女に不適切な発言をしたことを正式に謝りました。「ミス・クレイブンス、君を傷つけていたとしたらすまない。そんなつもりじゃなかったんだが。これからはああした発言はしないと約束する」彼は斜に構えながら、仰々しくそう言いました。

ロビンは反省の色のない謝罪を受け取りました。上司はおそらく弁護士が指示したとおりの言葉を口にしたのでしょう、声には後悔の様子がまったく見られません。ロビンは不満を抱えたまま面談を終えました。それから上司の淫らな発言はなくなりましたが、ロビンは何でもないことで大げさに騒ぎ立てた、彼がそう思っているのはその後の態度や冷たい視線から明らかでした。

●いやいやながらする謝罪

いやいやながらする謝罪とは、歯を食いしばりながらする謝罪とも言えます。不承不承謝る人はたいてい、事態がこじれないよう無理して謝っているのです。ジェニーと父親の例を見てわかるとおり、もし彼がジェニーに謝らなければ、ふたりの親子関係は終わりを告げているでしょう。しかしこんな謝り方をする人は、自分の行為を悔やむどころか、謝らなければならないことに腹を立てていることは、誰の目にも明らかです。こうした態度では、謝ることが無意味なものになるだけでなく、結果的に相手を侮辱することになるのです。

●早すぎる謝罪

充分時間をかけて自分の過ちを振り返っていなければ、謝罪は時期尚早のものとなります。考えなしの謝罪や感情のともなわない謝罪は、意味のない、口先だけのものとなってしまうのです。

傷つけられた直後に、たんなる思いつきの、心のこもらない謝罪を受け取るよりも、長い時間や月日、あるいは年月をかけて生まれた、心のこもった本物の謝罪を受け取りたいと、多くの人は思っています。

早すぎる謝罪とは、自分が誰かを傷つけてしまったことに突然気づき、その過ちを取り消したいと思ってする謝罪です。早急にわびることで、自分の罪を消し去り、また、相手の気持ちを鎮められると考えて、如才なく、あるいは仰々しく、私たちは熱心に謝るのです。しかし残念ながら、性急に謝っても、傷つけられた側はその謝罪の言葉や、謝っているその人を信じてはくれません。たとえば、私たちが誰かを言葉で傷つけてしまい、今のは冗談だとか、そういう意味じゃないと言い訳しながら謝るような時のことです。相手は謝罪の真偽を疑うだけでなく、じゃあそもそもなぜ自分にあんなひどい言葉を投げつけたのか、いぶかしく思うようになるはずです。こうした状況で、より適切なのは、相手の気持ちを考えてこう謝ることです。「ああ、自分はなんてことを言ったんだろう。しばらく反省させてほしい」

●自己非難による謝罪（自分を責め立てる謝罪）

自己非難による謝罪、自分を責め立てる謝罪というのは、相手の怒りをやわらげて、その人の注意を自分の犯した罪からそらすことが目的です。こうした謝り方をする人は何度も何度もわびますし、自分の過ちを誇張します。「本当に本当にごめんなさい。私は大バカよ。あんなまぬけなことをするなんて、自分でも信じられない。もう口をきいてもらえなくても仕方がないわ。後悔で胸がいっぱいよ」といった具合に。
じつは彼らは巧妙に、自分につらくあたることを相手が気の毒に思うよう仕向けているのです。たいていの人は彼らの過ちをつかの間忘れるだけでなく、最終的には謝っている彼らに気をつかうようになってしまいます。その結果、謝罪は完全にその意味をなさなくなるのです。

●「政治的な」謝罪

政治的な謝罪とは、自分を良く見せようとして（それ自体は間違った行為とはいえません）する謝罪、あるいは、人の支持を得ようとしてする謝罪のことです。つまり、〝中味〟をともなった謝罪ではなく、〝メリット〟を考えての謝罪です。ビジネスマンは（通常、人が見ている前で）謝るふりをよくします。それは、自分には人の名誉やフェアな態度を重んじる心があると相手に印象づけるため、または、攻撃をしかけてきそうな相手から闘う意志を奪うためです。こうした謝罪の例をいくつか挙げましょう。

ローラ・シュレジンジャー博士は、『バラエティ』〔米国の芸能業界紙〕に全面広告を出し、その中で、ゲイの人々に浴びせかけた辛辣《しんらつ》な言葉を、自ら謝罪しました。この新聞はユダヤ教の贖罪の日に発売されたのですが、同性愛者団体のスポークスマンがそれを買って読むことはありませんでした。彼女が出演するラジオ番組がカナダで放送中止になったばかりだったので、彼女の謝罪文はまるで、米国での放送を死守するための戦略のように感じられました。

ロバート・マクナマラ〔元米国防長官〕は最終的にアメリカがベトナムに干渉したのは間違いだったと認めましたが（とはいえ彼は「申し訳なかった」とは述べていません）、それも、彼が自著の宣伝に役立つと考えて行なった謝罪でした。

●怒りをおびた謝罪

手っ取り早く謝ってしまおうとする場合、または、自分がある行動に出ざるを得なかったのは相手方に責任があるとひそかに思っている場合、謝罪は怒りをおびてきます。最近知り合ったある男性は、前妻とのトラブルについてこう語りました。前妻は、彼がその年のクリスマスカードの中で家庭の秘密を漏らしてしまったことに、たいへん腹を立てたそうです。彼は前妻にメールで謝ろうとしましたが、彼女は現時点ではメールなど受け取れないと言って断わってきました。彼女に拒絶されたことに腹を立て、傷ついた彼は、彼女に電話して、まずクリスマスカードの件をわびたのですが、つづいて、自分は彼女がメールを受け取らなかったことに憤慨していると告げました。それを聞いて彼女は怒り、不満を爆発させました。「だから私は、あなたからのメールなんていらないって言ったのよ。何かしら私にケチつけなくちゃ、謝ることができないんだから！」

ふたりのあいだで起きたことを話し合ううち、つぎに挙げるふたつの理由から、彼はその時点でまだ謝るべきでなかったことが、明らかになりました。(一) そもそも彼は、前妻がクリスマスカードのことで激怒したことに腹を立てていた。昔から彼女は家庭内の秘密を守ることに神経質だったが、彼の方は、この類いの情報を人に漏らすことを悪いと思っていなかった。前妻が彼のメールを拒否した時、彼の怒りは増幅した。(二) いっしょに暮らしていた頃、彼は、前妻が自分の過ちに対し責任を取るところなど見たことがなかった。彼は彼女の気分を害したことを反省し、そのことを伝えたいと思ったが、心のどこかで、謝らない相手にわびることに抵抗を感じていた。

下手な謝罪とは

謝りたいという気持ちは本物なのに、謝っても誠意が伝わらないケースがよくあります。そうした場合、私たちの下手な謝り方によって、相手はさらに傷ついたり腹を立てたりするかもしれません。こうした失敗をなくすためには、つぎのような謝罪は避けましょう。

◎条件つきの謝罪（**「ごめんなさい、でも……」**）――条件つきの謝罪には、自分の行動の全責任を取るつもりはないというメッセージがこめられています。もし被害を被った当の相手や他の人の行動がなかったら、自分はそんなことはしなかったという内容が、暗にほのめかされているわけです。こうした種類の謝罪では、あなたが自分の行為を心底反省しているわけではなく、たんに形だけ謝っているという印象を与えかねません。条件つきの謝罪の代表例をいくつか挙げます。

「ごめんなさい、でも……」＝「うまく歌えなくてごめんなさい。でも彼の歌声も聞いてみたいものだわ」（ロザンヌ・バー：一九九〇年、ブッシュ大統領に任命されて、MBL開幕戦サンディエゴ・パドレスの試合で惨憺《さんたん》たる国歌斉唱を終えての談）

「言わせてもらえるなら……」＝「過去に時々、自分が無神経な発言をしたことはわかっている。それで人を傷つけたことも……私は深く反省しているし、迷惑をかけた人々に謝りたいと思っている……ただ、公正を期すため言わせてもらえるなら……人種差別の問題は、私が野球にかかわるずっと前から球界に存在していたんだ」（マージ・スコット、シンシナティ・レッズ元オーナー：一九九二年、人種差別主義的・反ユダヤ主義的発言で非難を浴びた時）

「しかしながら」＝「バタフーコ夫人やお子さんたち、そして私自身の家族に与えた苦痛を考えると、自分が懲役刑になるのは当然だと思います。しかしながら……もし私がバタフーコ氏に何もされずに、自然と少女から女性になっていたなら、今の私はなかったでしょう」（エイミー・フィッシャー：一九九三年、法定強姦罪を言い渡された加害者のジョーイ・バタフーコに対して）〔訳註・エイミー・フィッシャーは一九九二年、自分と愛人関係にあったジョーイ・バタフーコの妻を撃った。バタフーコは、当時、未成年であったエイミーと肉体関係をもったとして、法定強姦罪に問われ、有罪判決を受けた〕

◎中途半端な謝罪（「君が不快に思ってるのは残念だ」）――ふつう、このタイプの謝罪は相手への言い訳だと思われます。謝る側が、自分のしたことに対して責任を取ろうとしていないのが明らかだからです。とくに女性は、夫や恋人がこうした謝り方しかしないと言ってぼやきますが、彼女たちにとって彼らの謝罪は救いになるどころか、イライラのもとになるのです。こんな謝り方をしていると、人々は、あなたのことをプライドが高すぎてまともに謝ることができない人間、あるいは自分に非があるのにそれを認めることができない人間だと思い、腹を立ててしまいます。

謝罪が失敗に終わる、主な理由

以上述べた下手な謝り方の例にくわえ、謝罪が失敗に終わる主な理由をふたつ挙げます。こうした理由が一因となって、あなたは謝罪にしくじったり、あるいは、相手は謝っているのにその人のことを許せないでいるのではないでしょうか。読みながら、考えてみてください。

◎過ちを犯した人間は、自分がもたらした害を矮小化する――過ちを犯した人は、自分のしでかした行為を矮小化することがあります。本当は謝るべきだとは思っていないと明言したり、不誠実な態度を示したり、極端な場合はこんな発言をしたりします。「実際のところ、たいした問題じゃないよ。でも君は僕が謝るまで許すつもりはないんだろ。だから言うよ。すまなかった」こんな謝罪は攻撃的です。

◎タイミングを逸する――誰かにコーヒーをこぼしてしまった、たとえばそんなささいな過ちの場合、すぐに謝らなければ、あなたの行為には何らかの意味があると受け取られ、ささいな過ちではなくなります。時間がたてばたつほど相手は腹を立て、あなたのことを謝ることのできない礼儀知らずだと思うようになるでしょう。

一般的に、謝るタイミングは、トラブルが最近の出来事であるうちに、つまりあまり時間がたちすぎないあいだがいいでしょう。謝罪が効果的にはたらきます。

わかりやすい例をふたつ挙げますので、その効果を比べてください。ひとつは、一九九五年に南部バプテスト協議会〔訳註・米国バプテストの中でも会員数が多く、影響力が大きい〕が、アメリカの奴隷制度および人種差別を長年にわたって支持してきたことを謝罪した件で、もうひとつは、オランダ改革派教会が一九九一年に、南アフリカ共和国の人々に対し、アパルトヘイト政策を宗教的に正当だと支持したことについて謝罪した一件です。両者とも謝罪は真摯《しんし》なものでしたが、オランダ改革派教会のアフリカーナ〔南アフリカのヨーロッパ系白人〕の謝罪は、互いの役に立ちました。当時、南アフリカは激動のさなかにありました。教会は、謝罪に意義がある時に、すなわち謝罪することが有益だと思われる時に、謝意を表明したのでした。いっぽうバプテスト協議会が謝罪したのは、公民権運動が絶頂期を迎えてからじつに三〇年もたった頃でした。もっとも肝心な時期に、彼らが自分たちの態度を悔い改めていたならどんな益を世の中にもたらしていたか、私たちには想像することしかできません。

とはいえ、遅くなっても謝らないよりはいい結果を生むのです。たとえば、子どもを虐待した親たちがその例です。ほかにも悪質な行為として、誰かの信頼を裏切ること（不倫や友人の秘密の暴露）が挙げられますが、この場合あなたが急いで謝ってしまうと、相手は自分が侮辱されているように感じることがあります。自分の犯した罪の重さをじっくり顧みていないという印象、あるいは、謝ったのだから忘れてくれるだろうと考えて、自分の過ちを矮小化しているという印象を与えるからです。

深刻な過ちを犯してしまった場合は、謝罪に配慮と思いやりをこめることで、お互いの意見の交換が厳粛なものになります。謝罪する側・謝罪される側の双方が、トラブルの本質とふたりに生じたダメージを完全に消化するには、数日、数週、あるいは数カ月かかる場合もあるでしょう。

謝罪にふさわしい時、ふさわしくない時

本章で述べてきたとおり、謝罪に心がこもっていない場合、また、謝罪が相手をなだめるためのもの、あるいは自分をとりつくろうためのものである場合には、言葉は上滑りで無意味なものになります。そのほかにも謝るべきでない時とは、こんな時です。

*自分に謝罪が求められているからという理由だけで謝る時
(謝罪は自発的なものでなければなりません。そこには、償いたいという純粋な気持ちがなければなりません)
*謝るべきだと第三者が思っているから、という理由だけで謝る時
*問題を終わらせたいため、そして、謝ることがそのための手っ取り早い方法だと思えた時
*あなたがまだ怒っている時
*あなたにまだ謝る準備ができていない時
*本当は自分が不適切なこと、無神経なこと、間違ったことをしたとは思っていない時
*自分は何も悪くないと思っているのに、誰かを喜ばせたくて謝る時

謝罪が必要なことを自分がしたと感じていないうちは、けっして謝るべきではありません。また、もし心のどこかで自分のしたことは正しいと感じているなら、あるいは、自分の行為は相手のしたことが原因だと感じているなら、やはり、あなたは謝るべきではありません。

あなたが真摯な気持ちで謝っているかどうか、あなたの謝罪が心から生まれたものなのかどうか、あるいはたんなるリップ・サービスなのかどうか、人はたやすく見抜きます。

そしてさらに大切なのが、もしあなたに全責任を取ろうという意志が固まっていないのなら、そして、自分の過ちをすすんで認めることができないのなら、たとえ謝っても、その恩恵を得ることはできないだろうということです。

謝ることが害になる場合

場合によっては、謝ることが有害な結果を生むことがあります。つぎに挙げるケースについて考えてみましょう。

精神的虐待を受けた女性の自助グループのメンバー、マリアは、結婚生活が終わりを告げようとしていた頃にある男性と関係をもったことを、前夫に謝らねばならないと感じていました。マリアの説明によると、結婚してからずっと彼に精神的に虐待されつづけてきたため、精神的健康のために、離婚は避けられなかったのだが、自分はたえず不倫の件に関し罪悪感を抱いており、前夫に謝りたいと思っていたとのことでした。

マリアが謝ってから数週間後、前夫は深夜に電話をよこし、彼女にテレフォン・セックスを求めてきました。拒絶した時の彼の反応が怖かったので、マリアは彼が今つき合っている女性の話を持ち出し、彼女がこのことを知ったらひどく傷つくわよと言って、なんとかその場を切り抜けようとしました。この言葉が効いたらしく彼は電話を切りました。

しかし数日後、前夫はまた電話をかけてきました。彼女はふたたび彼の恋人のことに触れましたが、今度はそう簡単に電話を切ってくれません。それどころか、彼女を脅しにかかったのです。この時マリアは気づきました。自分の謝罪を、前夫はまた虐待してもいいという誘いの合図として受け取ったのだということ（結婚生活において、彼はつねにセックスを強要してきました）、そして彼に謝ったのは間違いだったということに。

マリアの体験談は、謝ることで有害な結果が生じるケースの好例です。一般的に、つぎに挙げるような状況であれば、相手に直接謝るのは控えた方がいいでしょう。

＊謝罪の言葉が、やっと断つことのできた悪縁を再燃させてもいいという誘い文句のように受け取られる場合
＊あなたの謝罪が、自分をさらに虐げてもいいという誘いのように受け取られそうな場合
＊謝ったからには問題の根源はあなたにあると、責任転嫁の口実として謝罪が用いられそうな場合
＊謝ることが多少なりとも逆手に取られそうな場合
＊謝ったことで、自分を無防備で危険な状態に追い込みそうな場合

意義ある謝罪の行ない方――三つのR

真に意義ある謝罪とは、三つのRを伝えるものをいいます。それは、後悔（Regret）、責任（Responsibility）、改善（Remedy）です。

◎**後悔**（Regret）――迷惑をかけたこと、傷つけたこと、損害を与えたことに対する後悔をあらわすメッセージ。「後悔」を伝えることで、相手に対する共感も伝えることになります。

自分が傷つけた、あるいは怒らせた相手に共感を抱くことは、謝罪におけるもっとも重要な要素です。あなたが本当に相手に対して共感を抱いているなら、彼／彼女にはそれが伝わります。あなたの言葉は癒しの香油のように、彼らの心にしみとおるでしょう。しかしもしあなたに共感がないのなら、あなたの言葉は虚しく響くだけです。

◎**責任**（Responsibility）――自分の行為に対して責任を負うというメッセージ。これは、自分のしたことを誰かのせいにしたり言い訳したりせず、その全責任を認めること、また、自分の行為が生む結果に対しても全責任を負うことをさします。

◎**改善**（Remedy）――事態を改善させるため、自らすすんで行動を起こすというメッセージ。このメッセージには、同じ行動を繰り返さないと約束する、同じ過ちを二度と犯さないよう努力すると誓う、どうやって現状を改善するつもりか示す（例・セラピーを受ける）、あるいは、相手のこうむった被害を償うことが挙げられます。

たとえば、浮気の件で夫／妻に謝る際、相手に安心感を与えられなければ、彼／彼女を侮辱することになります。相手を安心させられる言葉とはつぎのようなものです。「こんなことは二度と起こさない。なぜなら、セラピーを受けるつもりだから（あるいは「今の会社を辞めるから」「出張には君も連れていくから」など）」

これら三つの要素がそろっていなければ、相手はあなたの謝罪に何かが欠けていると感じ、何となくだまされたような気がするでしょう。例をまじえながら各要素をくわしく見ていきましょう。

●後悔

謝りたいという欲求は、誰かを傷つけたり誰かに迷惑をかけてしまったという自覚から、生まれてこなければなりません。あなたには相手を傷つけるつもりはなかったかもしれませんが、あなたが何かしたせいで（あるいは、何かしなかったせいで）相手はたしかにダメージを受け、そして今あなたは後悔や罪悪感を味わっています。こうしたあなたの気持ちは相手に伝える必要があります。たとえばこんな言葉で——。

＊「ごめんなさい。私のせいで気分を害したわよね。あなたの気持ちを思うと本当につらいわ」

＊「あなたを傷つけてしまったことを、心から悔やんでいます」

＊「君を苦しめて、本当にすまない」

●**責任**

謝罪を効果的なものにするには、あなたが自分の行動の全責任を認めていることを、明らかにしなければなりません。したがって、謝る時には、責任の所在について触れるべきです。たとえば、

＊「ごめんなさい。私が遅れたせいで、映画の最初の部分が見られなかったのね」
＊「すまなかった。今の君が人を信じられなくなっているのはわかっていたのに。僕が嘘をついたせいで、ますます人を信じることができなくなってしまったね。君がどんな反応を示すか怖かったからといって、僕は嘘なんかつくべきじゃなかった」
＊「ごめんよ。君が怒るのはもっともだ。あんなこと言うべきじゃなかったよ」
＊「ごめんなさい。言い訳はしないわ。あなたを深く傷つけてしまったことはわかってる」

●**改善**

時間をさかのぼることや、過去を消したりやり直したりすることはできませんが、自分がもたらした害を償うため、最大限努力することはできます。だからこそ、意義ある謝罪にするためには、何らかのかたちで償う意思が自分にあることを、示さなければなりません。具体的には、相手を助けること、あるいは、同じ過ちを繰り返さないよう行動を起こすと誓うことなどが挙げられます。たとえば、

＊「ごめんなさい。埋め合わせをさせて。つぎの映画は私がおごるわ」
＊「君に嘘をついてすまない。二度と嘘はつかないと誓うよ」
＊「乱暴なことを言ってすまなかった。これから嫌なことがあった時は、ためこんでいきなりキレるんじゃなく、そのつど君に知らせるようにするよ」
＊「ごめんなさい。私、自分がなぜこんな態度を取るか知るために、セラピーを受けるわ」

言い訳をしない

何であんなことをしてしまったのかと思い返すうち、言い訳したくなっても無理はありません。しかしもっともな理由があったとしても、言い訳はいけません。その分別を忘れないでください。自分の過ちを認めるのはたやすいことではありません。とくに、相手側もあなたを傷つけていた場合には。しかしあなたが何をしたにせよ、たいていの人は正直な人間には悪い反応を示さないものです。自分の過ちを認め、失敗を受け入れてください。誰かに害を与えてしまったという事実を認め、言い訳はいっさいしなければ、あなたは相手から尊敬されるようになるでしょう。

謝る前の六つのステップ

意味のある謝罪をするためには、つぎの六つのステップを経ていなければなりません。そうでなければあなたの謝罪は、相手の心に響かない、無用のものになるでしょう。

【ステップ1】……自分の過ちを自ら認める

自分の行為は誤っていたと自ら認められなければ、本物の自責の念を感じることはできません。そして、もしあなたが自分に正直になれなければ、謝ろうとしている相手にも正直になることはできないでしょう。

自分自身と会話してください。その会話の中では、現状に対して徹底的に正直になってください。もしくは自分自身と向き合って、自分のしたことを手紙の形で書いてください。ごまかしも、言い訳もいけません。人を責めるのもなしです。自分のしたこと・しなかったことに対して全部の責任を負ってください。こうした準備を経ることによって、謝罪がより意味あるものになるだけでなく、あなた自身、自分の失敗から多くを学べるようになるでしょう。

【ステップ2】……自分の行為、または自分の怠慢が生んだ影響について考える

自分の行為に対して全責任を負うための重要な課題は、あなたが何かしたせいで、あるいは何かしなかったせいで相手にどんな影響を与えたか、じっくり振り返ってみることです。まず最初に、自分の行為が相手の人生・生活に与えた影響について考えてみてください。たとえば、その人はこれから先、人を信用することができなくなるかもしれないと思いませんか？　あなたの行為のせいで、その人の自尊心は傷ついたと思いませんか？

時としてあなたの行為が、複数の人間に影響をおよぼすことがあります。そんな場合は、彼ら

ひとりひとりについてじっくり考えてみてください。

【ステップ3】……相手の立場に立って、彼／彼女がどう感じたか、理解につとめる

自分の行為が相手にどんな影響をおよぼしたかを知るのには、相手の視点に立って状況をながめることです。あなたが何かしたせいで、あるいはしなかったせいで、彼／彼女はどんなふうに感じたか想像してみてください。ありありと、相手の立場に立って感じてみるのです。彼／彼女は怒っていますか？　傷ついていますか？　落ち込んでいますか？　ここでふたたび自分自身に正直になり、事態を矮小化するのをやめてください。

相手の立場に自分を置きかえることがむずかしくても、だいじょうぶです。他者に共感できない人はたくさんいます。努力すればするほど、他者に対する共感は深くなっていきます。心の中でつとめてその人自身になり、その出来事があなたにどんな影響を与えたかを声に出して言うか、もしくは、相手の視点に立って今の状態を分析し、紙に記してみてください。

【ステップ4】……自分自身を許す

傷つけたり迷惑をかけたりした人に謝ることで、あなたはきっと、自分自身をも許せるようになるでしょう。ましてや相手側もあなたのことを許してくれたなら、なおさらです。

あなたの謝罪が効果を生むには、謝ることで、あなたも自分自身を許すというプロセスを歩みはじめていなければなりません。罪悪感に押しつぶされそうになりながら、傷つけてしまった相手に近づくのだとしたら、あなたの意識は本当に集中すべき対象——あなたが傷つけた相手、

そして彼／彼女の気持ち——に向かわないでしょう。

本物の罪悪感とは、人間にとって必要な、ひとつの社会的感情です。あとで悔いるようなことは行なわないという、良心のあり方なのです。もし私たちが、本当の罪悪感を抱くことができないのなら、世の中は崩壊してしまうでしょう。本物の罪悪感は、私たちが自分自身の道徳律を破った時に生まれてきます。

道徳にもとるとわかっていることを、誰かに強制されたり脅されて行なうのでなく、あなたが自分の意志にもとづいて行なった時、あなたは本物の、健全な罪悪感を覚えるでしょう。本当の罪悪感は社会において建設的なはたらきをするのですが、あなたがその罪悪感にしばられていると、そうした機能は失われます。罪悪感を手放し、自分自身を許すためのもっとも効果的な方法は、あなたが二度と同じ過ちを繰り返さないこと以外にあり得ません。

【ステップ5】……相手を許す

何かのトラブルに関して、あなたが相手に謝っている時、じつはその人の非をまだ許していないのなら、自分側の過ちを真摯にわびることはできません。たとえあなたが直接、相手の落ち度に触れなくても、彼／彼女に対する嫌悪感はさまざまな面であらわれてきます。

私の親友、ローズは、一〇年間にわたって精神的な成長をめざし努力してきました。彼女が精神的に成長するうえでもっとも重要な課題のひとつとは、対立した人々や誤解から不仲になった人々に償いをするということでした。それは、彼女がこれまで傷つけてきた人たち、ひとりひとりとじっくり話し合うことを意味していました。何年もかけて、彼女は大人になった自分の子どもたちや前夫、兄弟、友人たちと会い、それぞれに、これまでのとげとげしい態度や行動をわび、自分への許しを求めました。

明らかに人一倍プライドが高く、自己防衛的なローズにとって、それは試練でした。勇気をふりしぼらなければならない時も、何度かありました。しかし彼女は、自分は彼らに償うよう神に導かれていると感じていましたし、それが魂の成長にとって不可欠だと感じていたので、自信を失いかけても辛抱強くこの課題に取り組みつづけました。

最近、彼女は私にこう言いました。自分は、別れた夫の新しい妻マーガレットにも償いをする必要があると思う、と。マーガレットは過去にローズの悪い噂を流したり、実母であるローズにそむくよう子どもたちをけしかけたりしていたのですが、ローズは今では、自分もかつてマーガレットに辛辣《しんらつ》で意地悪な態度を取っていたとはっきり自覚していたのでした。マーガレットの態度を見て、ローズも周囲の人間に彼女の悪口を言い、相手と似たり寄ったりのことをしていました。だからこそ、彼女の精神的レベルがここまで成長していたことを知り、私は本当に驚いたのです。

とはいえ、彼女が平然とマーガレットと会えたわけではありません。「人生でもっともつらい経験のひとつになるわね。彼女と向き合うことは大切だと思うけど、どうしても抵抗感が消えないの。彼女が昔言っていた、私の悪口ばかりが頭に浮かんで、怒りがこみ上げてくるのよ。これじゃ台無しだわ。私が彼女に償おうとしているあいだは、どうか怒りが爆発しませんように」彼女は私にそう言いました。

私はローズに、彼女のことを許すようもっと努力すべきだとアドバイスしました。そうしなければ、彼女が償おうと思ってもうまくいかないでしょう。中には、怒りの感情を解き放つことに専念した方がいい人もいるのですが、ローズの場合、それが効果的だとは思えませんでした。ローズの取った方法は、マーガレットのために祈ることでした。彼女のために祈ることで、ローズは自分の過去の憤りを乗り越えることができそうでした。ふたりが会う前の数週間、ローズはかつての敵のため神に祈りをささげ、また、自分の怒りを取り去ってほしいと祈りました。マーガレットと会う頃には、彼女は以前と比べはるかに寛大になっていて、当日は敵意で心が乱されることなく、これまでの自分の非をわびることができました。しかし何より驚いたのは、マーガレットが彼女の謝罪を心から受け入れ、彼女も自分の落ち度を謝ったということでした。ふたりは現在とても親しい間柄で、家族の集まりにいっしょに出席することもあります。ローズの子どもたちの生活もずいぶん落ち着いてきたようです。

もしあなたが相手側の非を許せないまま、自分の態度をわびているとしたら、いくらあなたが謝っても敵意がにじみ出てきて、謝罪は不純なものになってしまうでしょう。そして謝罪のための全プロセスが、無に帰してしまうでしょう。

【ステップ６】……謝るためのプランを立て、準備する

謝罪とはとても厳粛な行為です。したがって、謝る側・謝られる側の双方にとってそれが最大限有意義な経験となるように、謝るための計画を立て、準備を整えることが重要です。

謝ろうとして衝動的に受話器を取ったり、誰かの家をたずねたりしても、失望することになりかねません。自分の行為がどんな結果をもたらしたかじっくり考えること、傷ついた相手の心情

をくみ取ることに、じっくり時間をかけるべきです。また、自分が何を言いたいのか、ある程度考えておく必要があるでしょう。もちろん率直に「ごめんなさい」と言うことがいちばん適している場合もあるでしょうが、深刻な過ちや犯罪行為に関していえば、衝動的な言動やあまりに率直な言動は相手にとって無礼にあたることがありますし、謝るために費やしたあなたの努力が徒労に終わることもあります。謝罪に「二度目のチャンス」はそうはありません。だからこそ最善の努力を払って謝罪の時にのぞんでください。

しかしだからといって、どんなことをどんなふうに言ったらいいだろうかと、あれこれ思いつめないでください。身動きがとれなくなってしまいます。

謝る方法を選ぶ

謝り方は、謝罪そのものと同じくらい大切です。本人に直接謝る方法を選ぶ人もいれば、手紙で謝る方がやりやすいと感じる人もいます。ここでは、さまざまな謝罪のかたちを取り上げ、それぞれの是非について述べていこうと思います。

●直接謝る

通常だと、相手に直接謝るという方法が最良です。相手にあなたの表情を見てもらい、誠意を確かめてもらうことができるからです。しかし迷惑をかけてしまった人の目を見て自分の非を認め、謝るには勇気が必要ですし、また、その人に見つめられ、自分の弱さや反省の度合いを量られるのを耐えるのにも勇気が必要です。しかしあなたにそれだけの勇気があるなら、得られるものはきっと大きいはずです。相手が許してくれるか否かにかかわらず、自分の過ちを直視できたことで、あなたは自分自身に満足がいくでしょう。

そのいっぽうで、直接謝るという方法にはいくつか不都合な点があります。謝られる人は、自分がその場で許しを迫られているかのような、抜き差しならない状況に追い込まれているように感じるかもしれません。本題に入る前に、こんなふうに前置きしてもいいでしょう。

「あなたに、○○のことで謝りたいのです。許してほしいと言っているわけではありません。私はただ自分の気持ちを伝えたいだけなんです。あとでゆっくり、私の言ったことについて考えていただければけっこうです」

ただし、相手があなたに物理的な危害をおよぼす可能性がある場合は、直接会って謝るのはやめてください。その人が暴力を振るいやすいタイプであることや、あなたに対してまだひどく腹を立てていることが、あらかじめわかっているのであれば、この謝り方は適切だとはいえないでしょう。

●文字にして謝る

相手に直接謝るために、遠路はるばる出向いていこうと思っている人もいるでしょう。もしあなたがそうした状況にあるなら、会って謝るかどうかは、ぜひ自分の直感にしたがって決めてください。とはいえ、相手が遠く離れたところに住んでいる場合、手紙で謝るのがおそらくいい方法なのではないでしょうか。

感情をこめて話をするのが下手な人にとって、文字で謝るのは賢い選択です。自分のことを生の言葉で表現するのがどうしてもうまくいかない人がいますが、こうした人は、神経質になってしまうか、プレッシャーを感じて考えがうまくまとまらないのです。謝罪の気持ちを紙にしたためることでストレスがぐっと減り、効果的な謝り方ができるでしょう。

謝罪を受け取る側にとっても、直接会って謝られるより、手紙で謝ってもらう方がプレッシャーは軽くなります。手紙は相手に、あなたを許す準備が整っているかどうかを自ら判断するための、充分な時間と余裕を与えてくれます。彼／彼女はゆっくりあなたの手紙を読み返すことができますし、現状について納得がいくまでじっくり考えることができるのです。

謝罪の手紙はコピーしておいてください。相手が手紙の内容についてあなたと話し合いたいという場合もあるでしょうし、あるいは内容に疑問をもつ場合もあり得るからです。手紙の写しをひとつの記念品として手元に残すのもいいでしょう。あなたの言動が人に、そして自分自身に、どんな影響をおよぼすか忘れないようにするためです。

自分の犯した過ちや自分の弱さを文面にあらわすことに怖じ気づき、手紙を書くのをためらう人たちがいます。しかし多くの場合、こうした人にこそまさにそれが必要です。一枚の紙を通して自分自身を見つめると、不適切な行動、あるいは人を傷つけるような態度が生んだ不幸な結果を、否定しつづけることができなくなっていくのです。

●メールで謝る

今では多くの人がメールを上手に使いこなすようになり、この通信形態を好む人たちが増えてきました。もしあなたも相手もメールを好んで用いているなら、メールによる謝罪も選択肢のひとつになります。

手紙の場合と同じようにメールによる謝罪も、それを受け取る相手に、彼らが答えを出そうという気になるまで、あなたの謝罪の言葉についてじっくり吟味する時間を与えることになります。ただ、メールの冒頭に、返信するまでに時間がかかってもかまわないという一文を入れてください。一般的に、メールの返事はすぐに出さなくてはならないと思う人が多いからです。

●録音した声による謝罪

謝りたい相手は遠方に住んでいるが、自分の気持ちを手紙にするのはむずかしいという人には、謝罪の言葉を録音して送るという方法があります。この方法だと、伝えたいことがきちんと言葉にできるまで、何度でも録音し直すことができます。また、遠く離れていても、あなたの声を聞くことで、よそよそしくなりがちな謝罪の行為が、情のこもった人間味豊かなものになるでしょう。手紙で謝る場合と同様、録音した声による謝罪でも、相手は何度でもあなたの言葉に触れることができます。この謝り方は、あなたの言葉を彼／彼女の心に染み込ませることができ、また、あなたを許す準備が整ったかどうか判断するための時間と余裕を、相手に与えることができます。

●電話による謝罪

これまで挙げた方法の中で、電話による謝罪はもっとも効果がのぞめないでしょう。電話には、相手があなたの表情を見て誠意を判断するという利点もありませんし、手紙やメール、録音したもののように読み直したり聞き直したりできるという利点もありません。また、相手側は、あなたを許せるかどうかその場で即答しなければならないように感じるかもしれません。さらにあなたにとっても電話には、声の調子ではかる以外に相手の反応を確かめる術がないのです。ですから可能な限り、ほかの方法を取ることをおすすめします。

予行演習し、償いのためのプランを立てる

実際に謝る前には、ぜひ予行演習《リハーサル》を行なってください。直接会って謝る場合でも、録音や電話を用いて謝る場合でも、伝えようと思っていることを自分自身や録音機器に向かってしゃべり、練習してください。もし手紙を書こうと思っているなら、最終案を書き上げる前に、何枚か下書きしてください。おそらく、その人に謝るのはこれが一度かぎりのチャンスです。全身全霊をかけてください。かならず報われます。

謝るための準備としてもうひとつ大切なのが、自分がもたらした害をどうやって償うか計画を立てることです。もしあなたが誰かの所有物を傷つけたり壊してしまったなら、どうやってその損害を埋め合わせたらいいか考えるのです。

もちろん、償いが不可能ではないにしろ、むずかしそうに見える状況もあります。たとえば、悪質な、あるいは陰湿なかげ口をたたいたこと、身体的・精神的に虐待したことを取り消すことはできませんし、浮気に対する明確な償いの方法があるわけでもありません。適切な償いができない場合もあるでしょうが、あなたが全力をあげて考えれば、どんな償い方ができるのか建設的なアイディアがきっと見つかります。

悪質・陰湿な噂話を流したことをわびたいなら、あなたが生んだ、その人に関する悪い風評を打ち消すため、あらゆる努力をしてください。身体的・精神的に誰かを虐待してしまったのなら、二度と誰も傷つけないよう、セラピーに通ったり、立ち直りのための支援グループに入会することができるでしょう。また、あなたの時間やお金を、虐待被害者を救済する組織や団体に寄付することだってできるのです。浮気したことをわびたいのなら、自分が不貞をはたらいた理由をつきとめるため、また、絶対に同じ過ちを繰り返さないため、セラピーに通ったり結婚カウンセリングに相談したりすることができるでしょう。

あらゆる結果にそなえて、心の準備をする

謝る時はどんな結果になっても大丈夫なように、心の準備をしておくことが大切です。相手はあなたの謝罪をよろこんで受け入れてくれるかもしれませんし、あなたが正直なこと、自分を幸せな気分にさせてくれたことに感謝してくれるかもしれません。勇気を出して自分の責任を認めたあなたに、敬意を示すかもしれないでしょう。あなたが謝ったことによって、亀裂の入った友情が修復されることも、夫婦の絆が強くなることも、あるいは係争中の訴訟が取り下げられることだってあり得るのです。

そのいっぽうで相手から、あなたを許すことはできない、あるいは、謝罪は受け取るがあなたのことをもう一度信じられるようになるにはまだまだ時間がかかる、または、謝罪は受け取るがあなたとはもうかかわりたくないと、言われる場合もあるでしょう。

ほかにも、相手が怒りだす場合も想定しておく必要があります。勇気を出して謝ったというただそれだけの理由で、あなたの行為の結果が帳消しになるわけではありません。実際のところ、自分の過ちをわびることであなたは、何週間、何カ月間、あるいは何年間かにわたってつづいた相手側の怒りに、はじめて接することになるかもしれないのです。また、ある特定の問題について謝ったからといって、それであなたの犯したすべての過ちについて謝ったことにはなりません。あなたが知らず知らずのうちに犯していた他の過ちについて、相手は言及してくるかもしれません。

あらゆる結果にそなえていれば、後者のいずれかの答えが返ってきたとしても、打ちのめされることはないでしょう。たとえ誰かに許してもらえなくても、その答えを、自分の言動が生んだ結果――人を深く傷つけたり、大切な人間関係を壊したこと――を痛烈に思い起こさせる貴重な体験として、受け入れてください。

相手があなたを許せるかどうかは、あなたが人を傷つけてしまったと自ら認められたことに比べれば、大きな問題ではありません。結果はどうあれ、自分の非を認めるという行為そのものが、あなたにとって癒しとなるのです。これまで抱いてきた罪悪感や恥の意識から解放されて、あなたは自尊心を取りもどすことができるでしょう。なぜなら、あなたは自分の行為の責任を自らすすんで取ろうとし、またその責任を取ることができたからです。

第3部 謝罪を受け取り、受け入れる方法を学ぶ

第5章　思いやりの心で扉を開く

私を傷つけるのは人を非難する私の声のみ、私を解き放つのは私自身の許しのみ
——『奇跡の学習コース　*The Course in Miracles*』

誰かを傷つけたなら謝りなさい。誰かに傷つけられたのなら許しなさい
——エチオピアのことわざ

許しを乞い求める者は、許すことを知らない無慈悲な人間であってはならない
——ラシ（一一世紀フランスのユダヤ教神学者）

原則5——本当に許すためには、過ちを犯した人に共感と同情がもてなければならない

謝罪するのはむずかしいことですが、謝罪を受け取る側になるのもまた、むずかしいことです。私たちは本来、過ちは水に流すものだ思っています。しかし「すみません」と言われても傷がいつまでもうずいたり、被害があまりに大きすぎて「ごめんなさい」ではこと足りない場合がありま

す。すると私たちはより多くを求めます。仕返しを考える人、補償を求める人もいるでしょう。加害者が苦しむことを願い、長い間謝りつづけさせたいと願う人、相手がこの経験を糧として生まれ変わったという保証がほしいと言う人もいるでしょう。

扉を開ける

「すまなかった」で、話し合いが終わりになるわけではありません。その事実に気づくことが大切です。じつのところ多くの場合、「すまなかった」は、はじまりを意味しているのです。謝るとは、扉を開けることだと考えてください。あなたはその扉をぬけて、加害者と腰をすえて話し合うことのできる次の部屋に入っていくことになるのです。

理想的な状況とは、まず誠意あふれる謝罪があり、それが快く受け入れられ、穏やかな対話へとつづくことです。謝罪の受け手であるあなたには、気持ちを整理させるため、また、謝罪を自分にとってより有意義なものにするために、できることがいくつもあります。もちろん謝罪を扉の外にしめ出すことも可能です。誰かに謝られた時には、つぎのアドバイスを参考にしてください。

＊相手が謝ったからといって、自分の気持ちを抑えつけないでください。もしあなたがまだ怒っていたり傷ついたりしているなら、正直にそう伝えてください。

＊相手が謝ったのだから、許すのが当然だと思う必要はありません。許せるようになるには、時

間が必要な場合もあるのです。

*相手がなぜあなたを傷つけたのか、その根本的な理由が、謝ることによってすぐに明らかになるとはかぎりません。相手の行動には、あなたが知らねばならない何かがまだ隠れていると感じたら、さらに話し合いたいと伝えてください。たとえば、「あなたの謝罪は受け入れるが、なぜあんなことをしたのかもっと話し合いたい」とか「謝ってくれたことは感謝するが、君のしたことにはまだ疑問がある」と言ってもいいのです。

*相手に気をつかって、謝罪を受け入れてはなりません。

*誠意のない謝罪だと感じたら、彼／彼女がなぜそんな行動を取ったのか、あるいは、どうしたら二度と同じ過ちを繰り返さずにすむか、さらに話し合おうと提案してください。

謝罪を受け入れるのがむずかしい時

心のこもった謝罪を、まるでたいした意味がないかのように、軽くあしらってしまったことがあなたにはありませんか？　私にはあります。謝罪を受け取るのに苦労する人たちがいます。理由は人それぞれで、他人の行動の責任まで背負い込みすぎるせいだったり、卑下や謙遜から自分の受けた苦痛や苦悩を矮小化《わいしょうか》するせいだったりします。また、他人の苦言に耳を傾けることができないため、人からの苦情はもちろん、謝罪の言葉も受け入れることができない人もいるのです。

時として、突然の謝罪に不意をつかれ、私たちはどう反応していいかわからなくなります。仕事仲間でもあった友人が店先で私と偶然出くわし、自分の態度をわびてきた時のことを思い出してください(六二〜六四ページ)。彼女が謝った時、私は予期せぬことに驚いて、こう言うのがやっとでした。

「ずっと前にあなたのことは許していたわ。私の方こそごめんなさい」

この言葉に嘘はありませんが、私が本当に言いたかったのはそういうことではありません。私が伝えたかったのは、自分がどれほど謝罪の言葉を待ち望んでいたか、謝ってもらうことが自分にとってどれほど重要な意味をもつか、ということでした。実際、私は彼女のことを、とうの昔に許していましたが、それでも私には彼女の謝罪の言葉を聞く必要があったのです。彼女が反省していることを知る必要があったのです。私の方こそごめんなさい、そう言ったことで、彼女が示した勇気を少々台無しにしてしまいました。あの時しばらく間を置いて、彼女の言葉を胸に染み込ませてから、謝ってくれたことに感謝していると言えばよかったと思っています。そうしたやりとりがすんだあとで自分も彼女に謝った方が適切だったと、今になって思うのです。

これは私にとっていい教訓になりました。それ以来、人から謝罪を受けた時はどんな場合であれ、私はゆっくり相手の言葉をかみしめるようにしています。あなたもぜひ実践してください。深呼吸して謝罪の言葉を受け入れてください。心に深く染み込ませるのです。そして、あなたの身体がその謝罪にどんな反応を示すか、また、その謝罪によってどんな感情があらわれてくるか感じ取ってください。そうして、あなたの傷を癒していきましょう。

謝罪の受け入れ方を学ぶ

謝罪を「受け取る（take）」こと（それによって自分の傷は癒していけるでしょう）と、謝罪を「受け入れる（accept）」ことは、まったく異なる行為です。謝罪を「受け入れる」と、私たちは自分が満足するだけでなく、相手の犯した過ちをすすんで許そうとしはじめます。たとえその時点では、彼／彼女のことを許せなくても。実際、多くの人にとっては、謝罪を受け入れることで、許しへの扉が開くことになるのです。このことを、私の知り合いはつぎのように説明しています。「謝罪を受け入れると、その人のことを許してもいいっていう気持ちになるわ。許せるまでには、ちょっと時間がかかるかもしれないけど、少なくともそんな気持ちが生まれてくるの」

謝罪を受け入れないのは、贈り物を拒否することと似ています。謝罪を拒否することで、相手に強力なメッセージを発信することになるのです。その内容とは、「私たちの関係には重大な変化がおとずれた」というものであったり、場合によっては、「私たちの関係はもう終わってしまった」というものだったりします。中には、自分を傷つけた人間とはもう一切かかわりをもちたくないと思い、彼／彼女の謝罪を受け入れることに不快感を抱く人もいます。しかしたいてい私たちは、謝罪するには勇気が必要だったろうと相手をおもんぱかり、気持ちをやわらげていくのです。友人のシャロンは、自分の体験を私に語りました。

「誰かに謝ってもらえると、本当にすがすがしい気分になるのよ。心のこもった謝罪を拒否するなんて私には想像できない。たとえ、どんなに自分が怒っていたり、傷ついたりしていてもね。私は自分のため、そして相手のために謝罪を受け入れるの。たとえもうその人とつき合うつもりはなくても、お互いの関係をすっきりさせたいから謝罪は受け入れるわ。でも私にとって、謝罪を受け入れることと、その人を許すことはまったくべつのことよ。謝罪を受け入れると、許せるようになるかもしれないいいいっていう可能性は感じるけど、自分のことを傷つけた人間を信じるのって、むずかしいものよ」

こう考える人が大勢を占めていると思います。謝罪は贈り物として受け入れるべきだと、直観的にわかっていても、私たちが相手のことを許せるようになるとはかぎりません。そしてまた、自分が相手のことを「許そうとしている」からといって、必ずしも「許せる状態にある」ともかぎりません。謝罪を受け入れることから許しへと扉は開くでしょうが、本当に相手のことを許せるようになるには、時間と努力が必要でしょう。謝罪の意味を理解し、自分の感情と向き合い、相手の言葉に誠意が感じられるかどうか見きわめるには、一定の期間が必要なのかもしれません。

謝罪、同情、共感――三つのつながり

過ちを犯した人に対して本当に共感と同情の心をもてた時、相手からの謝罪は生きてきます。誰かが謝ってきた時は、その人を思いやりのある目でながめる方が、相手をずっと楽に許せるようになるでしょう。自分を傷つけた人間に同情することができたなら、つぎに共感することができ、そうなれば今度はその人を許せるようになるからです。

謝罪、同情、共感がどんなつながりをもっているかくわしく述べていきましょう。誰かに傷つけられると、私たちはさまざまなかたちでそれに反応します。最初はふつう自分を守ろうとしますが、

やがて腹を立て、仕返しを考えたり、相手を避けたりします。しかしもうひとつの選択肢がありま す。憤りや怒り、恨みを手放し、相手に同情を寄せ、許すことです。自分を守ろうとする反応は無意識的なものですが、許しには努力が必要です。

自分を傷つけた人間が過ちを告白して謝ると、私たちはその人に対して新たなイメージを築くことができます。怒りや敵意のレンズを通して彼/彼女をながめるのをやめ、その謙虚な態度や謝罪の言葉から、彼らは悪の化身ではなく、過ちを犯しがちなひとりの弱い人間だと思うようになるのです。そして相手のことをより身近に感じられるようになり、心が動かされます。打ちひしがれ深く反省している彼/彼女の姿を見て、私たちは、この人に必要なのは仕返しではなく慈悲だということがわかってくるのです。

許されることと同情の関係

自分の犯した過ちを人に許してもらうたび、私たちは他者に対して同情心にあふれた寛大な人間になっていきます。またいっぽう、謝罪を受け取ることで、私たちは過ちを犯した人物に共感を覚え寛大になっていきますが、その結果、自分自身の過ちもますます許され、さらに、罪を犯した人物により強い同情を覚え、その人を許せるようになるのです。

偽証と司法妨害の罪で訴追されていたクリントン元大統領に無罪判決が下された時、ＡＢＣテレビのサム・ドナルドソン記者は彼にこうたずねました。「じつのところ、すべてを水に流せるんですか？」クリントン元大統領は明らかにたじろぎ、顔は怒りで紅潮しているように見えました。

が、やがて落ち着きを取りもどすと、少し謙虚な表情を浮かべて答えました。「許しを求める者には、人を許す覚悟が必要だよ」

●許しがもたらすもの

他者を許すことで、私たちは同情心と慈しみにあふれた存在になっていきますが、そのほかにも、つぎのような恩恵がもたらされます。


*許すことによって、自分が受けた苦痛から多少なりとも解放され、傷が癒えはじめる。

*相手を許す時、お互いの関係を修復し立て直すための大切な一歩を踏み出すことができる。

*相手を許す時、自分の肩にのしかかっていた重荷をおろすことができる。

*許すことによって、過去に固執するのではなく、これからの人生を生きることができる。

*許すことによって人間的に成長するとともに、精神・情緒の両面でより健康になる。

●ある証明

ウィスコンシン＝マディソン大学のロバート・エンライト博士は、一〇年間にわたって、許しの本質について研究をかさねてきました。彼をはじめとする研究者たちは、自分を傷つけた人間を許した人々には、精神的健康面でかなり大きな改善が見られることを発見しました。結婚年数の長い夫婦を対象とした調査によると、許すという行為が、ふたりの関係を長つづきさせるうえで、基本的な生活態度のひとつになっているようです。

許しによって解放感が得られることも、研究結果に裏づけられています。復讐を望みながら、あるいは、誰かを避けながら生活するのは、けっして健康的とは言えません。敵対心や攻撃心が多くの健康障害を引き起こすのです。エンライト博士らの研究では一貫して、許すことのできる人は不安や抑うつ、敵愾心《てきがい》が軽減され、期待感や自尊心、実存的な幸福感が増大することが確認されています。

どの専門家も人を許すことはきわめて健全な行為であると認めていますが、許すことがいつも可能であるとはかぎりません。少なくとも今すぐ許すことはできない場合があります。

許すことは時間のかかる行為ですが、どんなに時間をかけても、なかなか許せない人たちがおおぜいいます。謝られても自分の受けたダメージは消えないという人、相手の仕打ちがあまりにひどく、許すことなどとうてい無理だという人、さらに、謝罪以上のものが必要だという人がいます。謝罪を信じられない人もいます。自分の機嫌を取ろうとしているだけではないか、あるいは、許してもらえるよう言葉巧みに自分を丸め込めこんでいるのではないか、許したとたん再び傷つけられるのではないかと、彼らは恐れているのです。

場合によっては、こんなふうに感じても仕方のないケースがあります。そうであれば、あなたにとっての最善策とは、相手の謝罪を受け入れたあと扉を閉じてしまうかもしれません。つき合いをやめること、和解の可能性を閉ざすことです。ところがじつはこうした感情が、人を許すことができない本当の理由を隠すためのカムフラージュだという場合があるのです——このカムフラージュが障害となり、人を許すことができなくなり、さらには、痛みを乗り越えること、新しい人生を生きていくことができなくなります。つぎの章ではこれらの障害物について、そして障害物を乗り越えるためにはどうしたらいいかを、掘り下げていこうと思います。

第6章　許しをはばむ七つの障害物を乗り越える

塩水がのどの渇きを潤さないのと同様、復讐では感情は鎮まらない
――ウォルター・ウェッケラー

人が憎しみに固執する理由のひとつは、憎しみが消えてしまうと、自分の痛みに対処しなければならないからだろう――ジェームズ・ボールドウィン

許しとは、人はみな似た者同士だということを認める行為である
――クリスティーナ・ボールドウィン

原則6――人を審判《ジャッジ》する時、私たちは自分を高みに置く。人に共感を抱く時、私たちは相手と同じ位置に立つ

本章では、許しにとっての大きな障害物を探っていきます。それは、怒り、恐怖心、プライド、白黒をつけようとする考え方、過度の期待、人を審判《ジャッジ》する（裁く）こと、共感の欠如です。また同

様に重要なテーマである、許しに対する抵抗感を捨てるタイミング、許しを実行するタイミングについても取り上げていこうと思います。

障害物その1——怒り

謝罪に誠意がこもっていて、罪を犯した側が自分のしたことを心から反省しているなら、多くの場合驚くほどすぐに、人の怒りは鎮まっていきます。こうした現象はとくに、相手の行為が意図的でなかった場合に起こります。たとえば誰かがうっかりあなたを傷つけるようなことを言ってしまったとか、誰かがあやまってあなたの宝物を壊してしまったとかというような場合です。しかし殺人や虐待、レイプなどの重罪に関しても、真の謝罪がもたらされた場合には、人は相手のことを許せるようになるのです。

とはいえ、本当に誠意のこもった謝罪であっても、傷ついた人を許しへいざなうことができるとはかぎりません。彼らの心は憎しみで凝り固まっているため、どんなに善意のこもった謝罪であっても、彼らを満足させることができないのです。

怒りの感情を捨ててまで相手を許したくないという人たちも、おおぜいいます。彼らにとって怒りとは、苦痛に満ちた最悪の状況を生き抜くために必要な感情だからです。もし私たち、あるいは私たちの愛する人が誰かに傷つけられたとしたら、その痛みに耐えられるよう私たちを支えてくれるのが、怒りという感情なのです。たとえば、家族が誰かにケガを負わされた、あるいは殺されたというような場合、その痛みや喪失感を乗り越えさせてくれるのは、怒りや復讐心、正義を追求する気持ちだったりするのです。もし彼らが怒りを捨ててしまったら、あとに残るのは喪失感だけ――それは彼らにとってとても耐えがたい状況なのです。

こうした人々からしてみれば、謝罪に意味はないでしょう。彼らを救ってくれるのは謝罪ではなく、愛する人に危害を加えた人間が、罰せられたり死んだりするのを見とどけること以外にありえないのですから。憎悪や怒りは、こうした人々に生きるための糧を与えてきました。彼らはそれを取り上げられたくないのです。謝罪でもない、自分の苦悩を認めてもらうことでもない、償いでもない――どんなものも彼らを許しへ向かわせることはできないのです。

私は怒りが否定的な感情だとは思いません。怒りはパワーに満ちた感情であり、前向きなかたちで用いることができるからです――怒りを抱くことで、自分を変えようという気になったり、敵にそなえて自分を鍛えたり、苦痛から自分を守ることができるのです。しかしいつまでも怒りに固執していると、先に進めなくなることがあるのです。

●復讐はそれほど甘美なものではない

復讐の思いにふけるせいで、怒りにしばりつけられることがあります。怒りに固執する人々はしばしば加害者に厳罰を求めたり、究極の罰である死を求めたりするのです。しかしたとえ彼らの復讐に対する夢がかなえられたとしても、相手を許すことによってのみもたらされる類いの心の平穏を、手に入れることはできないでしょう。

中には復讐を思い描くだけではなく、積極的に行動に出る人たちがいます。不実な夫に仕返しするためほかの男性たちとベッドをともにした女性、自分の娘を捨てた男を殴り倒した父親、離婚訴訟で夫の全財産を取り上げようとした女性、会社から去ったことを恨み、元共同経営者を破滅させようとした男性などがその例です。しかし彼らはやがて気づいたのです。復讐はたしかにつかの間心を酔わせてくれるけれど、どんなかたちで復讐しても、相手の裏切りやうかつな行動、拒絶によって生じた心の傷は癒やされないと。自ら怒りを乗り越えようと努力し、怒りの下に隠された痛みと向き合うこと、そうすることによってしか、私たちは自分の心の痛みを鎮めることはできません。そしてまた、謝罪を相手に求め、それを受け入れ、許しに向かっていかなければ、私たちの心の傷が癒されることはないでしょう。

不誠実な夫／妻に仕返ししようとして浮気をしても、裏切り行為によって受けたあなたの傷が消えることはありませんし、あなたの名前に傷をつけた人に関してデマを広めたところで、あなたの社会的イメージが回復することもないでしょう。また、自分を捨てた恋人を破滅に追いやっても、あなたの受けた苦痛が消え去ることはないはずです。大事なのは、復讐の甘美さというのは幻想であると知ることです。私たちは、自分がこうむった不正の仇を討つことはできないのです。自分の傷をなめながら復讐に思いをめぐらすことによって、あなたは過ちを犯した人間にしばられつづけ、自分の人生を歩むことができなくなります。もし本当にその人から自由になりたいなら、より建設的なかたちで怒りの感情を解き放たなければなりません。

復讐心を抱きつづけているかぎり、あなたはエネルギーを消耗させることになります。あなたのエネルギーはもっと前向きなかたちで上手に用いられるべきです。たとえば、生活を向上させるにはどうしたらいいかを考えるために使うとか、そもそも自分を傷つけたり裏切ったりする人間になぜ引きつけられてしまうのかを知るために使うとか、などです。

復讐心や憎悪のせいで、多くの人が心と身体を病んでいます。しかし復讐心や憎悪を抱くことに、病気にかかるほどの価値はありません。もしもすべての人が、自分が犯した罪と同種の罰を受けるとしたら、私たちは誰ひとりとして健康ではありえないでしょう。これまであなたが犯してきた間違いや罪、悪行を思い出してください。そして、もし自分が傷つけてきた人たちがみなあなたに仕返ししてきたら、人生がどんなふうになるか想像してみてください。

●怒りの下に隠れている痛みに触れる

私たちが必死になって怒りにしがみつく大きな理由は、怒っているかぎり、心の奥にひそむ痛みを感じなくてすむからです。怒っていると力がみなぎってくるのです。自分の弱さを実感するより怒りに固執する方が、気分がいいということでしょう。しかし自分の痛みを直視せずにいると、誰かに傷つけられたり裏切られたりした経験を乗り越えることができなくなり、いつまでも怒りにとらわれ過去に執着することになるのです。そう、ちょうどジャネットという女性のように。

私は一〇年以上、母に怒りを抱きつづけました。母を憎むことで私は生きてこられたのです。義父から守ってくれなかったことを恨んでいるあいだは、母の裏切りという苦痛から目をそむけていられました。それが当時の私にできる精一杯のことでした。

しかし何年たっても自分の怒りが鎮まっていないことに私は気づきはじめました。しかも、怒りの感情はしばらくのあいだ私に力を与えていたのですが、数年すると、しだいに私からエネルギーを奪うようになっていたのです。私は病気がちになり、うつ状態になりました。ある病気をわずらっている時私はついに、これまで押し込めてきた自分の痛みと向き合うことになりました。セラピーに通ったことが役に立ったと思います。ため込んだ痛みといちどに直面するのは困難だったからです——荷が重すぎました。やがて私は少しずつ自分の痛みを受け入れられるようになりました。

これまで私は、「事実」だけを直視してきましたし、義父が私に性的虐待を加えるのを、母が見すごしていたという「考え」とも向き合ってきました。しかしその事実と「心で」向き合ってはいませんでした。心の目でこの事実を直視するようになると、実際にいろいろなことが起こりはじめました。とても苦しみましたが、痛みを乗り越え、母の裏切りを克服すべく前進できるようになったのです。自分に起きたことを心でちゃんと受けとめてこなかったため、私はこの出来事を乗り越えることができなかったのです。私の怒りと現実逃避の姿勢が、自分自身をしばりつづけていたのです。

痛みを完全に消化するにはしばらく時間がかかりましたが、それでもついに、私は克服することができました。今では自分の痛みを感じながら、母と向かい合えるようになりました。以前は母と顔を合わせるのが耐えられず、母を見るたびに怒り狂っていたのです。そんなことの繰り返しでした。しかし今では母を見ると、自分の痛みを感じます——押し寄せてくる胸の痛みを。

母はすぐに私の変化に気づきました。これまでのように身構えたりせず、本当に私のことが気になる様子でこうたずねました。「どうかしたの？　何があったの？」

もう怒りにわれを忘れることもなく、私は母に告げました。「やっと、自分が受けた痛みと向き合えるようになったの」

「私にはおまえがずっとその痛みと向き合ってきたように見えるけれど」母は嫌味な口調でそう言いました。

「いいえ、違うわ、ママ。私はただ怒りを抱えてきただけよ。その痛みを感じるのが怖かったの」

はじめ母は私に対して身構えたものの、やがて私の顔をまじまじと見つめました。たぶん、私に攻撃するつもりのないことがわかったのでしょう。「そうなの、苦しんでいたのがわからなくてすまなかったわね。でも、怒っていないおまえを見ることができてうれしいわ」

「ええ、私も本当に気持ちがいいわ。こんなふうにママのことを怒らずにいることが」

そして私たちはお互いに笑みを交わしたのです。たいしたことじゃないと思われるかもしれませんが、思えばこの一〇年以上、ふたりでいっしょに笑うことなどなかったのです。私たちには、まだしなければならないことが山ほどありますが、私は今、希望に満ちています。母のことを許せる日がきっとくるに違いないと思うからです。

ジャネットと母親にはまだ話し合わなければならないことがたくさんあります。ジャネットにとって次のステップとは、母親が彼女の痛みに本当に耳を傾けようとするかどうか見きわめることです。しかし少なくとも、許しに通じる心の扉は、ジャネットの怒りによって完全に閉じられてしまう前に開かれたのです。

【……エクササイズ……】あなたの怒りを解き放つには

多くの人が、自分の気持ちをきちんと整理する前から、人を許そうとしたりします。とくに怒りに関してはそれが言えます。もしもあなたが怒りを解き放つ前に誰かを許そうとしているなら、けっしてうまくいかないでしょう。あなたがまだ怒りを感じているかぎり、相手を許すことはできません。なぜなら、怒りの感情が、許したいという気持ちを圧倒してしまうからです。

A　あなたがなぜ相手の人物に腹を立てているのか、その理由をすべて書き出してみてください。文字にすることで、自分の本当の気持ちに近づくことができます。私たちの内面、奥深く埋もれた感情を表面に浮かび上がらせることができます——これまで認めるのを怖れていた感情です。自分の感情を書きとめることによって、自分がなぜ怒っているのか、その理由について考える際、感じていた混乱が消えていくでしょう。

B　つぎに、あなたに危害を加えた人物に「手紙」を書いてください。手紙には、なぜあなたが怒っているのか、なぜ傷ついているのか、その理由を記してください。その際、自分に対して批判的にならないでください。感じたとおりのことを記すのです。その人が何かしたせいで、あるいは何かをしなかったせいで、あなたがどれほど傷ついたか、くわしく説明してください。あなたが実際にその手紙を相手に送るかどうかは、後日決めればいいことです。現時点でのこの手紙の目的は、あなたの怒りと痛みを外にあらわすことなのです。

障害物その2――恐怖心

自分に大きな苦痛をもたらした出来事には触れようとしない人がいます。ましてやその当事者を許すことになど、彼らは目を向けようとしません。思い出すことによって古傷の口が開き、ふたたび痛みを感じるのではないかと、彼らは怖れているのです。

許しをはばむ「恐怖心」にはもうひとつあります。もしもう一度誰かを信じたら、また傷つけられるのではないかという恐怖心です。なかなか他人を許すことのできない人たちは、多くの場合、これまでにひどく傷ついたことがあり、そのため深刻な人間不信におちいっているのです。

もしもあなたが幼少期に育児放棄や虐待を受けていたら、しかももしそれが本来あなたを愛し慈しむべき人の手によるものだったら、あなたはおそらく、人を信頼することがとてもむずかしくなるでしょう。子どもの頃に、自分にもっとも近いこうした人たちですら信じられないと思うようになったとしたら、今のあなたに誰を信じることができるでしょう?

大人になってから誰かに深く傷つけられた人たちに関しても、同じことが言えます。恋人に裏切られた人、仲間に精神的・肉体的にしいたげられた人、レイプ被害者、教師や上司、セラピスト、医者などから性的虐待・セクハラを受けた人たちです。もしあなたにこうした経験があるのなら、加害者を許すことがむずかしいというだけでなく、新しく出会った人に対し信頼を寄せるのもむずかしいのではないでしょうか。愛と信頼が苦痛と一組になっているとしたら、誰かにふたたび心を開くことが、はたしてあなたにできるでしょうか?

もしあなたに以上のような経験があり、さらにまた友人や同僚、新しい恋人に傷つけられたとしたら、あなたはもう人間同士のつながりに価値などないと思ってしまうかもしれません。ふたたび新しい人間関係に入っていくとしても、大きな勇気が必要でしょうし、自己防衛の壁を壊して近づいていこうと思えるほど、人に信頼を寄せられるようになるには、数カ月、あるいは数年かかるかもしれません。さらに、相手側がちょっとした過ち――とげとげしい一言、ひとつの嘘、デートを一回キャンセルすること――を犯すだけで、あなたはまた壁のうしろに逃げ込み、壁を壊すどころか、周りをうかがうことすらできなくなるかもしれません。相手の犯した過ちがもっと深刻な場合には――秘密を暴露する、かっとなって暴言を吐く、浮気をする（恋愛関係、夫婦の関係にある場合）など――相手を許すことなどとうてい不可能になってしまうかもしれません。

障害物その3――プライド

誰かに謝ろうとする際、プライドがさまたげになるのと同じように、プライドは、謝罪を受け入れて人を許そうとする際にも障害物となり得ます。プライドが高すぎて自分が傷ついたことを認められない人たちがいますが、彼らにとって、傷を認めることは弱さやもろさを認めることになるのです。そのほかにも、誰かにひどい仕打ちを受けた時、強い屈辱感を抱くため、謝罪を受け入れるのはプライドを捨てるのも同然だと感じてしまう人がいるのです。

プライドが邪魔をして、私たちは自分自身の欠点や弱点を直視することができません。みんな相手のせいだと決めつけてしまえば、人間関係における自分自身の役割や、問題の一因となっているかもしれない自分の短所に向き合う必要はありません。人を許そうとしないことで、自己反省からわが身を守ることができるのです。

障害物その4――白黒をつける考え方

「一度目は僕を傷つけた君がバカだ。でも、二度目となったら傷つけられた僕がバカだ」こんな言葉をモットーに生きている人たちがいます。人が変われるなんて思うのは馬鹿げたことだと彼らはかたく信じていて、一度でも自分を傷つけた人のことは、ぜったい信用できないと思っています。したがって、謝罪にどんなに誠意がこもっていても、あるいは、謝っている側にどれほど善意があっても、彼らは相手を許すことが一〇〇パーセントできません。こうした人々は、白か黒かの考え方にとらわれているのです。彼らにとって人間とは善か悪であって、灰色のエリアは存在せず、チャンスに二度目はないのです。

こんな考え方をしていると、たとえ何度謝ってもらっても、相手を許すことは不可能に近くなります。傷つけた側の人間は自動的に悪者となり、それ以降、私たちは、その人のどんな長所も目に入らなくなるのです。

白か黒かの考え方をする人には、つき合いだした当初、相手を理想の人間だと思い込む傾向があります。自分が尊敬できる誰か、自分が抱く完璧な人間のイメージを体現している誰かを見つけ、その人に大きすぎるほどの尊敬と信頼の念を抱くのです。だから、その人が何か間違いを犯した時には――それは仕方のないことですが――彼らはひどく落胆してしまいます。その結果、相手を理想の台座から引きずり下ろし、今度は悪人と見なすようになるのです。

●「白黒をつける」のをやめにする

善か悪、白か黒といった具合にものごとが明快だと、私たちは快適な気分になるものです。いっぽう、曖昧さ――日常生活の大半を占める灰色の領域《グレーゾーン》――に対して、私たちは不快感や不安感を覚えます。しかしまったくの善人もいなければまったくの悪人もいません。私たち誰もがいい面と悪い面をもっており、善行もほどこせば悪事もはたらくという可能性をあわせもっているのです。「分裂」として知られる、葛藤を避けるための心理的な防衛のしくみによって、私たちは、思考や感情、行動を、善あるいは悪、白あるいは黒といった相互排他的なふたつのカテゴリーに分けています。それは自分自身や他者を、完璧あるいはダメ人間、聖人あるいは罪人に分けることになるのです。

他人に対しても自分に対してもより寛大になるためには、人を人たらしめている灰色の領域《グレーゾーン》を受け入れることが必要です。私たちはみな、さまざまな思考や感情、行動選択の複合体、つまりモザイクです。そうした中で私たちはみなそれぞれ、人と比べた際、ある面においては発達していたり、成熟していたりするのです。たとえばある人は気持ちはやさしいが口下手だとか、貧しい人には親切だが自分のパートナーにはよそよそしいというように。「善悪」で人をとらえるのではなく、成長しているか成長していないか、気づきがあるかないかで、人をとらえるべき時がきているのではないでしょうか。気づきがあればあるほど、私たちは感情的・精神的に成長していくのです。

もし人に完璧を求めたら、私たちは親友も尊敬すべき師も失ってしまうでしょう。人はすぐれた指導者であると同時に、多くの欠点をもつものです。結婚生活においてはいい人が浮気するという場合もあれば、素晴らしい親が短気な場合も、親切な人が自分勝手な場合も、やさしい人が時々批判的な場合も、好人物が怒りっぽい場合もあるのです。誰がどんなにがんばって、調和のとれた気づきのある人間になろうとしても、間違いを犯すことは避けられないでしょう。私たちは自分の人間らしさ、そして他者の人間らしさを、欠点とともに受け入れるべきなのです。

白か黒かの考え方に支配されるのをやめるうちに、頑固な面やひとりよがりな面、堅苦しい面、批判的な面が減り、私たちはより柔軟で寛大、自然で愛すべき人間になっていくのです。

障害物その5——人に理不尽なほどの期待をする

人への期待が大きすぎると、ひっきりなしに失望することになります。人を許すためには、私たちはみな失敗すること、自分の資質を活かしきれていないこと、そして誰にも影の部分があることを理解しなければなりません。

私たちはたいてい他人にとても厳しく、自分のパートナーや子ども、同僚あるいは従業員にすぐにイライラしてしまいます。人はみな自分が置かれた状況下でベストをつくしているのですが、それを理解するのに必要な思いやりと共感が、私たちには欠けているのではないでしょうか。

たしかに、パートナーはもっと気配りのできる優しい人間になれるのかもしれませんし、子どもたちは学校でもっといい成績をおさめ、もっと両親に感謝することができるのかもしれません。従業員ももっといい仕事ができるのかもしれません。しかし彼らのパーソナリティーあるいは仕事の出来や成果に、精神的葛藤や外的トラブルがどんな影響をおよぼしているか、私たちには知るよしもないのです。こうしたことを忘れてしまい、自分の期待に相手が応えてくれないと、私たちはイライラしたり腹を立てたりしてしまうのです。そして、自分がどう感じているか相手に伝えず、また、相手に謝罪を求めないまま、私たちは相手に批判の目を向け、その人と距離を置いてしまいます。

障害物その6――人を審判《ジャッジ》する

許しをさまたげる最大の障害物とは、おそらく、他者を厳しく審判《ジャッジ》しようとする私たちの性向です。生きていくうえで避けられない、他人の手による心の傷や失望から、すばやく立ち直ることができるのが、人間として成熟しているしるしです。それは、独善的になりがちな性向を克服するということなのです。五三歳という、人生経験豊かなある女性クライアントの話を紹介しましょう。

若い頃の私は、どんなことに関しても、なかなか人を許すことができませんでした。すごく自己中心的だったんです。でも自分自身が人の信用を失って、はじめて気づいたんです。私も、自分がこれまでこき下ろしてきた多くの人たちと同じだと。この頃では、誰かが間違いを犯しても、私の心を傷つけても、こう言います。「だいじょうぶよ。完璧な人間なんていやしないわ。もちろん私だって！」

●私の体験

私は人生の大半を、驚くほど他人に批判的な人間として過ごしました。その気質は親譲りです。私は、あらゆる分野に長じた両親のもとで育ちました。彼らは率先して意見を述べ、人に助言を与え、あらゆる人に何をすべきか教えることのできる人たちでした。彼らのアドバイスはつねに福音であり、意見はつねに正しかったのです。

親から審判《ジャッジ》され、批判されて成長したため、私自身、ついにジャッジの達人になることを学んでしまいました。人が私に対して何か判断を下す前に、私は相手をジャッジするようになったのです。不幸なことに、子どもの頃（大人になってからもそうですが）審判されていた人は、自分もやがて他者を審判するようになるのです。

私はジャッジの達人もしくは権威者となり、尊大な態度で人を見くだすようになりました。自分は誰よりも賢く、能力があり、「正し」かったのです。皆の手にあまったため、私に意見する人はほとんどいませんでした。生まれながらにして人を裁く才能があった私に、法律家になるべきだったと言う人もいました。

人はみなある教えを学ぶためこの地上に生まれ、そのための機会がつねに与えられているのだと私は思います。ある状況でその教えが会得できない場合は、また別の機会が与えられるのでしょう――そこでだめなら、また別の機会に。

教えを学びとるには一生かかるかもしれません（何回も生まれ変わらねばならない、と言う人もいます）。そのためには私たちのあらゆる時間、エネルギー、集中力が必要となります。誰かに教えてもらうことはできません。私たちは、自分の力で、自分に与えられた時間の中で、苦闘しながら、自分の学びをつづけていかなければならないのです。それと同じように、私たちが誰かに、その人が自分で学ぶべき教えを説いてあげることもできません。そのこと自体、人を「審判《ジャッジ》」することにほかならないのです。

私たち誰もが日々学んでいる、もっとも大切な教えのひとつとは、他者を審判するのをやめよ、ということではないでしょうか。実際それは、私自身が得たもっとも貴重な教えでもあります。幸い私は、この教えを学ばねばならない状況に追い込まれたため、人生を軌道修正することができたのです。とはいえ、私が楽にこの教えを学んだわけではありません。それは苦痛に満ちたつらい学びで、まるでいやおうなしに押しつけられているかのようでした。

年月を経て、教えはしだいに苛酷なものになっていきました。しかし振り返ってみてわかるのですが、それはいつも私を動かすある種の原動力となっていました。最終的に私は自分がいつもいつも人を否定的に評価《ジャッジ》していることに気づき、その後間もなく、相手と同じ立場に立って同じことを経験し、その人のものの見方をよく理解できるようになりました。

私は長いあいだ、そうすることを嫌っていました。相手の立場に立ったところで、私には何の恩恵も見出せず、自嘲と苦痛しか残らなかったからです。つねに自分のいちばんしたくないことを無理やりやらされているかのようでした。反抗的なペットのように、私は自分の教えを学ぼうとしなかったのです――私はますます意固地になってしまいました。

今から七年前、私はついに自分のジレンマを乗り越えるという、神からの祝福を受けました。もっとも心に響くかたちで、他者に共感を抱くことを学ばされたのです。自分と同じくらい頑固で、自己中心的で、断定的なものの見方をする人間に共感を抱くようになるには、かなりのエネルギーが必要でした。

長年のあいだ私は母のことを、ひどいナルシストで人の心を平気で傷つける人間だと決めつけてきました。と同時に自分のクライアントである、育児放棄や子どもに虐待を加えてきた親たちに対しても、批判的な態度を取ってきました。しかし自分の中のナルシスティックな側面や虐待的な側面とじょじょに向き合うようになるにつれ、私は人を裁くことができなくなっていきました。私自身が自分の過ちや欠点を認めていなかったのではないかと気づいたのです。そして、自分も誰かをさんざん傷つけてきたのかもしれないと気づいた時、自分の落ち度を認めることがどんなにつらいものであるかを知りました。もし人が自分のことを犠牲者、あるいは人一倍気配りのできる人間だと思っているとしたら、他人を傷つける否定的な態度を取った事実を自ら認めることなど、屈辱以外の何ものでもないということを私は学んだのです。

それ以来私はたえず、人を審判《ジャッジ》したがるという自分の性向と向き合わざるを得なくなりました。わかりやすい例をひとつ紹介します。運転中、私の前をのんびり走る車がいました。たちまちイライラし出した私は、なんて邪魔なやつなんだと腹を立て、運転する女性に向かって、のろのろ運転して私に迷惑をかけないでよ、と悪態をつきはじめました。私はこの車を追い越したのですが、追い越すあいだ中ずっと、のろいにも程がある、とそのドライバーをののしりつづけました。間もなくドライブは快適になり、私はこの出来事をすっかり忘れてしまいました。

それからほんの数日後、私は前言を撤回し、あのドライバーをなじったことを後悔しなければならなくなりました。急な丘をのぼっている時、車が突然止まってしまったのです。私はずっとアクセルを踏みつづけましたが、車は丘をじりじり登っていくのがやっとでした。私には車が動いているのかどうかさえよくわかりませんでした。するといきなり後ろからクラクションが聞こえました。顔を上げてバックミラーを見ると、後ろの車の運転手がクラクションを鳴らし、のろのろ走るなと怒鳴っているのが見えました。私はミラーに向かって言いました。「どうにもならないじゃない。私の車はこれ以上速く走れないんだから」

その時、私はいわゆる「ああそうか（ＡＨＡ）体験」をしたのです。「ああ神様、あの時の女性は今の私と同じです。あの気の毒なドライバーです。彼女にはたぶん、ゆっくり走っていなければならない理由があったのです。それなのに私ときたら、あんなにイライラしてけんか腰になってしまいました。そもそも道路は私のものじゃないのに」心の中で私はそうつぶやきました。

私はこの教えを学んで、その時以来、ゆっくり走るドライバーに対してかなり辛抱強くなりました。イライラしはじめると私はすぐにこの教えを思い出します。

誰にでも似たような経験があるのではないでしょうか。私たちはみなある状況をめぐって、相反するふたつの立場に立たされたことがあるはずです。のろのろ運転のドライバーとスピードを出すドライバーのように。そして多くの人が私と同じように、皮肉な体験をしたのではないでしょうか。しかしそれをひとつの教えとしてとらえた人がどれくらいいるでしょう？　私たちはみな人に審判《ジャッジ》を下しがちです。大切なのは自分がそうなっていることに「気づく」こと、そして、人間としてできる限り人を裁かないよう心がけることなのです。

【……エクササイズ……】自分がなぜ人を審判《ジャッジ》したがるのか、その理由を探る

このエクササイズは、なぜあなたが人を審判《ジャッジ》したがるのか、その理由を見つけるためのものです。

A　「人を審判したり批判したりすることで、自分は何を得ているのか」自分にたずね、答えを紙に書きとめてください。

B　もし答えに困ったら、つぎに挙げる例が参考になるかもしれません。これらの項目をチェックリストとして用いてもかまいません。

「私が人を審判するのは……」

＊そうすることで、相手に対する主導権をもてたように感じられるから
＊そうすることで、相手との距離をつくれるから
＊そうすることが、自分を苦痛から守るための方法だから
＊そうすることが、人と親しくならずにすむ方法だから
＊そうすることが、優越感を抱くための方法だから
＊そうすることで、自分の不安を隠すことができるから
＊そうするのは、自分の習慣だから
＊そうすることで、自分が強いと思えるから

C　どんな状況下で、あなたはもっとも人を審判《ジャッジ》するような態度を取っているのでしょう。今度あなたが人を審判していると感じた時、つぎの問いに答えてください。

1　自分はどんな感情を抱いているか？

2　自分の身体はどんなふうに反応しているか？

3　どれくらい安心感があるか？　あるいは危機感があるか？　非難されているような感じがするか？　拒絶されているような感じがするか？

4　いつも以上に、自分が人を審判したり批判したりしていると感じる時や場合があるか？

5　自分にはどんな行動パターンがあるか？（たとえば、疲れている時、傷ついている時、おびえている時、怒っている時には、人に対してより断定的あるいは批判的になるなど）

D　相手によって自分の態度がどう変わるか注意し、つぎの質問に答えてください。

1　ある特定の人に対して、より審判を下しがちにならないか？

2　ある特定の人といっしょにいる時、いつもより相手を審判するような態度を取ってしまわないか？　たとえば、学生時代からの友人といる時や、やはり相手を審判するような人といっしょにいる時にそうなったりしないか？

●審判《ジャッジ》より共感を

私たちが他者を審判するような批判的な態度を取ってしまうのは、彼らの置かれた状況に対する共感が欠けているからです。人を審判する時、私たちは本質的に、自分自身を彼らより上に置きます。それとは反対に、人に対して共感を抱く時、私たちは自分を彼らと同じ位置に置くのです。審判するのは優越的な態度であり、共感は平等にもとづいた態度といえるでしょう。

なぜ自分が人を審判しようとするのか、その理由が以前よりおわかりいただけたと思います。こうした傾向を改善するための次なるステップとは、審判より共感につとめていこうと意識的に決意することです（共感の欠如に関しては、あとで取り上げます）。一度こう決意してしまえば、あとは前進あるのみです。

審判より共感につとめることによって、他者を許せるようになるだけでなく、より心豊かで、洞察力と思いやりに満ちた人間になることができます。人に対して共感を抱くことで、私たちにはつぎのような影響があらわれます。

1　人を審判することによって、私たちは尊大で自己中心的で、心の冷たい人間になってしまいます。いっぽう共感は心を柔軟にさせ、私たちを寛大で賢明な人間にしてくれます。審判は人間の器を小さくする、つまり、人の心をせまくするものであり、共感は人の心を広くさせるものなのです。

2 審判《ジャッジ》ばかりしていると人を理解できなくなります。いっぽう共感を抱くことで、他者の長所・短所その両方を、はっきりと理解できるようになります。まるで魔法の双眼鏡をもっているかのように他者の内面を見とおすことができ、その人の心と魂を見ることができるのです。

3 人を審判することによって、私たちは他者とのあいだに距離をつくることになります。いっぽう共感することによって、私たちはお互いの心を結びつけ、お互いの共通点を見出すことができるようになります。そして人間というひとつの輪の中の一員になることができるのです。

4 人とどう関わっているかは、あなたが自分自身とどう関わっているかをあらわしています。このことを理解しなければなりません。他者との接し方は、私たちの、自分自身との接し方と同じなのです。もしあなたが人を審判しているのなら、自分のことも審判しているでしょうし、自分のことを審判しているとしたら、人のことも審判しているでしょう。聖書はこうした関連性を、有名な一節の中でこうあらわしています。「おのれの欲するところを人にほどこせ」

しかし、他者に対する審判をひかえることは、善悪に関する判断をやめることではありません。

このふたつにはまったく異なります。たとえば、殺人犯に同情を寄せ、なぜ殺人行為にいたったのかその根本的な原因を理解した結果、彼／彼女を許すことになったとしても、当人が更生していないのであれば、私たちはその人を塀の外に出すようなまねはしないでしょう。また、自分を傷つけた友人を許す際にも、彼／彼女の犯した行為を大目に見るのではなく、自分が受けた傷の痛みや怒りといった感情を相手に伝えることがまず必要です。

つぎに記すメッセージは、人を審判《ジャッジ》するという自己中心的な状態にあるあなたを、同情心や共感の状態に導くためのものです。はじめはこれらのメッセージに抵抗を感じるかもしれませんが、やがて心の奥深くで、言葉に宿る真実を理解することになるでしょう。あなた自身のため、そして許しを必要とする人々のため、以下に記す真実と向き合ってください。

◎審判とはすなわち誤審すること——他人のことを完全に知りつくすことなどできません。ですから、その人のもつ意図、あるいは、ある行為にいたった動機などを、私たちがすべて知りつくすことはできないのです。また、ある人が人前でどんなふうに振舞っていたとしても、彼／彼女が本当は自分のしたことをどう感じているのか、私たちにわかるわけがありません。

◎人を審判することは、自分自身から注意をそらすこと——あなたが誰かのことで動揺している時、たとえば、誰かのしていることに腹を立てていたり、批判的になっている時、何が起きているか考えてください。あなたはどれほどひんぱんにその人のことを思い返していることでしょう。その人の態度が何度も頭に浮かんだり、彼／彼女はこんなふうに変わるべきだと考えたり、あいつのしたことにこう意見してやりたいと思ったりしているのではないでしょうか。どれくらいの時間とエネルギーが、自分自身の問題以外に注がれているか考えてもみてください。

人に対する審判《ジャッジ》は一種の罠です。私たちにとって人を審判することは、自分自身や自分の学びから逃れるための、安易で便利な一方法にすぎません。この時、自分自身を向上させるため、よりよく用いるべきエネルギーが、私たちから失われていくのです。

人を審判ばかりしていると、私たちはそのことにすっかり夢中になってしまいます。すると、自分のエネルギーが内面に向かうのではなく、外に向かって流れ出していきます。自分以外の誰かに何かを教えてやろうと躍起になる時、私たちは自分について学ぶことをやめ、また、自分自身の学びに集中することをやめてしまうのです。

◎人を審判することは自分をごまかし、真実に目をつぶること――人を審判している時、私たちはつぎの事実から目をそむけようとしています。(一)自分も同じことをしたことがある、(二)自分も同じことをしようと思っている、(三)自分も同じことをしそうになった。

自分が誰かを審判していると気づいた時、あるいは誰かを許せずにいる時には、これらのメッセージを読み返してください。なぜあなたが人を審判しているのか、なぜ審判するのをやめるべきなのか、思い出せるでしょう。

ここで、私が見た、「審判」に関する興味深い夢をご紹介します。その夢の中で私は、人々がいかに互いにねたみ合っているか、互いに裁き合っているか、互いにののしり合っているかに気づいて、彼らを批判的な目でながめていました。するとひとりの賢者（スピリチュアル・ガイド）があらわれて、私にこう言いました。「彼らをよく見て、みんなの心《ハート》を描いてごらん」私は言葉にしたがい、それぞれの人の中に赤いハートを思い描きました。賢者はつぎにこう言いました。「それでは、彼らひとりひとりが『私を受け入れてください。愛してください』と言っているところを想像してごらん」私はふたたび言葉にしたがいました。すると突然、私が抱いていたすべての裁きの心は消え去りました。私は彼らの本当の姿を見ることができたのです。私と同じように、人から愛されたい、人に受け入れられたいと願っている、彼らの本当の姿が。

夢はあまりに鮮明だったため、それから何日も、私の中に残りつづけました。この夢には大切な意味があること、自分にとって大事な教えであることは、すぐに理解できました。私は今でも、誰かを審判《ジャッジ》しそうになる時はこの夢を思い出し、賢者の言葉にしたがっています。相手の心の中をのぞき込み、彼／彼女の怒りの感情、卑屈さ、身勝手さ、抗争心の奥にある、真の姿を見つめることにしています。この夢の話が、読者の方々のお役に立てばいいのですが。

障害物その7——共感の欠如

過ちを犯した人間に共感できるようになるには、私たちも彼らと同じ過ち、あるいは似たような過ちを犯したことがあると、認めることができなければなりません。ところが私たちは、自分も過ちを犯しかねない人間だと認めるより、人を審判する方が楽なのです。自分の心の中にも激しい怒りや欲望、恐怖心、ねたみ心があり、罪を犯した者と同様、弱い人間であること、つまり「神の救いがなければ、自分もそうなっていた」と思い知るより、人を審判する方が楽なのです。

人はみな、自分勝手な行動や薄情な態度を取るものです――しかしこの事実を、ほとんどの人が認識していません。誰にでも、嘘をついたり、ものを盗んだり、人をだましたり、あるいは誰かを殺してやりたいと思ったりする可能性があるのです。日常の顔の下には、ネガティヴな感情や特性――激しい怒り、嫉妬心、羞恥心《しゅうちしん》、恨み、貪欲さ、自滅的または凶悪な側面――が隠されているのです。抑圧・否定されたこれらの感情や特性を、心理学者は「影《シャドウ》」あるいは「影の側面《ダークサイド》」と呼んでいます。自分の影についてよく知っている人たちは、人を審判《ジャッジ》することが少なく、他者に対して共感を寄せることができます。その反対に、自分の人間としての弱さを認めようとしない、あるいは認めることのできない人たちは、他者の弱さに対してとても厳しい態度を示します。

●他者への「投影」を認める

たしかに自分の中にあるのだけれど、どうしてもその存在を受け入れがたい感情や反応、あるいは、今自分が抱いているかもしれない、もしくは過去に抱いていたかもしれない感情を、投影――他者の上に映し出すという行為――と呼びます。ちょうど映写機がスクリーンに像を映し出すかのように、私たちは自分自身の姿を他者の上に映し出しているのです。とはいえもちろん、他者は真っ白なスクリーンではありません。彼らには彼らなりの欠点や先入観、価値基準があります。それなのに、私たちがその人を審判したり批判したりする時に持ち出す相手の印象というは、ほとんどが、自分自身の姿を投影した部分なのです。

投影とは、無意識に働く一種の防衛メカニズムであるため、私たちがその存在に気づいているとはかぎりません。実際には、気づいていない時の方が多いといっていいでしょう。自分のパーソナリティーとして認めていないような特質や特徴が表面化しそうな時にはかならず、この投影機能がはたらきます。無意識に投影がはたらく結果、私たちは、自分のものとして認めていないこの特質を他者の中に見つけ、否定的に反応することになるのです。自分自身の中には見出しそこなっても、彼らの中に、自分の一部分を見出すことになるわけです。

投影について理解できるようになれば、他者に対して下す審判というものは、対象となる人よりむしろ、自分自身と大きなつながりがあることがわかるでしょう。したがって、私たちが批判したり審判している人たちとは、自分にとって、もっとも優れた教師ということになるのです。なぜなら彼らは、私たちが拒否したり、否定したり、隠してきた自分自身の特性を、如実にあらわしているからです。

【……エクササイズ……】あなたの行なっている投影を自覚する

A　他人がもつ特質で、あなたが嫌いなものをすべて挙げてください。たとえば、うぬぼれや、短気、自分勝手、礼儀知らず、欲張りといったものなどです。

B　Aのリストができ上がったら（おそらくたくさんの特質が挙がるでしょう）、その中から、嫌いどころではない、憎しみやいまいましさ、軽蔑すら感じるものを選んでください。

こうしてできた特質のリストは、人に投影されたあなた自身の影の部分をかなり正確に描き出したものです。たとえばもしあなたが、耐えられないほど嫌いな他者の特質として「傲慢」を挙げ、傲慢な人に対してあなたがかなり批判的になっているなら、あなた自身が同じようになっていないか、自分の態度を確かめてみるといいでしょう。

もちろん、他者のうちに見出すすべての難点が、あなた自身の好まざる特質だというわけではありません。しかし他者に対してあまりに感情がたかぶったり、過剰反応するようなら、あなたの中の何かが表面化している証拠です。人の態度に腹を立てるのには、ある程度、もっともな理由があるでしょうが、投影が起きている場合、その人が実際に犯した過ちに見合う以上の責めを、あなたは相手に課しているはずです。

●相手の立場に立つ

自分も他者と同じような間違いや判断ミス、不当な行為を犯しかねないこと、あるいはすでに犯してしまったことにあなたは気づき、さらに、自分の行なっている投影についても理解することができました。つぎにあなたは、人の立場に立ち、人の観点からものごとをながめることによって、他者に対して、より共感が抱けるようになるでしょう。つぎのエクササイズは、そのプロセスを身につけるためのものです。

【……エクササイズ……】人に共感が抱けるようになるために

A　あなたとのあいだでトラブルが生じている人のことを考え、現状について記してください。ただし、相手の視点に立って、そのトラブルを説明してください。たとえば、あなたは弟と喧嘩ばかりしているとします。原因は、彼が高齢の母親の面倒をあまり見ないからです。あなたは自分だけが重荷を背負わされ、彼は身勝手で思いやりのない弟であり、また息子であると思っています。このエクササイズでは、それをこんなふうに描きます。

「自分はリリーの弟だ。リリーはいつも僕の生き方を非難している。遊んでばかりいないで、もっと母親を手伝うべきだと思っているんだ。姉ががんばっているのはわかっているが、彼女の方が僕より年上だし、しっかりしている。リリーはたんに、僕が若くて、彼女のように仕事や結婚生活に束縛されていないことをうらやんでいるだけなんだ。たぶん彼女がガミガミ言わなければ、僕だってもっと手を貸す気になると思う。彼女がいちいち指図するからいやなんだ。だってリリーは姉であって、母親じゃないんだから」

このエクササイズから得られる気づきは、あなたにとって驚きでしょう。物語には両面があるものです。葛藤の真っ只中にいる時こそ、あなたはそのことを思い出さねばなりません。

B　自分の愛する人が誰かにあなたのことを説明するとしたら、どんな内容になるでしょう？家族や友だちがあなたについて、また、あなたとの関係について話している様子を、こっそり観察しているところを想像してみてください。

【……エクササイズ……】相手の視点から現在の状況について書き記す

A　自分を傷つけた人にあてて、手紙を書いてください（たとえすでに亡くなっていたとしても）。手紙の中で、その人の犯した行為について相手と向き合ってください。どれほどあなたが傷つき、どれほど被害をこうむったか、そして彼／彼女の行為をあなたがどう感じているのか伝えてください。

B　つぎに、その人の視点に立って、手紙を書いてください。

アリアナというクライアントは、エクササイズで書いた怒りの手紙に対し、父親（すでに死んでいる）はきっとこんな返事をよこしただろうと想像しました。

まず父は、自分のしたことについて弁解してきました。心の中の父は、こんな手紙を書いてきました。

私は知らなかったんだ。

心理学上の問題なんて何も知らなかったんだ。

自分のしたことのせいで、おまえがずっと男性が信じられなくなるなんて知らなかったたんだよ。

おまえの胸が異常に大きくなった時、いっしょに医者に行かなければと思ったんだ。

おまえには偉くなってほしかった。

黙れと、おまえを叱った。一二時間も外で働いてきたあとだ、私には静けさと平和が必要だったんだ。

すべてが言い訳に聞こえるのはわかってるが、これが本心なんだ！

私たちのあいだに性的エネルギーなんてものがあるなんて気づかなかった。私はちゃんとした親になろうとしていたんだ。だが、叱ったせいで、おまえを必要以上に傷つけてしまってすまなかった。私のしたことは間違いだったんだろう――人生のあらゆることと同じように。私はいつも失敗ばかりだった。生い立ちのせいだ――尊敬すべき父親がなく、母と姉の手によって育てられ（女だ！）、青春を戦争や捕虜収容所でふいにした。復員しておまえの母親と結婚し（また女だ！）、仕事につき、休みなしに働いた。自分のための時間などどこにもなかった。仕事から家にもどると、泣きべそをかく子どもたちが待っている（娘ばかりだ！）。子どもたちは丈夫じゃないし、勉強の出来もよくなかった――女房はそんな子どもたちを嘆いてた（あいつは私と暮らすのが耐えられなくなり、酒を飲んだ）。経営した会社はことごとくつぶれ、私は腹が立って仕方がなかった！

何か誇れるものがほしかったんだ。自分のことを価値ある人間だと思わせてくれる何かが――しかし、何ひとつうまくいかなかった。だから私は、あらゆるもの、あらゆる人間をきちんとさせようとした。おまえのことも自分の思いどおりにさせたくて、心身ともに傷つけてしまった。女房をぶったのも、私が不実な男だったからではなく、自分のしたいことをしてるんだと彼女に示すためだった。私はすさんでいった……クラブで何時間も過ごしたよ。あそこにいた連中は私を好きになってくれたからね——彼らだけが私の社交的な面、開放的で陽気で積極的なところを見てくれたんだ。

何もかもがストレスだった。身体はどんどん悪くなり、それから二年しか生きられなかった。今は静かに眠らせてくれ——もう充分生きたから、これでいいんだよ。

アリアナは、自分の書いたものを読んで愕然としました。彼女はそれまで、自分の父親がどんな体験を経てきたのか、なぜ自分をあんなふうにあつかったのか、いつも彼が何を考え何を感じていたのか、まったく理解していなかったのです（少なくとも意識的には）。彼女はエクササイズを通して、これまで知り得なかった父親の人生を理解できたと感じました。アリアナは、彼女が望んでいた父親からの謝罪を受け取ることはできなかったのですが、エクササイズを通して父親に対する理解が深まり、ふたりの葛藤に終止符を打つことができたと語っています。

あらゆる点からみて、許しとは愛による行為であり、すすんで与えようという意志をあらわしています。だから、「for（～のために）＋ to give（与えること）＝ forgive（許す）」となるのです。自分をしいたげた人間に許しを与える時、私たちは、彼／彼女が恥の意識を克服し、また、新しい人生のスタートが切れるよう、手を貸すことになるのです。そして、過ちを犯した人もふくめ、あらゆる人がより寛大な人間になれるよう、力を与えることにもなるのです。

こうした愛にみちた状態、すなわち、すすんで何かを与えようという心の状態に達するための唯一の方法が、過ちを犯した人に同情と共感を寄せることです。共感について学ぶこと、他者に共感するという能力を高めるのに、手遅れということはありません。共感する能力をみがくことで、あなたは、人を審判《ジャッジ》する心から脱皮して許しへと向かうことができるでしょう。

【……エクササイズ……】あなたにとって、許しをはばむ障害物とは何か?

許しをはばむ七つの障害物（怒り、恐怖心、プライド、白黒をつける考え方、他者への理不尽な期待、人を審判する心、共感の欠如）について知ったあなたは、なぜ自分が人を許せないのか理解できるようになったのではないでしょうか。つぎのエクササイズでさらに理解を深めてください。

A　七つの障害物のうち、現時点で、あなたにとってもっとも大きな障害物となっているものはどれでしょう?　その障害物を挙げて、なぜ自分がそれをいまだに克服できず苦しんでいるのか、また、それを乗り越えるためどうしていくつもりか、記してください。

B　七つの障害物のうち、あなたがすでに克服しているものはどれでしょう?　それらを克服したことをどう思うか、そしてそのために何をしたのか書いてみてください。自分がこれまでにどんな過程を経てきたか思い出すことで、残りの障害物と取り組んでいくことができるでしょう。

本当に人が許せるようになるには、感情面あるいは精神面での変容が必要となる

本当に人を許すことができるのは、本書で取り上げてきた概念を深く理解することのできた人たちです（たとえば、他者に同情と共感を寄せることの重要性、他者を審判《ジャッジ》しないことの重要性を学んだ人たちです）。しかしこうした概念を本当に自分の中に浸透させるには、感情面あるいは精神面での変容を経験しなければなりません。

許しについて明確に理解するには、悲劇的な経験、あるいはそれに近い体験をしなければならない場合があります。たとえば飛行機事故の生存者は、墜落までの数分間に直観を得て、本当に人を愛することとはその人を理解し許すことだと気づいたとか、出世のための争いや議論に時を費やすには人生はあまりに短すぎると気づいたと報告しています。

また、私たちが歳をとってきたり、命にかかわるような病気を経験したりすると、人間同士の絆がいかに大切かに気づいたり、あるいは、心の傷やちっぽけな個人差など、万物流転の定めからみれば、じつにささいなものであると気づいたりします。この時私たちは、時間というものがいかに貴重であるかを実感します。人生はあまりに短いのだから、喧嘩や誤解をひきずったまま生きるわけにはいかないと自覚するのです。

さらに、他者に共感と同情を寄せられるようになるには、自分自身が他人の信用を失ってみなければならないという場合があります。私が自著『転落からの祝福　*Blessings from the Fall*』の中でも述べたとおり、人生において信頼の失墜ほど、落胆や屈辱、苦痛に満ちた経験はそう多くはありま

せん。ある人にとってそれは、人前で非難されたり辱めをうけたり、名誉や名声が回復不能なまでに傷ついたり、尊厳が失われるといった、身の毛もよだつ、恥ずべき経験です。またある人にとって信用の喪失とは、長年、周囲から尊敬され、崇拝され、目標とされてきた自分の座る台座から転落すること、あるいは、長年かけて築いたすべてのもの——経済的な地位、名声、生活そのもの——を失うことを意味しています。

しかし、そんな転落からも私たちは数々の恩恵を得られるのです。そのひとつが、他者に対して同情や共感をもてるようになることです。そして、人が犯した間違いや罪、人がもつ弱さといったものを許すことができるようになるのです。つぎに挙げるのは、トーマス・ヒーリー牧師が私に語った自らの体験です。

人からの信用を失う前の私は横柄で、手厳しい人間でした。自分は人より優れていると思っており、罪を犯した人にはとくに批判的な態度で接していました。牧師になるということは、権力の座にすわることを意味します。周囲から尊敬されるようになると、人はやがて自分は他者より優れていると感じはじめるものです。信用を失うことによって、私は多くの恩恵をいただいたのですが、そのうちのひとつは、自分は他の誰かと比べて勝っていることもなければ劣っていることもないという事実、そして自分には誰をも裁く権利がないという事実に気づいたことです。私はイエスの「罪のなき者に、最初に石を投げさせよ」という言葉の意味を、本当に理解することができたのです。

許しとは慈しみの心を育むための課題であり、それはひとつのプロセスであると同時に生きる姿勢です。許しにいたるプロセスで、私たちは、人に傷つけられたことで生じた苦悩を、精神的そして霊的な成長に変えていくことになるのです。人を許そうとする姿勢をつうじて私たちは、自分自身および他者を審判《ジャッジ》したがるたえまない自我の欲求を捨て去り、心の平穏を得ることができるのです。

許しとは独善的な行為ではありませんし、憎むべき行為をすべて忘れて大目に見ることでもありません。人を許すためには、相手の行為にはたしかに害があったことを知り、それでも、な、お、その人に共感できるようにならなければならないのです。私たちを傷つけた悪しき行為が生まれるもととなった相手の心の深層部を理解できれば、その人とともに苦しみ、その人に同情を寄せることができるのです。同情を寄せるという行為の中で、私たちは「犠牲者」という立場から抜け出し、相手の行為の奥にある、その人の核心《コア》に目を向けることができるようになるでしょう。

第7章　許すに時あり——そして、許しを忘れるにも時がある

神があなたを許しても、私はけっして許しません
——エリザベスI世（ノッティンガム伯爵夫人に）

原則7——ひとりひとりが、自ら人を許せるようになるべきである。道徳的に正しいからという理由で、許しが「強要」されてはならない

前章を読んでおわかりのとおり、許しにいたるプロセスとはたやすいものではありません。頭ではその大切さがわかっている人でも、また、許しに対して強い信念をもっている人でも、自分の怒りを認めそれを表現しようとしなければ、また、自分が抱える痛みを感じ取り、許しをはばむ数々の障害物に立ち向かおうとしなければ、許しへといたることはできません。

それでも、相手を許すことが賢明で人道的、健全な行為であることが明らかになる時がきます。たとえば、こんな場合です。

*相手が意義深い謝罪を行なったのに、あなたの中でプライドや意固地な心が妨害の声を上げ、その人は充分に謝っていないとか、反省していないとか、負うべき責めを負っていないと言いつづけている場合
*当人に謝る勇気があるかどうかは別として、あなたを傷つけた人間が本当にすまなく思っていると、心の奥ではわかっている場合
*心の奥では、お互いに非があるとわかっている場合
*怒ったり意固地になったりしているせいで、肉体的あるいは精神的な苦痛が生じている場合
*相手に怒りや不信感を抱いているせいで、誰も愛することができなかったり信じることができなくなったりしている場合
*相手と距離を置いたことで、明らかに自分の方が傷ついている場合
*あなたは相手のことを愛しているが、ふたりのうちのどちらかが年老いていたり、重い病気にかかったりしていて、いっしょにいる時間がもう長くはなさそうな場合

過去を振り切って前に進みたいのなら、許すことが必要だという思いを、多くの人がもっています。先に紹介した依存症克服のための12ステップ・プログラムの理念では、他者も私たちと同じように、その時その時で本人なりにベストをつくしているのだから、また、過去の生い立ちに問題があって彼らも傷ついている場合もあるのだから、私たちは他者を許さなければならないと説いています。さらに、多くの宗教は、私たちはみな過ちを犯す存在であり、みな誰かを傷つけて生きてい

るのだから、許しは人として行なうべき唯一の、公正かつ慈悲にあふれる行為だと説いていますし、心理療法家たちも、心の葛藤に終止符を打つためには許しが欠かせないと述べています。

許しの重要性については、たしかに、偉大な精神的指導者や哲学者、セラピストたちの言うとおりなのですが、時として許しが不可能なことがあります。残念ながら、宗教や12ステップ・プログラム、さらには心理学の世界においてでさえも、「許すこと」ばかりに重点が置かれ、私たちには「許さない」という選択肢が与えられてこなかったのです。じつは一般的な通念とは異なり、許しとは癒しにおいて必要不可欠なものではありませんし、場合によっては、必ずしももっとも健全な行為とはいえないのです。たとえば相手を許すことで、ふたたびその人が自分を傷つけてもいいと認めたのに等しくなるような場合が、まさにそうです。

許さないことが健全な場合もある

つらい現実を乗り越えて生きるため、時として私たちは、許しをはばむものまさにそれ自体に、しがみつかなければならない場合があります。とくに何かの被害者にとって生きるための原動力となり得る、「怒り」という感情がその例です。怒りによって私たちは、被害を乗り越え、苛酷なトラウマからなんとか抜け出せるようになるのです。シェリーのケースがこれにあてはまります。彼女は八歳の時、父親から性的虐待を受けるようになりました。その虐待は幼年期中、そして一〇代半ば頃までつづきました。

私がシェリーとはじめて会ったのは、彼女が二二歳の時でした。彼女はつぎのように経緯を説明しました。一六歳の時、彼女はついに父親に立ち向かい、いたずらされるのを拒みました。すると父親は彼女を家から追い出して（母親は当時すでに、彼らとは別居していました）、親戚中に、シェリーは自分から金を盗んで出ていったのだと言いふらし、彼女を孤立させました。ただひとり親しい友人をのぞいては、誰ひとりの助けも得られず、彼女は自力で生きていかねばなりませんでした。

それから数年間、彼女は生きることに集中するため、父親のしたことを頭からしめ出そうとつとめました。しかし二二歳になった頃生活が乱れはじめ、自分には助けが必要だと気づきました。シェリーと私は何年間か事態の改善に取り組みましたが、その間に、彼女は父親に対するとても強い怒りを表現できるようになりました。怒りの感情が彼女に生きる力を与え、それを表現することで彼女の抑うつは緩和されていったのです。そもそも彼女の抑うつは、父親に対する怒りを自分自身に向けていたため生じたものでした。

シェリーはＡＡ（アルコール依存症者更生会）に参加しました。心の痛みを遮断するためとった方法のひとつが飲酒でしたが、セラピーに通うようになって彼女は、飲酒が深刻な問題になっていることに気づいたのです。ＡＡは飲酒への衝動を鎮めるため手を貸してくれましたし、会のメンバーから寄せられた支援には、彼女がこれまで知り得なかった家庭のぬくもりが感じられました。しかし、父親を許すことの大切さを説いたＡＡのメッセージに、シェリーは混乱するようになったのです。

家を出てから、父親の姿はちらとしか見たことがありませんでした。それでも、彼女が勇気を出していとこの結婚式に出席すると決めた時には、父親はシェリーが「金を盗んだ」のをもう「許し」、両手をひろげて彼女がもどってくるのを待っているという話でした。ところが式場では酔っ払った父親がシェリーに言い寄り、彼女のそばを通るたび、自分の身体を押しつけてきました。しかも胸をつかもうとさえしたのです。これには彼女も耐え切れず、ついに式場を後にしました。「いたずらしたのを認めないのに、どうやって父を許せというの？」彼女はつぎのセッションのあいだ中、嘆いていました。「まだ同じことをしているのに、なぜ父を許さなきゃならないの？　父は全然変わってないわ！」

幼年期のトラウマを乗り越えられたのは、彼女の中にあった怒りが表に出てきたからでした。また、彼女が虐待から立ち直ろうとする際、湧き起こってくる苦痛や背徳感に向き合う勇気を与えてくれたのも、怒りでした。

明らかに、シェリーには父親を許す準備がととのっていませんでした――そしてまたこの先も、許せないままかもしれません。彼女には、怒りを通して、自分と父親を区別して考える必要がありました（幼児期における性的虐待の被害者は、加害者が親兄弟であった場合などはとくに、相手と自分を一体化して考えがちです）。自分の怒りを、たえまなく押し寄せる羞恥心と罪悪感の防波堤として用いる必要があったのです（性的虐待をはじめとするあらゆる種類の幼児虐待の被害者には、自分を責める傾向があります）。怒りはシェリーに、父親がいかに非道な人間だったかをつねに思い起こさせました。自分自身を責めはじめる時（「なぜ私は彼を止められなかったんだろう？」）には、こうして事実を思い起こさせるものが彼女には必要だったのです。

いつの日かシェリーには、「怒り」が必要でなくなる時がくるかもしれません。もしそうなったら、彼女は「許し」を実行可能な選択肢としてとらえられるようになるでしょう。しかし人はみなそれぞれ、自分の力でそうした境地にいたらなければなりません。許しとは、道徳的に正しいからという理由で他から強要されるべきものではないのです。依存症回復のためのプログラムに関していえば、人はみな各々個性をもっているので、自分なりのペースとやり方でこれらのステップを実行していくことが必要だと思います。それは、いつ、どんな状況であれば、自らすすんで相手を許すことができるのかを、自分で決めるということです。

「ごめんなさい」では足りない時

許しに対する抵抗感が、重要な意味をもっている場合があります。そうした場合には、無理に抵抗感をぬぐい去ろうとするのではなく、そうした感覚を尊重することが必要です。誰かが謝罪したからといって、必ずしもその人を許さなければならないというわけではありません。ある人にとっては、絶対に許せないという状況も存在し得るのです。たとえば殺人や幼児に対する性犯罪などは、多くの人が許されざるべき犯罪だと見なしています。そのほかにも、謝っていながら何度も同じ過ちを犯す人間には、改心が見込めないため、許すことは不可能だと思われます。

つぎに挙げるのはミーガンのケースです。彼女は結婚後まもなく夫のマックスから暴行を受けるようになりました。夫は虐待を加えたあといつも、泣いて許しを求めるのでした。「ごめんよ、ミーガン。僕を許してくれ。暴力を振るうつもりはなかったんだが、ただ腹が立っただけなんだ。もう二度とこんなまねはしないと誓うよ」

夫が謝るたび、彼女は彼を許してきました。どんなにひどい目にあっても、ミーガンには彼が哀れに思え、また、謝罪には誠意があると思ったので、許さないのは薄情ではないかと感じたのです。ミーガンは夫を心から愛していましたし、彼が心底反省しているのだと信じたかったのです。しかし舌の根の乾かぬうちに、夫はふたたび彼女を打ちのめし、部屋中小突きまわすのでした。夫はけっして変わらない——ミーガンがそんな苦しい結論に達するまで、二年かかりました。その間、彼はセラピーを受けると何度も約束し、いつも土壇場でキャンセルしました。暴行を受けずに数カ月間すぎていくこともあり、彼女はそのたびに「今度はいつもと違う」と淡い期待を寄せたりもしたのですが、堂々めぐりの二年がたった頃、ある日、ミーガンの中で何かが変わりました。

夫は私をさんざん殴ったあと、一時間ほどして寝室に入ってきました。いつものようにおどおどしている様子でした。そして、すまなかった、自分に何が起きたかわからない、何かの支援を受けようと思う、君を愛している、と話しかけてきました。でも今度はこうした言葉に効き目はありませんでした。これまでのように、苦痛に満ちた彼の声にほろりとすることも、謝罪の言葉に心が動くこともなかったのです。私はこれまでいつも、夫自身どうすることもできないのだ、夫は心から反省しているのだと信じてきました。しかし突然、彼が本当のことを言っているとは思えなくなったのです。彼の言葉がすべてまやかしのように聞こえてきて、ショックでした。ずっとだまされてきたような気がしました。夫はじつはまったく反省していなかった、謝罪の言葉はうわべだけ、中身は空っぽだった、私にはそんなふうに思えました。彼を許さないと決めたのはその日です。許しの時は終わったのです。

その晩、夫が寝ているあいだにミーガンは家を抜け出し、二度ともどることはありませんでした。一年前の出来事です。その時以来ミーガンは人生を立て直すべく努力をかさね、夫のもとにもどりたいという衝動に駆られながらも、誘惑に負けないよう戦っています。

前回会った際、ミーガンは私にこう言いました。「周囲の人から、マックスのしたことを許すべきだと言われると、とても腹が立ちます。この二年間、彼を許してきたせいで私に何が起きたかなんて、彼らにはわからないんです。それに今の私には彼を許す余裕がないことも理解できないんでしょうね。もし彼を許したら、彼の行為をまた弁護してしまいそうなんです。決意が揺らいで彼のもとにもどってしまいそうな気がします」

さらに時間と距離を置くことで、ミーガンは別れた夫を許せるようになるでしょう。しかし今の彼女に必要なのは、夫に対し心を閉ざすことです。誰に彼女を責めることができるでしょう？

許しを期待することが、侮辱行為になる場合

自分自身、あるいは誰かに許しを期待することが、実際には、侮辱行為にあたる場合があります。もしあなた自身、あるいはあなたの愛する人が、ナチスドイツの強制収容所に入れられて、親しい人たちが無惨に死んでいくのを毎日目のあたりにしたとしたら、また、ヒトラーの部下らによる拷問や飢え、辱めといった蛮行に苦しめられてきたとしたら、あなたはヒトラーのことを許せるようになりたいと思うでしょうか？　おそらく、かなりの努力と精神力があれば、多くの若者が時代の熱にうかされていたのだとか、強制的に仕事に従事させられていたのだと考えられるようになり、収容所の看守をも許せるような境地にいたることができるかもしれません。けれど、あなたは本当に自分が、ヒトラー自身を許せるようになると思いますか？　ティモシー・マクベイ〔訳註・

一九九五年のオクラホマ州連邦政府ビル爆破事件犯人（一六八人が死亡）はどうでしょう？　自分自身、または人が誰かを許せないことに対して厳しい批判の目を向ける前に、こうした状況について思いをめぐらし、自分の反応に正直になってください。

ホロコーストの生存者の多くは、ヒトラーやナチス指導者たちの残虐さを許すことは、彼らの行為を是認したり大目に見たりすることになると訴えるでしょう。こうした感情は、暴力犯罪やむごい幼児虐待の被害者たちが抱くものと同じなのです。

許しが不健全な場合

許しは、関係者すべてに癒しをもたらすものだとされています。しかし実際には許しが有害な場合も数多くあるのです――いえ、むしろ、間違った許しは有害だというべきでしょう。たとえば家庭の調和を保つため、家族間で、あるメンバーが他のメンバーを許すよう強いられる時、家族はそのメンバーを、家族全体のためと称して、じつは犠牲にしているのです。その犠牲者が子どもであれば、当時の記憶は鮮明に心に焼きつけられるでしょう。

私の著書『親と絶縁する』には、つぎのような感想が寄せられました。

兄は子どもの頃のいじめについて、私に謝ったことがありません。約一〇年間、私は彼の横暴に耐え、ほぼ毎日繰り返される精神的・肉体的虐待に耐えつづけました。起きた時から寝る時まで、兄は私をいたぶりつづけました――私を小突きまわし、叩き、床にねじ伏せて腕や足をひねり、召使いのようにあれこれ命じました。両親は、私がなぜ兄との関係を断《た》ったのか理解していません。彼らは私がすべてを水に流して、自分の人生を歩むべきだと考えています。何年たっても昔のことを恨みつづけるなんて馬鹿げているし、心が狭いと言うのです。

でも、長いこと懸命にセラピーに取り組むうちに、自分には怒る権利があるんだということがわかったんです。兄と両親に怒りをあらわすという権利です。結局のところ、両親は黙認してきたんですから。兄のしていることに背を向けて、それを「やんちゃな行為」としてかたづけたんです。しかもいまだに兄の行ないを大目に見ているんです。

親を喜ばせるために兄とつき合うつもりはありませんが、子どもの頃彼が私にしたことは許していません。兄自身幼かったし、家庭が荒れていたせいで彼はあんなまねをしていたんですから。でも、大人になっても私や他人にしていることは許せません。もう私を押し倒したりすることはありませんが、精神的に攻撃してきますし、周囲の人すべてを傷つけています。

兄の前妻は彼の暴力に耐えかねて家を出てしまいました。今の奥さんにも同じことをしていると思います。兄が自分に問題があることを認め、それを解決するため何かの助けを得ようとするまでは、彼のそばにいて危険な目にあいたくはありません。それに、家族が否定してかかっていることに関わりたくないのです。家族全員が存在しないと言っているものを、どうやって許すことができるんですか！

家族内の誰かひとりを守るため、また、家族内ににせの調和を生み出すため、あるメンバーの苦しみや現実を否定すれば、被害者になったメンバーに不当な重荷を押しつけることになります。その結果、現実問題として、彼/彼女に被害が及ぶことになるのです。

家族をひとつにまとめ直そうとする努力が、犠牲になった子どもの幸せを考えた結果のものではなく、大人が自分の罪悪感からのがれるためのものにすぎないことがよくあります。しかしこれでは、子どもを精神的に見放すも同然です。ここでも家族が、大人の都合を子どもの必要性より優先させたり、ひとりの子どもの都合を別の子どもの必要性より優先させたりしているのです。家族から続けざまに見放され、裏切られることによって被害者は、はかりしれないダメージを負うでしょう。

問題行動を起こしたメンバーへの「偽りの許し」もまた、家族が精神的に成長するのをさまたげます。加害者であるメンバーが更生のプロセスを踏み出し、心の中の羞恥心や罪悪感から解放されたいのなら、自分の行為を直視し、その結果として人に与えた苦痛を認めなければなりません。いっぽう家族の他のメンバーも、問題となった出来事を誰も防いだり解決したりしようとしなかったという、ことの真実を直視することが必要です。

被害をこうむった人にとっては、暴行や虐待行為がたしかにあったと認めてもらうことが、癒しとなります。危害を加えた側の人間が、事実を否定しつづける人間から「偽りの許し」をもらうより、それははるかに大きな癒しとなるのです。許しという行為が、個人の現実認識を否定するものであってはなりませんし、悪しき行為を大目に見たり、それを弁護するものであってもなりません。私たちには、危害を加えた者に、自分の行動に関する説明を求める権利があるのです。そして、問題行為があったと認めてもらう権利、当事者から謝罪や反省の言葉をもらう権利があるのです。こうした重要な権利を否定するのは、被害者から人間性を奪うようなものなのです。

あなたがまだこれらの権利を主張していないなら、あなたを傷つけた人間に謝罪を要求するか、自分が与えた苦痛を認めるよう求めてください。そしてもしその人が拒否したら、相手が謝罪を保留している以上、あなたにも許しを保留する権利があると思ってください。

神の許しvs人間の許し

しかしそれでもなお、あなたは精神的《スピリチュアル》な意味で人を許すことができるのです。人を直接的に許すこと（現実の行為に許しを与えようとすること）と、心の中でその人を許すことは、違うのです。あなたには、相手の過ちを帳消しにしてあげなくても、怒りに駆り立てられたり過去にしばられたりしない、同情と共感の境地にいたることができるのです。

精神的《スピリチュアル》な許しとは、受け入れがたい邪悪な行為を容赦したり弁護したりすることではありません。私がそうした心境にたどりついたのは、幼い頃私に性的虐待を加えた男を許すことのできた時でしたが、私は彼の行為を大目に見たのではありません。彼のしたことは卑劣で、私はひどく傷つきました。彼に会って問い詰める機会があればよかったのですが。それができない私は、セラピーで、自分の怒りに対処しました。

ところが、怒りは克服できても、許しに近づくことはありませんでした。幼児虐待の被害者と長年かかわってきたため、彼らの体験談を聞くことで、幼児虐待、とくに幼児に対する性的虐待は許しがたい行為だという信念が、いっそう強固なものになっていたからです。

したがって私には、この男を許そうと努力したこともなければ、許そうという意欲を感じたこともありませんでした。彼を許せるようになるには奇跡が必要だったのです。その奇跡がおとずれたのは、自分もまた人をしいたげ、人に害をおよぼしてきたのだという学びを通して、虐待の加害者に同情や共感を抱けるようになった時です。その後、ＥＭＤＲ〔訳註・眼球運動を用いた、外傷後ストレス障害に対する治療法〕として知られる心理療法で得た洞察や、一連の宗教的体験を経て、神は地上のあらゆる人のあらゆる罪を赦《ゆる》しているという、一大転換とも言うべき気づきにいたることになりました。その行為がいかに悪質であれ、いかに残酷であれ、人はみな赦されていると気づいたのです。こうした経験の中で私は、自分が人に与えてきた害悪もまたすべて赦されているのだという結論にいたったのです。

そしてまた別の機会に別の方法を通して、私は自分がこの世の他の人間より優れていることもなければ劣っていることもないのだと知りました。私はイメージの中で、幼い頃自分にいたずらした男の隣りに横たわり、そんな気づきを胸の奥で感じ取ったのです。彼と私はまったく同じ、ふたりのあいだに違いなどありません。私たちはともに誰かを傷つけてきたのです――そして私の中の残虐さは、彼のもつ残虐さと同じくらい危険なものなのでした。

これらの体験がいっしょになって、私を決定的に変えました。神の目からすれば私たちはみな同じ存在であると、私は今、理解しています。私たちはみな罪人であるかもしれませんが、罪人はみな赦されるのです――絶対に。

そうは言ってもある人の犯した罪は他の人が犯した罪よりたしかに重いではないか、あなたはそう思っているかもしれません。私はここで、あなたの信念を変えてもらおうとしているのではありません。私はただ、得ることができて幸せだと感じた貴重な精神的洞察を、あなたにも伝えたいだけなのです。

ここで述べているのは、人は自分の過ちを償わなくてもいいという意味ではありません。また、罪は容赦されるべきだという意味でもありません。私たちはさまざまなかたちで自分の責任を取るべきですし、取ることになるのですから。

＊　＊　＊

許すべき時があり、また、許しを保留すべき時があります。誰かを許そうとすることで、許さないままでいるよりあなたに害が及ぶなら、それは許すべき時とは言えません。許しによって得られる恩恵は否定し得ないものですが、許さないことが今の最善の選択肢となる人もいるのです。

結局のところ、自分に相手を許す準備ができているのか、自分はすすんで許そうとしているのか、そして許すことができるのか、それらを判断するのはあなた以外にあり得ないのです。誰かに強いられて間違った許し方をしたり、許せないことを誰かにとがめられて心を痛めるようなことがあってはなりません。しかるべき時に、許しはあなたのもとにおとずれます。その時あなたの人生は変わるでしょう。それまでは、今の自分を認めてあげてください。

第4部 謝罪の求め方を学ぶ

第8章　沈黙がつねに金であるとはかぎらない

怒りは、それを生んだ出来事より、害に満ちている場合がある――イギリスのことわざ

❦原則8――自分を傷つけた人間に謝罪を求めないで黙っているのは、人を傷つけて謝らずにいるのと同じくらい、人間関係に支障をきたす

謝罪すること、謝罪を受け取ることが、私たちの心と身体の健康にとって欠かせないものであるのと同様、謝罪を人に求めることもまたきわめて重要な行為です。自分がどれほど傷ついたか相手に知らせないまま、黙りこんだり、憤りをつのらせたり、その人を避けたりしていると、人間関係に多くの問題をもたらします。それは、あなたが誰かを傷つけて謝らずにいる場合と同じです。

自分に非がある時はそれを自ら認め、誰かを傷つけた時は相手にちゃんと素直に謝ることができると、あなたは自負しているかもしれませんが、そんなあなたでも、もし、自分は誰かに謝ってもらわねばならないと感じているのに、それを相手に伝えられないとしたら、素直に謝ろうとしない

人と同じくらい、人間関係を悪化させることになるでしょう。そのうえ、あってしかるべき謝罪を相手に求められないせいで、相手のもつ、責任を回避したがる性向を結果的に助長することになるのです。また、黙ったままだと、他の人たちもあなたに対して、無神経、利己的、ひどい場合は虐待的な態度を取るようになるかもしれません。

こうしたことは相手側が、あなたの気分を害するようなことを自分がしたとはまったく気づいていない場合に、しばしば起こります。あなたにとっては心臓をナイフで貫かれたかのような出来事でも、相手にとっては何でもないことだったのかもしれません。彼／彼女は、ふたりのあいだに何かが起きたことにさえ、気づいていないのかもしれません。

私のクライアントのケリーがそのいい例です。彼女は先日、親友に傷つけられたと言って、怒りながらセッションにやってきました。親友が子どもの愚痴をこぼし、こう言ったそうです。「あなたに子どもがいないのはいいことよ。自分がどんなに幸運か、あなたにはわからないでしょうね」

ケリーは打ちのめされました。「赤ちゃんを授かろうとして私たち夫婦がどれほどがんばってきたか、彼女は知ってるはずよ。それに、子どもができないことで私たちが悩んでいることも知ってるわ。それなのになんであんな無神経なことが言えるのかしら！　この一週間、私は彼女を避けているの。電話にも出ないし、もうつき合うのをよそうかと真剣に考えてるぐらいよ。あんな無神経な人とつき合っていく必要がある？」

私たちはこの問題について話し合い、私はケリーに、あの時の言葉がどれほど自分を傷つけたか彼女に伝えて、謝ってもらってはどうかとたずねました。するとケリーはかっとなり、自分には謝罪を求める義務なんてない、友人の方から謝ってくるべきだと反論しました。「どうして私がへりくだって、彼女に歩み寄らなければならないの？　悪いのは彼女の方よ。向こうから頭を下げてくるべきだわ」

「でも彼女は自分のしたことに気づいていないのかもしれないでしょう？」私がそうケリーに言うと、「わからないわけないじゃない。それに、もし気づいてないとしたら、それこそ彼女は無神経だってことよ」と言い返されました。この点に関してケリーと話し合うのはやめ、私は彼女に、友人とのつき合いをつづけるかどうかは別としても、やはり胸の痛みを伝える方が、気分はずっとよくなるのではないかと告げました。

その後私たちはほかの問題について話し合い、ケリーの友人やこの出来事について触れないまま数週間がすぎました。やがて三回目のセッションが終わった頃、ケリーは私に、あの時の辛辣《しんらつ》な言葉について友人と話し合ったと言いました。

だんだん寂しくなってきて、たぶん彼女は私を傷つけたことに気づいてないんじゃないかと思えてきたの。電話の録音メッセージを聞くと、何が起きたかまったくわからなくて、彼女はずいぶん混乱しているようだったわ。私は彼女に電話して、話がしたいって言ったの。彼女はすぐにやってきたわ。あの時の言葉がどれほど私を傷つけたか話すと、彼女はしばらく困った顔をして、こう言ったの。「私、そんなこと言ったの？　なんて無神経なことを！本当にごめんなさい。あなたが傷つくのは当然よ。すごく赤ちゃんをほしがっているんだもの。とんでもないまねをしたわ。自分がそんなことをしたなんて考えもしなかった」

簡単だったわ。二、三分ですべてがかたづいたの。彼女が反省したのはわかったし、無神経だって問題もたいしたことじゃなくなったの。今思えば、友人関係を終わらせたいなんて言ったのも、無神経な発言よね！　なぜ自分が傷ついたか、思いきって彼女に話せて本当によかったわ。

最初の一歩を踏み出して、自分がどれほど傷ついたか相手に知らせることで、徹底的に話し合おうという大きな勇気と強い意志を示すことになります。また結果的に、相手の人間にあなたが何を好み何を嫌うのかについて大事な情報を与えることになるので、相手がふたたび同じかたちであなたを傷つけることはなくなるでしょう。さらに、相手のしたことにいら立ったり、謝るだけの礼儀をまるで示さないことに悶々としていた時より、あなたの気分はずっと軽くなるでしょう。

ケリーのように、相手に謝罪を求めて状況をはっきりさせた人たちは、こうした行動が身についていくものです。相手を悪者あつかいするよりも、自ら行動を起こして誤解を解く方が、気持ちが楽になるとわかったからです。友人と仲直りしたことで、これと似たような状況に対処する時のケリーのやり方は大きく変わりました。今では誰かに傷つけられると、彼女は相手にそのことを告げ、謝ってもらっていない場合は謝罪を求めています。こうした、人との新しいつき合い方のおかげで、ケリーは以前のような怒りっぽい人間ではなくなり、人とのトラブルもずっと少なくなりました。

あなたを傷つけたことに相手が気づいているのに、謝ろうとしない場合であっても、こうやって最初の一歩を踏み出すことが賢明な対処の仕方なのです。相手の過ちを明るみに出し、その件であなたがどれほど苦しんだか相手に説明することで、過ちを犯した側の人間が自分を振り返るようになり、自責の念を抱きはじめることがよくあるのです。そしてその結果、彼/彼女はあなたに対して、真の謝罪ができるようになるかもしれません。

たとえ相手が謝ろうとしなくても、あなたの努力が無駄になることはありません。自分の気持ちを声にすることで、彼／彼女の行為をありがたく思っているわけでも、正しいと認めているわけでもないと、はっきり伝えることになるからです。こうしたメッセージは相手にとどくものです。彼らのプライドが高すぎ謝ることができなくても、あるいは自分の非を認めることができなくても、ふつうの人なら、あなたの前で同じことは繰り返さなくなるはずです。

それでもなお、あなたを不快にする態度を取りつづける人たちは、あなたに強烈なメッセージを送っているのです。あなたの願いは尊重しない、あなたのことは大事にしないというメッセージです。この時あなたはその人物に関して、また、その人物とのかかわり方に関して、貴重な情報を手に入れたことになるのです。この情報にしたがうかどうかはあなたしだいですが、もしあなたに自尊心があるのなら、おそらく、その人とのつき合いをひかえるか、もしくはいっさいつき合うのをやめてしまうのではないでしょうか。

謝罪を求める前に、許す心の準備がととのっていること

できることなら許しに向かっていきたいという気持ちがないなら、相手に謝罪を求めてはいけません。そうでなければいくら謝罪を求めても、たんなるあなた側の示威行動という不毛な結果に終わってしまうでしょう。あなたにとって謝罪を求めることの本質とは、心を開いて許しに向かっていけるよう、自分に害をあたえた人間が本当に反省しているかどうかを見きわめることにあるので

す。自分の主導権を実感するために相手を無理やりひざまずかせることが、謝罪を求めることの本質ではありません。

謝罪の言葉を聞くことで相手を許しやすくなるのは事実ですが、あなたの側も、相手のことを許そうという気持ちでいなければなりません。そうでないと、相手がどんなに心をこめて謝っても、あなたには許すことができないでしょう。あなたのプライド、怒り、復讐心が邪魔をして、立ち直りの機会を自ら台無しにすることになります。おそらく同じ相手に二度、あなたが謝罪を求めることはないでしょうし、相手側も謝るのは一度だけでしょうから、謝罪を求める前に、許すための心の準備を必ずととのえておいてください。

謝罪の求め方

もしあなたが、自分は誰かに謝ってもらわねばならないと感じているなら、謝罪がないことをくよくよ考えたり怒りをつのらせたりしないで、つぎのように相手に求めてください。

1　「あなたは私に、……のことで謝るべきだと思います」、あるいは「あなたを許すために私は（あなたと和解するためには）、あなたに謝ってもらわなければなりません」と言って、話を切り出す。

2　相手には謝る義務があると思う理由を具体的に挙げて、その人が何かをしたせいで、あるいは何かをしなかったせいで、自分がどんな被害をこうむったかを説明する。

3　相手を許すためには、謝ってもらうことの他に何が必要かを伝える（たとえば「二度としないと誓ってほしい」「なぜ自分がこんなことをしたのか理解してもらうため、あなたには専門家の力を借りてほしい」と告げる）。

謝罪を求めることで、あなたは相手の人物に、「疑わしきは罰せず」の原則でかかわることになります。相手を悪人だと決めつけたり、好ましい方向に変わっていくチャンスを相手から奪ったりせず、彼／彼女があなたを傷つけたこと、あるいは失望させたことに気づかせてあげるのです。

ある不当な行為について当事者と話し合うことの意義を、過小評価しないでください。コミュニケーションを取ることで、人は、誰かに指摘されなければ気づかなかったような観点から、自分の行動を振り返るようになるのです。こうした出来事がきっかけとなり、彼／彼女は自分の態度をわびるだけでなく、同じ間違いや過ちを二度と繰り返さないようになるでしょう。また、似たようなかたちで傷つけてきた他の人たちについても、思いをめぐらせるようになるかもしれません。その結果、自分の過ちを認め、その人たちに許しを求めるようになるかもしれないのです。

誰かに謝罪を求めようとする時、つぎのアドバイスを参考にしてください。

1　要件は取捨選択してください。ささいな過ちや失言を取り上げて、謝罪を求めてはいけません。本当にあなたを傷つけた事柄、あるいはお互いの関係にダメージを与えた事柄にしぼってください。

2　高飛車な態度や独善的な態度で、相手に接しないでください。誰かを誤解すること、あるいは、誰かの行為を間違って解釈することは、あなたにだってあり得るのですから。

3　謝罪を求める前に、そうすることで自分は何を得たいのか、はっきりさせておいてください。たとえば、こんなふうに自分にたずねてみてください。

*自分はどんな方法で相手に謝ってもらいたいのか？（直接会ってなのか、手紙でなのか）
*相手からどんな言葉が聞きたいのか？（「ごめんなさい」「謝ります」「許してください」など）
*何らかのかたちで償ってもらうことも必要か？（金銭的な補償、同じことを繰り返さないという誓約、セラピーを受けるといった特別な行動、その後「自分は変わった」ということの実証など）
*相手に誠意があるかどうか、どうやって判断したらいいか？
*相手が何か教訓を得たかどうか、どうやって判断したらいいか？

自分の痛みに触れる

ただたんに「私はあなたのことで怒っている」と言うだけでは、相手を身構えさせることになります。そうした怒りの下には、たいてい痛みが隠れているものです。もしあなたが自分の痛みに触れ、なぜ自分は謝ってもらうべきなのか、その理由を相手に告げることができるなら、彼／彼女はガードをゆるめ、あなたの言葉に耳を傾け、あなたに共感を抱くようになるでしょう。では、つぎに挙げるふたつのセリフの違いに注目してください。

1　「ゆうべは、なんで電話してくれなかったんだよ？　本当に頭にきてるんだ」
2　「ゆうべは電話してくれなかったから、すごく傷ついたよ。わけを説明して謝ってほしいんだ」

最初のセリフでは、相手は攻撃から身を守ろうとして身構えてしまうでしょう。誰だって人に怒られたくはないのですから、このセリフに対して私たちは、電話しなかったことを謝るより、自分を守るか、あるいはとにかく相手の怒りを鎮めようとするのです。

いっぽう二番目のセリフはあまり断定的な表現ではなく、先のセリフとはまったく異なる反応を相手から引き出すことになるでしょう。「あなたの態度が私の心を傷つけた」と言われたら、たいていの人が面食らうものです。そして相手の傷を癒そうとして、すぐに謝りたいという気持ちになります。自己防衛しようとせず、自分の心の弱さを隠さずに表に出すでしょうし、自分を守るためではなく、傷つけるつもりはなかったという事実をあなたに知ってもらうために、電話をかけなかった理由を説明することになるはずです。

心が傷ついたと認めることは問題の核心部に触れることなのですが、そう認めることで、あなたは無防備な自分を相手に見せざるを得なくなります。これは多くの人にとって不愉快なことでしょう。つまり怒る方がはるかに楽なのです。もしあなたが、そのまま被害者意識におちいったりせずに自分の怒りを表現できる人なのであれば、人に怒りをぶつけるよりもむしろ自分の弱さを実感しそれを表現する方が、他者との対話はずっと建設的なものになるでしょう。

謝罪を求めることは、正しい自己主張を行なう方法でもあります。「あなたは私を傷つけた」、この事実に相手の目を向けさせることで、誰であっても自分を不当にあつかうことは許さないというメッセージを送ることになるのです。つぎに挙げる体験談が物語るように。

●大きな勇気と強い自尊心をもった少年

私が指導する患者グループのある女性が、自分の息子がいかにして教師に謝罪を求めるにいたったか話してくれました。その教師は彼女の息子をクラスの前に立たせ、自分が教えようとしていることを彼は「まるでわかってない」と言ったそうです。息子は屈辱を覚えましたが、その屈辱感をないがしろにせず、彼女のその言葉で自尊心を奮い立たせ、どうにかしようと決意しました。

数日たった放課後、彼は自分の採点ずみテストの束を抱えて、教師のもとへ談判に行きました。「ブラウン先生、僕が先生の教えていることをちゃんと理解してるって、思い出してほしいんです。それを証明するためのテストがここにあります」教師はテストを見て、彼の言葉を認めました。「あなたの言うとおりだわ、トミー。このテストを見れば、あなたが授業をちゃんと理解してるってわかるわ。あんなことを言うべきじゃなかったわね」しかしそれだけでは、この勇敢な少年は満足しませんでした。彼はみんなの前で謝ってくださいと要求したのです。彼の勇気と決意に感動して、教師はそのとおりにしたそうです。

教師はあとで母親に言ったそうです。「トミーは、自分のことは自分でできる、勇敢な少年ですね」と。

教師の暴言に目をつぶらず、自分の意見をはっきり声に出すことで、トミーは傷ついた心を自ら修復し、自分の権利を守る方法を見出したのです。

音信不通になった人に謝罪を求める場合

謝罪を待ち望んでいるのに、相手と連絡がとれなくなっていたり、相手がすでに亡くなっているため、その可能性がほとんどないという人たちがたくさんいます。残念なことに、すべての人が、自分を傷つけた人物から謝罪を受け取れるわけではありません。しかしだからといって、彼らが、謝罪のもつ癒しの恩恵を受けられないというわけではありません。つぎの方法を用いることで、実際に謝ってもらうことのできない人も、癒しの力を経験することができるでしょう。

【……エクササイズ……】想像による謝罪

A　あなたに害をあたえた人に「手紙」を書き、行為のあらましを記して、彼／彼女に謝罪を求めてください。

B　つぎに、その人の視点に立って「返事」を書き、そこに、あなたが聞きたいと願ってきた言葉を記してください。こんなふうに返事してほしかった、と思う内容でいいのです。たとえば、彼/彼女がどんなに自分のしたことを後悔しているか、死ぬ前にどんなにあなたに謝っておけばよかったと思っていたか、といった内容です。

このエクササイズで受け取る謝罪は、実際に受け取る謝罪と同じくらい心地よかったと多くの人が報告します。実際あなたがどう感じるかはわかりませんが、相手の返事をありありと想像することによって、謝罪を求めることで得られる恩恵、相手に共感を抱くことで得られる恩恵を実感することができるでしょう。

＊　＊　＊

謝罪の求め方を学ぶのは、謝罪の行ない方を学ぶのと同じくらい重要であり、また、むずかしいことです。自分を傷つけた人間に面と向かい、自分がどう感じているか知らせるには勇気が必要なのです。また、自分をしいたげた人から遠ざかったり、つき合いをやめたりして問題をうやむやにするのではなく、あらゆることをはっきりさせるには、お互いの関係に対する真摯な態度と思いやりが必要です。謝罪を求める目的が、こうした態度であつかわれたくないと相手に知らせるためであっても、あるいは、怒りに固執して相手との人間関係を駄目にしたりしたくないためであっても、あなたの動機には価値があり、努力するに充分値するものなのです。勇気を出して相手に謝罪を求めてください。

たとえ最初は思いどおりの結果が出なくても、謝罪を求めていこうという勇気がもてた自分を、ほめてあげてください。

第5部

謝罪を通してあらゆる人間関係をつくり変える

第9章 自分自身との関係を癒すには

人を知る者は智なり、自らを知る者は明なり――老子

なぜ兄弟の目にあるちりを見ながら、自分の目にある梁《はり》を認めないのか
――「マタイによる福音書」七章三節

謝罪には、私たちすべての者を、素直で、哀れみ深く、成熟した人間に変える力が宿っています。本章では、自分の行動の責任を認めること、謙虚さを学ぶこと、自分の欠点を受け入れること、そして自分を許すことで、私たちがいかに自分自身との関係を癒すことができるかを、探っていきます。自分自身との関係とは、じつはもっとも大切な関係なのです。

謝ることを通して私たちは、自分の言動には必ず何らかの結果がともなうということを実感します。そして完璧な人間になる必要はないこと、他者および自分に対して寛容になることを私たちは謝罪から学びます。これから述べるすべての教えは、一生のうちで学び得る、もっとも重要な教えなのです。

責任を認めるという教え

自分の責任を否定したり人を責めたりせず、自らの責任を認めることで、私たちはあらゆる人間関係を変えていくことができます。その中でもっとも大切なのが、自分自身との関係です。高潔な行ないをする時――自らの責任を受け入れ、自分が傷つけてしまった相手に謝る時――あなたは自分自身を尊敬できるようになり、あなたの自尊心と自信は深まります。

なんとか立場を逆転させて、相手に責任をなすりつけようとする人たちがいます。彼らはこう言います、「彼女のせいで私はあんなことをしたのよ」「彼が無理強いしなければ、ああならなかった」。責任逃れや責任転嫁することで、自分の行動がどんな結果を生んだかを見とどけずにすむ場合もあるでしょうが、そのことでまた、否定的な結果が生まれることになるのです。

責任回避と責任転嫁によって生まれる否定的な結果とは、まず最初に、私たちが失敗から何かを学べなくなり、人間的に成長することができなくなるという点です。もっとも意義深い心の変化は、人に害を与えた結果何が起きたか、それをまっすぐ見つめた時にはじめておとずれるのです。

つぎに、責任逃れや責任転嫁をしつづけていると、人は当然、あなたに敬意を払わなくなります。人の目は節穴《ふしあな》ではありません――最終的に、嘘や言い訳を見抜き、あなたの本当の姿に気づくでしょう。

責任を認めることでもたらされる、もっとも大事な恩恵のひとつとは、羞恥心《しゅうちしん》にまつわる心の葛藤が解消されるという点です。もしあなたがとても大きな羞恥心を抱いているなら、自分の行動の責任を取って傷つけた相手に謝ることが、いちばんの打開策となります。自分の犯した過ちについてくよく考えても、傷つけた相手はもちろん、誰も救われないのですから。
後悔で胸がいっぱいだという人も、謝ることで、自分にまとわりつく羞恥心の覆いを脱ぎ捨てることができて、もう一度自分のことを前向きに見られるようになります。自分自身の目から見て、名誉を回復できたと思うのです。

自分の行動の責任を認めることは、あなたにこうして真のプライドと自尊心の感覚を植えつけることになります。その瞬間は恥ずかしくても、すぐにその恥ずかしさは（誤ったプライドではなく）自尊心と真のプライドにとって代わられるのです。

相手の反応を尊重するという教え

私たちの多くは、自分の注意を外に向けて生活しています。トラブルがあるといつも、他者の中に落ち度を探したり、人を責めたりしがちです。しかしこれは安易な抜け道にすぎません。誰かと意見が分かれたり衝突したりするたびに責任転嫁したり、自分自身を見つめて落ち度はないか確かめることなくまわりを責めるのでは、あまりに安易すぎはしないでしょうか。外にばかり注意を向けていると、私たちは、健康的な、そして本当の意味で親密な人間関係を築けないだけでなく、内省と自己評価によって得られるはずの洞察と人間的な成長まで失うことになるのです。

意図的・意識的であろうとなかろうと、自分の行為によって誰かの心が傷ついたのであれば、私たちには、お互いのあいだに生じたトラブルを解決し、相手の反応に心をくばる義務があります。しかしこの考え方には賛否両論あるでしょう。なぜなら、他者がどんな反応を示そうと、それに対して私たちには何の責任もないと考える人々もいるからです。

たとえば一九六〇年代のヒューマン・ポテンシャル・ムーブメント（人間の潜在能力回復運動）や一九七〇年代、八〇年代のニューエイジ思想および精神世界の思想では、人はそれぞれ反応の仕方を自ら「選ぶ」のであって、第三者が人に何かを感じさせることはできないという考えを支持しました。そして、この「私たちは自ら、自分にとっての現実を選びとっている」という思想は、現在、多くの人（とくに若い人）に、「好きなことは何でもできる、人の反応など気にしない」というふうに解釈され、彼らの生活信条となっているのです。「あなたの行動で親が困っているのを見てどう思う？」と、今日の若者にたずねると、彼らはたいていこう答えます。「気にしてない」あるいは「困ってくれと頼んだ覚えはないよ」と。

他者の反応や感情の変化に対して何の責任もないという考え方に、何かしら真実があるとしても、私たちは実際、自分の行動とその結果に対して、責任を負わなければなりません。人を傷つけたり、不安にさせたり、怒らせたりした原因が自分の態度にあるのなら、私たちには、その人が示した反応に対処しなければならないのです。

わざとであろうとなかろうと、もし私が誰かの心を傷つけてしまったら、その人が私の態度でなぜ傷ついたか、そのわけを説明するあいだ、黙って彼／彼女の話に耳を傾けます。それが私にとって、相手に敬意と思いやりを示すことです。話を聞いた後で、自分の行動の責任を認め、謝ることができますし、あるいは、せめて一言、自分に悪気はなかったが、結果的にあなたを傷つけることになってすまないと、釈明することもできるでしょう。

『人間とは許しの存在である *To Forgive Is Human*』の著者で心理学者のM・E・マカルー、S・J・

サンデージ、E・L・ワージントンは、今日では、正しい行為と悪い行為に関する、明確で一貫した規範をもつ共同体（コミュニティ）で暮らす人は、ほとんどいないと述べています。罪悪感を覚えたとしても、自分が過ちを犯したかどうかがすぐわかるコミュニティなりの基準といったものが、もはや私たちにはないのです。ですから私たちが、（法を破ることがない限り）コミュニティによる審判を体験することはありませんし、コミュニティが、自分の過ちを正していくためにはこうすべきだと、行動の指針を教えてくれることもありません。しかも、過ちを犯してしまった私たちを、そのメンバーとしてふたたび迎え入れてくれるようなコミュニティもないのです。

その結果、人が誰かを傷つけた時とはどんな時のことをいうのか、それを決めるのは、（法を破った場合はのぞいて）基本的に、個々人にゆだねられることになります。そのため今日では、誰かに自分の行動を指摘されない限り、誰かを傷つけてしまったことにまったく気づかないという人が多いのです。

●相手からの指摘をチャンスにする

あなたの行動のせいで誰かが傷つき、不安を抱き、腹を立て、その人があなたにその事実を伝えることができるなら、それはあなたにとって、自分自身について学ぶいい機会となるでしょう。プライベートであれ仕事であれ、もしあなたがその人と大事な関係にあるのなら、それはあなたにとって、お互いの信頼関係を深めるための最高の機会になるはずです。

あなたの態度の問題点をあえて指摘してくれる人がいるなら、相手のその行為を、贈り物だと思ってください。その人には、自分の感情を伝えないままあなたから去っていくという選択肢だってあったのですから。それにもし、自分の態度について誰も忠告してくれなかったら、私たちに態度を改めるチャンスがあるでしょうか？　いつまでも同じ態度を取りつづけて人に避けられ、その理由が永久にわからないままになるでしょう。

●自分の誤った行動パターンを見つける

誰かに自分の問題点をはっきり指摘されたら、人とのつき合い方――とくに日常生活における人とのトラブルに、何か共通するパターンがないか探してください。

たとえば、自分より若い人と接する時には（プライベートであれ仕事であれ）きまって、お互いのあいだに葛藤と緊張が生まれてきて、それでも相手側の若い人は、あなたの態度について何も言及しないままだとします。あなたはずっと、気まずくなるのは相手のせいだと思ってきました。若い連中は自分勝手で、目先のことしか考えない。おまけに年長者がもつ知恵の値打ちもわかっていない、と。しかしあなたは本当に、自分がいつも若い人と衝突するのは偶然だと思っているのですか？　あなたの方に問題があっても不思議じゃないのではありませんか？　あるいは若い人に、あなたを悩ます何かがあり、あなたの中で不安がひろがっていくのではないですか？

あなたを悩ませるのは、彼らの若さそのものなのかもしれません。自分はだんだん年をとっていくのに、若者には大きな未来が待っている、それが不快なのではないでしょうか。自分で定めた目標を達成するため残された時間がわずかなことを、あなたは痛切に感じはじめているのです。また、若者の身勝手さを憤るのは、若い時のあなたには、自分本位になるチャンスがなかったからかもしれません。若い時すでに他者に対して（弟や妹、あるいは自分の子どもなど）責任があったのかもしれませんし、若い時から自活していたのかもしれません。そしてまた、多くの若者がもつ権利意識があなたをいら立たせてしまうのでしょう。なぜなら、あなたは、自分のことは自分でやらなければならない、人に助けを求めたり期待したりしてはならないと教えられてきたからです。

私たちはみな、決着のついていない問題を抱えています——両親や異性に関する問題、むかし自分を無視したり、いじめたり、裏切ったりした人間を思い出させるような人に関する問題。そして誰もがつねにそうした過去の敵の面影を、今自分のまわりにいる人たちに重ねています（投影の一種）。しかし投影を行なっていると、私たちは、今つき合っている人たちの本当の姿を見ることができませんし、自分自身の行動に対して責任を取ることもできません。過去からの葛藤のせいで、今の人間関係に実際何が起こっているのか、わからなくなってしまうのです。

●どんな話にも裏と表がある

どんな話にも裏と表があり、ある状況に対する個々の認識は真実と歪曲の両方から成り立っている——こんなふうに認める勇気がもしあなたにあるのなら、当初は頭から拒否していた、自分には誰かに謝る義務があるといった考え方も、すすんで受け入れられるようになるでしょう。

自分は被害者だと思っているのに、謝るのは自分の方だと言われるのは、屈辱以外の何ものでもありません。「いったいなぜ彼女は、私に謝れと言うんだろう？　彼女の方こそ、ひざまずいて私に許しを乞うべきなのに」あなたはそう感じるでしょう。しかし、もし誰かに自分の落ち度を指摘されたら、その人の意見がどんなに的外れに思えても、そこには学ぶべき教えがあると思ってください。教えの内容は漠然としているかもしれませんが、ある程度時間と内省を重ねることで、きっと明らかになってきます。

人生の教えは、不思議なかたちで私たちの前にあらわれますし、そのメッセンジャーは自分にとって、とても迷惑な人間だったりすることがよくあります。たとえば、私たちにつきまとって、「悪いのはおまえだ」と文句を言う厄介者だったり、私たちのことを誤解ばかりしている人、私たちを始終イライラさせる人、誰よりも腹立たしく、不快な気分にさせる人だったりするのです。次回こういう人と接する時には、つぎのような質問を自分に投げかけてください。

1　自分に何か一定のパターンはないか？　過去にも人と同じようなトラブルを起こしたことはないか？　同じことが問題になっていないか？　自分は何度も同じタイプの人間（同性、同い年、似た性格）と、対立していないか？

2　この前、誰かと似たような喧嘩をしたのはいつか？　共通点は何か？

3　同じような点を他の誰かに非難されたことはないか？

4　通常、自分はどうやってトラブルを解決しているか？　けっきょく最後に謝るのは誰か？

5　トラブルの際、自分はいつも被害者側だと感じるか？　あるいは加害者側だと感じるか？

時間をかけてじっくり答えを出してください。答えを紙に書き出してみることで、あなたの過去やあなたの心理が、深くまで見とおせるかもしれません。

謙虚さに関する教え

謝ることを通して私たちは、自分の行動の責任を認め、自分の行動パターンを修正するようになりますが、それとともに、謝ることを通して私たちは謙虚さとは何かを学びます。謙虚さとは、多くの者が学ばねばならない大事なものです。私たちの中には、尊大になるあまり、自分はいつも正しいと信じ込んでしまう人たちがいます。自分のすることに間違いはない、自分ほどの知性や才能、美しさをもった人はほかにいないという、誤った自尊心を築き上げてしまうのです。

しかし謝ることによって、傲慢この上ないような人でさえも謙虚になります。被害者が相手からの謝罪を受け取ることがとても大切なのは、ひとつにはこうした理由があるからです。犯罪者や加害者があくまで自分の責任を認めようとしない場合などはとくに、被害者にとっては謝罪を受け取ることが重要なのです。加害者側の人間が、人を傷つけたうえ、さらに、傲慢な態度を取っていると、被害者は平手打ちを食らったような感じがします。加害者のその態度によって、一度ならず二度までも傷つけられたことになるのです。

加害者が謝るなら告訴を取り下げてもいいという被害者の話を、私たちはたびたび耳にします。O・J・シンプソン事件〔訳註・アメリカンフットボールのスター、O・J・シンプソンが元妻とその愛人殺害の件で、刑事裁判では一九九五年に無罪、民事裁判では九七年に有罪の判決を受けた事件〕の民事裁判で有罪判決が出たあと、惨殺されたロナルド・ゴールドマンの父親は、もしシンプソンが罪を認めたなら、法廷で定められた賠償金など失ってもかまわないと言いました。彼は何を言おうとしたのでしょう？　当時彼は、何カ月間もシンプソンの尊大な態度に耐えてきました。シンプソンの謙虚な姿が見られるのなら、それは何百万ドルにも値すると思ったのではないでしょうか。

偉い人間でいようとして、また、自分の間違いを認めまいとして、あなたが支払う代償は、結婚生活の崩壊、子どもたちや同僚から寄せられる敬意の喪失です。しかしもっとも大きな代償とは、本当の自分を失うことにほかなりません。自分のプライドを守ろうとして傲慢さという城壁を固めれば固めるほど、あなたは本当の自分との接点を失っていくのです。そして最終的に、あなたが世の中に見せている偽りの自分――いつも自信にあふれた人間、いつも正しい人間、いつも人の上に立つ人間――がすべてを支配し、いちばん安らげるはずの本当の自分は、ほぼ完全に、姿を消してしまうのです。

しかし、どんなに尊大で自己防衛的な人が築いた城壁であっても、それを打ち破る力が謝罪にはあります。人に謝る時、私たちは、傷つけた人の前で謙虚になり、謙虚になることをつうじて、自らの尊厳と人間性を取りもどすのです。

自分の欠点を受け入れるという教え

人間はみな欠点のある生きものですから、人は自分に対しても完璧さを求めることはできません。実際、自らに完璧さを求めたり、人に完璧さを求められたりすると、私たちは苦境におちいります。精神分析学者カール・ユングは、「影《シャドウ》」あるいは「影の側面《ダークサイド》」という概念を提唱した人物ですが、これは、私たちが完璧になろうとする際、自分のもつ残酷さ、強欲さ、不誠実さなどの暗い衝動を否定しようとして生み出される、自分の中の一側面です（一四六ページ参照）。

人間として私たちは自分自身の中に、衝動や潜在的行動に関する一定のスペクトル（幅）をもっているのですが、親や社会、宗教によって、そのうちのあるものは助長され、あるものは抑制されています。子どもにとって、成長する過程で特定の社会的行動を身につけるのは重要なことですが、ある行動を助長するいっぽうで、ある行動を抑制するという行為によって、個々の中に、影のパーソナリティーが形成されていきます。抑制され否定された特性は、ただたんに、直接的な表現を禁じられたからといって、存在しなくなるわけではありません。そうした特性は私たちの中で生きつづけ、心理学で「影」と呼ばれる二次的なパーソナリティーを形成することになるのです。

謝ることによって私たちは、不完全な人間になることが許されます。忍耐力や分別のなさ、了見の狭さ、身勝手さのせいで、また、あまりに相手に期待するせいで、私たちは人を傷つけてしまいます。謝ることによって彼らの傷を消し去ることはできませんが、謝ることによって私たちには、彼らに償う機会、後悔や気づかいを伝える機会、より良い人間になっていこうという決意を伝える機会が与えられます。これは完璧な人間になるという不可能な課題に取り組むより、はるかに有益なことなのです。完璧になろうとすれば、自分の中に、より大きな暗黒面すなわち影を生み出すことになるのですから。

自分の中のマイナスの特質を知り、それを認め、最終的に受け入れることで、私たちはマイナスの特質を「影」の中から取り出して、光の中へ投じることができるのです。光の中では、マイナスの特質の力は衰え、私たちをむしばんで自己批判に追い込むことはなくなります。それと同じく、「白か黒か」の考え方を乗り越えることができるなら、人は間違いを犯すことで即、悪人になるのではないということを理解できるようになるでしょう。

自分を許すという教え

自分自身を批判したり裁いたりしていると、私たちは気が滅入り、自分を変えようという意志ややる気を失って、過ちから何かを学ぶことができなくなります。と同時に、他者も私たちを批判してくるようになり、私たちは必要以上につらい状況に追いやられ、不快な人々に囲まれてしまうことになります。

謝った相手が、あなたのことを許してくれそうでもそうでなくても、あなたは自分自身を許さなければなりません。また、たとえあなたが傷つけてしまった相手に謝り、償いをし、その人から許してもらったとしても、あなたはさらに自分自身を許すよう努力しなければなりません。神、あるいは高次の力によって自分は許されていると感じる人も、自分自身で自分のことを許さなければならないのです。

死に直面した時に、人生を瞬間的に回顧する人たちがおおぜいいますが、彼らの多くがその理由をこんなふうにとらえています――神やある種の宇宙的な審判者といった存在が、彼らの行き先を天国と地獄のどちらにするか決めるため、あるいは彼らを地上にもどすかどうか決めるため、そして地上にもどすなら、どんなかたちでもどすかを決めるために、人生を回顧させられるのだと。いっぽう、死にあたって人生を回顧するのは、自分たちが何を学び、また、何を学んでいないのかはっきり理解するためだという人もいます。とくに、こうしたかたちで人生を回顧する際は、自分の行動が世界に愛を広めたかどうか、思いやりの心が学べたかどうかがはっきりわかると言います。人生の回顧は、生前のさまざまな行ないではなく、自分の抱いた感情をめぐってなされるのだそうです。他者に影響をおよぼした行動の数々が、生前かかわった人々の視点から明らかにされ、そのあいだ彼らは許しの光につつまれて、自分は神に許されたことを知るのだそうです。問題は、彼らが自分自身を許せるかどうかなのです。

●自分を許すための七つのプロセス

1　あなたに非があること、あるいはあなたが間違いを犯したことを認めてください。

2　あなたの行動がもたらした結果について書き出してください。誰をどんなふうに傷つけてしまいましたか？

3　なぜそんなことをしたのか、理由のいかんにかかわらず、自分の行動に対し、責任を認めてください。

4　あなたの犯した過ちや間違いを、創造主やあなた自身、傷つけた相手の人物、あなたが所属するグループのメンバー（自助プログラム、セラピスト、精神的指導者など）に打ち明けてください。

5　神（あるいはあなたにとっての高次の力）に救いを求めてください。

6　傷つけてしまった人に謝り、償いが必要なら最善の方法で行なってください（相手の治療費を支払う、借金を肩代わりする、など）。

7　教えを学びとってください。同じ間違いを繰り返さないよう、過ちから学ぶのです。必要なら、心理学的あるいは精神的な救いを求めてください。

もしあなたが自分の犯した過ちから何かを学び、同じことを繰り返したくないと思っているなら、もう罪悪感を抱く必要はありません。自分自身を許し、解放してあげましょう。

最後に、私たちはみな誰もがお互いに教師であると認めることが大切です。過ちを犯す人がいなかったら、許しのもととなる同情心を学ぶことはできないでしょう。苦悩は慈悲を教えるためにある——仏教にはそんな教えがあります。この教えにしたがうことで、私たちは自分の行動と向き合えるようになり、他者を傷つけた自分を許し、また、私たちを傷つけた他者を許していけるようになるのです。

第10章 あなたの過去を癒すには――ステップ1・謝罪のリストをつくる

多くの人が忘れっぽさを、清い心と取り違えている――ダグ・ラーソン

ものごとを悪くとるという長いあいだの習慣は、上っ面の正しさしか見えなくさせる
――トマス・ペイン

半分真実は全部うそ――ユダヤのことわざ

謝罪すること、そして謝罪を求めることは、私たちの過去を癒す方法としても、もっとも効果的です。過去に自分を傷つけた人間に謝罪を求めたいと願っているなら、また、自分が過去に傷つけた人、失望させてしまった人、害をおよぼしてしまった人に謝りたいと願っているなら、この章が役に立つでしょう。

中年期に入り、依存症回復のプログラムに取り組みはじめたり、または、死期が近づいているため、人生を回顧しはじめる人がいます。本章では謝罪のためのリストづくりを通して、こうした人たちが、自分の償うべき相手は誰かを見きわめられるよう、お手伝いしていきたいと思います。

人生を振り返る

中年期をすぎた頃から、多くの人が前を見るより後ろを振り返るようになります。ゲイル・シーヒーが著書『通過点 *Passages*』で述べるように、中年期とは私たちが自分の関心を内面に向けはじめる時期のことをいいます。たいていの人がこの頃までに、仕事上のキャリアも家庭も築き上げているので、未解決のままだった人生の問題に取り組むための時間やエネルギーが手に入るようになるのです。中年期とは、つぎのような課題に取り組む期間です。

*これまでの人生を振り返る。
*家族・親族との確執を解決する。
*過去の行為や過ちをわびたり、それらの償いをする。

以上のことは、命を脅かすような重い病気にかかった人、人生の終わりを迎えつつある人、重大な危機やトラウマ、病気を乗り越えた人にもいえることです。こうした時期にほとんどの人が、これまでの人生や過去に出会った人々に感謝を覚えるようになりますし、また、多くの人が、家族や友人との関係が社会的成功や物質的な充足よりも大事であると気づくようになるのです。そして、自分の人生を再評価し、つまらないいざこざには結局たいした意味がないことを悟るのです。

私の前著『転落からの祝福』で取り上げましたが、名声や信用を失うことによって得られるもっとも貴重な経験のひとつは、そうした人がこれまでの人生を振り返り、人生を再評価できるようになる点です。挫折や人生の危機、死に近づいた状態におちいった時、人は、まさに臨死体験のように、自分の人生が「目の前であっという間に通りすぎていく」のが見えると言います。

ダニオン・ブリンクリーは『未来からの生還』（邦訳、同朋舎出版）の中で、自分の臨死体験についてつぎのように語っています。「光の存在につつまれると、私は自分の人生をすべて体験しました。自分に起こったあらゆる出来事を目のあたりにし、体感したのです。まるでダムが決壊し、脳に蓄えられたすべての記憶があふれ出したかのようでした」

「荒れ狂った子ども時代」と彼が呼ぶ時代の記憶からはじまって、ブリンクリーは、他者に対するこれまでの否定的で、残酷で、自分勝手なあらゆる行動を、ひとつひとつ目撃させられることになりました。ほかの子を容赦なくいじめ、先生を殴り、自転車を盗んだ自分を目のあたりにしたのです。

ひとつの出来事が再現されるたびに、彼は、傷つけた相手の痛みをいま自分が味わっていることに気づきました。殴り合いの喧嘩を思い出した時には、相手が受けた苦痛と屈辱を感じ、非行に走った時は、両親が抱いた悲しみを体験しました。

「自分の身体がストレッチャーの上で冷たくなっている時、私は人生の一瞬一瞬を思い出していました。自分の感情や態度、その時抱いていた意志などもです」彼は、ある出来事が起こった時の、自分と相手、両者の感情を体験するだけでなく、自分の行動によって間接的に影響を受けた別の人間の感情までも体験していました。「私は感情の連鎖反応の輪の中にいたのです。その輪は、私たちがどれほど深く、お互いに影響し合っているかを教えてくれました」

ブリンクリーのように、こうしたタイプの臨死体験を経験した多くの人たちは、それは一大転換的な経験であると述べています。しかし、人生を振り返ったり償うべき人を見つけたりするために、重大な危機や挫折がおとずれるのを待つ必要はありません。

私にも、人生を振り返り、自分がこれまでどんなふうに人に接してきたかをつぶさに観察し、自分に関する真実に直面するという瞬間がやってきました。ダニオン・ブリンクリーの臨死体験ほどドラマチックではありませんでしたが、私の体験は彼の体験と同じくらい厳粛なものでした。自分がこれまで他者に与えてきた傷を鮮明に思い出し、彼らの痛みや失望、怒りを味わうことになったのです。

私はまた、自分に親切にしてくれたすべての人々を思い出しました。昔は傲慢とうぬぼれから、それが当たり前だと思い、感謝もささげず、場合によってはつらくあたってきた人たちです。また、まったく異なる角度から過去の恋愛を振り返り、いつも自分のことを被害者だと思ってきたのに、じつはほとんどのケースで、そうではなかったことに気づきました。むしろ私の方が加害者の場合さえありました。私のことを心から愛してくれた人たちがいたのに、私は彼らの愛に、嫉妬や独占欲、際限ない要求で応えていたのでした。

ブリンクリーと同様、私も人生でもっとも大切なものは愛であると知りました。私は人に愛を求めてばかりいて、人に愛を与えることができなかったのです。クライアントに理解や思いやりは示せても、愛する人にそれを示すことがありませんでした。とくに母に対しては。

あなたが人生を振り返り、その内容を吟味し、人に与えてきたダメージや痛みを自ら認められるようになるために、つぎのエクササイズを役立ててください。

【……エクササイズ……】人生を回想する（ライフ・レビュー）

A　まず、何ものにも邪魔されない、ひとりになれる場所を探してください。明かりを落とした部屋で横になるのをおすすめしますが、すわったままでもかまいません。手のとどくところに紙とペンを置き、エクササイズをはじめる前に、つぎの説明をしっかり読んでください。説明がきちんと頭に入ったら、エクササイズをはじめましょう。

1　数回、深呼吸して、心の中をからっぽにしましょう。あなたのこれまでの人生が映画になっていると思ってください。あなたは魔法のボタンをもっていて、そのボタンを押すと人生が巻き戻されます。リモコンの巻き戻しボタンと同じです。はじめて誰かをひどく傷つけてしまった時の記憶にたどりつくまで、人生を巻き戻してください。そして、その時の記憶のまま、しばらくとどまってください。当時の出来事を思い出しながら、今、自分にどんな感情が芽生えるか、注意してください。身体の位置を変えずに紙とペンを取り、その出来事や、そこに登場した人を忘れないよう、簡単にメモを取ってください。

2　紙を置いて、もう一度目をつぶってください。映画を先に進め、あなたが誰かをひどく傷つけてしまった別の時のことを思い出しましょう。ここでもまた、その時の記憶と今の気持ちをしばらく味わい、忘れないように紙にメモしてください。

3　映画をつづけましょう。そして、人生で誰かをもっとも深く傷つけた場面を見つけ、同じようにその時の出来事や今おぼえた感情をメモしてください。

4　目を開けて、これまで取ったメモを読み返し、記憶の内容を忘れないようにノートなどに清書してください。

5　記憶がまだ鮮明なうちにある程度時間をかけて、誰かを傷つけてきたことに気づいた結果、自分にどんな感情が芽生えたか、それぞれの出来事について記してください。

6　今度は相手の立場に立って、その人がどんなふうに感じたか、できうるかぎり想像してください。相手が感じたであろう痛みや屈辱、怒りを味わってみてください。

7　それぞれの記憶の中で、重要だと思った出来事に○印をつけてください——相手に謝らなければならないと思う出来事とか、相手をひどく傷つけたことに気づき、あなたがとても大きな羞恥心《しゅうちしん》や罪悪感、苦痛を感じた出来事などです。あなたなりのやり方で、まず最初に謝らねばならないのが、そうして印をつけた出来事に登場した人たちです。

B　ノートや日記に、相手の視点に立った時のことを書いてください。あなたが何かをしたせいで、あるいは何かをしなかったせいで、その人は精神的にどんな影響を受けたのか記すのです――どんなふうにあなたは相手を失望させ、傷つけ、怒らせたのでしょうか。相手の視点に立って、あなたの行動がその人のその後の人生に与えた影響を、できるだけくわしく記してください。つぎに挙げるのは私の例です。私の場合、相手はこんなふうに感じたと思います。「ビヴァリーのせいで、私は人を信じられなくなった。何年間も人とつき合うことができなかったし、たとえつき合えたところで、心を開いて相手を信じることができなかった」

なかなか相手に感情移入できない方もいるでしょう。このエクササイズを、他者に共感できるようになることを学んでいくための練習にしてください。他者の立場に自分を置いて、彼／彼女が感じたであろう内容を想像するだけでなく、その後その人が経たであろう経験をあなたも心の中でたどってみるのです。

C

ライフ・レビューを行なうことで、自分が人にどんな影響を与えてきたか気づいたり、これまで人にいかに冷たい態度を取ってきたかを突然思い出したりするのですが、そのほかにも、これまでけっして向き合うことのなかった自分についての真実に向き合えるようになる人たちもいます。時間を取ってつぎの質問に答えてください。答えはノートや日記に書いてください。

1　人生を回顧することで、あなたは何を学びましたか？

2　人生を回顧することで、あなたの中にどんな変化がありましたか?

ライフ・レビューの作業には、ある程度時間が必要です。ですから、いっぺんに終わらせるのではなく、人生をいくつかの時期に区切って、ひと区切りずつ振り返るのもいいでしょう（たとえば、子ども時代、二〇代、三〇代などに分けてもいいでしょう）。

また、ある特定の記憶に対してひじょうに気持ちが昂《たか》ぶるため、エクササイズを中断して、その記憶を完全に消化しなければならない時が出てくるかもしれません。もし一度でもそんな状況がおとずれたら、あとで必ず再開すると心に誓って、ひとまずエクササイズを中止してください。

しかし、最大限効果を得ようと思うなら、エクササイズに熱中している時の姿勢や感情的な勢いを持続させる必要があるので、あまり長く時間をあけすぎないようにしてください。

謝罪のためのリストをつくる

人生を振り返るといった、労力を要する作業に時間を割きたくない、あるいは、誘導式のイメージワークではうまくいかないという方には、別の方法があります。謝罪する人のリストをつくるという方法です。これまであなたがいろんなかたちで傷つけたり、裏切ったり、落胆させたり、無視したり、害を与えたりしたすべての人を挙げ（先につくったリスト〔二六ページ〕を参照してください）、あなたが彼らをどんなふうにあつかったのか簡単に記してください。ある程度時間はかかりますが、多くの思いをめぐらすことになるでしょう。

リストづくりに強い抵抗を感じたり、リストづくりから逃げようとして、あなたはいろいろ自分に言い訳するかもしれません。しかしもしあなたが本当に過去を清算したいなら、このリストはかつてないほど重要なリストになるはずです。自分の抱いた抵抗感に注目して、その下にある感情を探り、確かめてください。ただし、エクササイズを進めるためには、自分をやさしく励ましつづけてください。

ある人の名前をリストに挙げようとした際、わだかまりを感じることがあるでしょう。相手も自分を傷つけたのだから、彼／彼女に対して取った自分の態度は正当だと感じ、リストに入れるべきかどうか迷ってしまうかもしれません。しかし、たとえ相手が先にあなたを傷つけたのだとしても、自分が不当にあつかったという点で身に覚えのある人はすべて、リストに加えなければなりません。

相手があなたにどんな仕打ちをしたかは関係ありません。今ここで大切なのは、トラブルが起きた時の自分サイドのことに関し、一〇〇パーセント正直になることです。とにかく誰かに害をおよぼしたのなら、相手の名前と自分のしたことをリストに挙げなければなりません。

こんな作業はとうてい無理だしうんざりだと、あなたは言うかもしれません。もちろんあなたには、これまで生きてきた中で傷つけた人全員を、ひとり残らず挙げることなどできないでしょう。そもそも、これまでの人生すべてを思い出すこともできないでしょうし、あなたが出会ってきたあらゆる人を思い出すこともできないでしょう。私がここで指しているのは、あなたと人間関係と呼べるだけのかかわりのあった人たちのこと、あなたの人生に大きな影響を与えた人たちのことです。その中には、家族や友人、同僚、自分の上司や従業員、取引相手などのほかに、あなたと師弟関係にあった人たち（あなたが教えた生徒や訓練生、実習生など）がふくまれます。

場合によっては、あなたと直接面識のない人たちもリストに挙げねばならないことがあります。あなたの行為、あるいはあなたの怠慢のせいで、直接被害をこうむったわけではない人たちです。たとえば、もしあなたが妻子のある男性と関係をもったなら、その男性の妻や子をリストに挙げなければならないでしょうし、酒気帯び運転をして事故を起こしたなら、車に乗っていた人たちだけでなく、その家族もリストに挙げなければなりません。会社のお金を使い込んだなら、経営者やその家族をリストに挙げる必要があるでしょう。

こうしてでき上がったリストを、謝罪のための「基本」リストと呼んでいきます。このリストに挙げられた人たちは、あなたがもっとも注意を払わなければならない人たちです。このリストをもとにして、謝罪のためのプランを立てていきましょう。

リストづくりに行き詰まった時

中には、被害を与えたと思える人がなかなか見つからなくて、リストづくりに苦労する人たちがいます。ほんの二、三人しか思いつかないとか、これはまれなケースですが、誰も見つからないという人たちもいます。しかし、あなたが傷つけてしまった人は必ずいます——何らかの理由で、彼らのことが思い浮かばないだけなのです。

また、自分のどんな行動が人を傷つけたのかわからなくて、苦労する人たちもいるようです。皮肉なことに、自分の方がどんな被害にあったか思い出している時には、めったに「害」の見きわめ方で迷うことはありません。自分を傷つけた他人の行為はどんなものでも楽に思い出せますし、その内容をこと細かに説明することだってできるのです！「どんな害（迷惑や危害）を与えたのか」、この問題に頭を悩ませているなら、つぎのエクササイズが問題解決の役に立つでしょう。

【……エクササイズ……】あなたが与えた「害」とは何か

A　あなたが人に傷つけられた時の様子をいくつか挙げ、リストにしてください。

B　リストをひとつひとつ読み返して、自分にこうたずねてください。「自分も似たような態度で、誰かに接したことはないか？」

リストの各項目に正直に答えていくと、自分が傷つけられた時と同じようなかたちで、自分も人を傷つけていたことがよくわかり、多くの人がびっくりします。

つぎのエクササイズは、あなたの記憶をさらに深く掘り起こし、リストに挙げるべき人物を見つけ出すのに役立つでしょう。

【……エクササイズ……】記憶を呼び起こす

A　以前は仲が良かったのに、今ではつき合いのなくなった人たちをすべて挙げ、リストにしてください。

B　なぜつき合いがとだえたのか、それぞれの人について理由を挙げてください。何が起きたのでしょう?

C　つぎに、意見が食い違ったり対立したりしたせいで、疎遠になった人たちの名前を挙げて、リストにしてください。

D　仲たがいの理由を書いてください。

疎遠になった人たちをあなたの側が傷つけていたかどうか、さだかでない場合があるでしょう。相手が何かしたせいで、あなたの方からその人に会うのをやめたり、話しかけるのをやめたりした場合には、とくにそう感じるかもしれません。また、あなたが誰かと疎遠になったからといって、必ずしも、あなたがその人を何かしら傷つけていたともかぎりません。人はさまざまな理由で、私たちの人生から姿を消していくものです――心変わり、引っ越し、転職、それまでは共通していた趣味や好みのスポーツの変化など、いろいろな理由が考えられます。しかし疎遠になった本当の理由が、あなたが相手を傷つけたか、あるいは、相手があなたを傷つけたかのどちらかだという場合も多いのです。

もし相手があなたを傷つけたのなら、あなたには疎遠になった理由が思い出せるはずです。しかしもしあなたが相手を傷つけたのなら、あなたには理由がわからないかもしれません。ふたりの関係をじっくり思い起こして、その頃自分がどんな人間だったか、そしてお互いの生活に何が起こっていたか振り返ってください。

【……エクササイズ……】あなたのマイナスの特質とは何か

残念ながら、自分の態度や行動が人にどんな影響をおよぼしているか、私たちにはなかなかわかりません。つぎのエクササイズは、人を不快にさせてしまいがちな、あなたのもつ特質を明らかにするためのものです。

A　あなたの中の、もっともネガティヴな特質とは何でしょうか？　その特質をリストにして、周囲の人たち——とくにあなたのパートナー、子ども、親や兄弟姉妹など——に、その特質がどんな影響をおよぼしたと思うか答えてみてください。

B　あなたがこれまでで、もっとも恥ずかしいと感じた出来事は何ですか？　その出来事についてくわしく記し、自分がなぜ恥ずかしいと感じたか、その理由を率直に述べてください。

C　これまでで、あなたがいちばん傷つけたと思われる人は誰ですか？　その時のことをくわしく記し、あなたの行為や態度がどんなふうに相手にダメージを与えたと思うか、率直に書いてみてください。

D　あなたは誰の人生にもっとも悪影響をおよぼしたと思いますか？　あなたの行為や態度がその人の人生におよぼしたと思われる影響をくわしく記してください。

過去に犯した罪や過ちが思い出せなくなった時、このエクササイズでつくったリストがきっと役に立つでしょう。

これらのリストは、あとで行なう、謝罪を「求めたい」人のリストづくりでも利用することになります。私たちには、謝罪を相手に求めないまま、つらい仕打ちを頭から無理やり消し去ってしまうことがよくあるからです。

どうしても過去の過ちが思い出せないという人のために、例をいくつか挙げますので、身に覚えはないか振り返ってみてください。

*嘘をついたことがある
*不誠実だったことがある
*人から何かを奪ったことがある
*借金を返さなかったことがある
*人の持っているものをうらやんだことがある
*困っている人を無視したことがある
*誰かを批判しすぎたことがある

＊人に過度のものを求めたことがある、あるいは、人から相当のものを受けながらまるで満足しなかったことがある
＊政治的思想、社会的・経済的地位、宗教、人種、性的志向などによって、誰かを評価・非難したことがある

謝罪のためのリストをつくる時は、どうか自分に正直になってください。自分の行為を過小評価したり、言い訳したりしないでください。自分の過ちを誰かのせいにすることはもちろん、逆に自分の過ちを過大視して、実際より大きくあつかわないでください。ここで重要なのは、罪悪感や自責の念に押しつぶされることなく、自分の過去を正直に評価することです。

そして多くの人が、このリストのどこかに、自分自身の名前も入るべきだと気づくものです。人を傷つけてきたと認めることは大切ですが、自分自身を傷つけていたと認めることも大切です。依存症や強迫行動から立ち直るためのプログラムなどに取り組んでいる人たちは、過去の過ちを自分自身に対して償い、自分自身を許そうとすることが、必要不可欠だと知っています。

あなたの謝罪プラン

さてこれで、あなたの「謝罪プラン」を立てる準備がととのいました。プランにはつぎの要素がふくまれていなければなりません。

＊まず、先につくった「基本リスト」に挙がった、あなたが謝りたいと思う人たちを、古い順に並べ、さらにそのリストを、深刻なものから順に並べかえてください。こうしてでき上がったリストが必要となります。
＊謝るための方法を決めてください（直接会って謝るのか、あるいは手紙や電話で謝るのか）。
＊「基本リスト」にのったすべての人に謝るためには、時間がどれくらいかかるのか、おおよその予定を考えてください。
＊謝罪する前、謝罪の最中、謝罪した後、どこからどうやって助けを得るかについても計画を立ててください。

自分の態度や行為、怠慢がいかに人を傷つけたか、その真実と向き合うのはとてもつらいことです。ましてや、傷つけた相手に自分の過ちを告白するとなるとなおさらです。しかし、そんな人間はあなたひとりではありません。人はみな誰かに害を与え、誰かを傷つけているのです。

残念ながらすべての人が、自分がいかに他者を傷つけたか、その真実に直面する勇気をもっているわけではなく、また、相手に自分の過ちを謝る勇気があるわけでもありません。もしあなたにそれができるなら、自分の過ちを正すため、そして、自分の過去および自分が傷つけた相手の過去を癒すため、重大な一歩を踏み出せたことになります。あなたは勇敢な心をもった稀有な人間のひとりといっていいでしょう。そのことを誇らしく思ってください。

第11章 あなたの過去を癒すには――ステップ2・償いをする

真の懺悔では、自分の行ないを告白しているあいだに魂が生まれ変わる――モード・ピーター

落ちた場所を見るのではなく、足をすべらせた場所を見よ――リベリアのことわざ

すべてを許しなさい――モリー先生（『モリー先生との火曜日』）

償いとは、謝る以上のことをさします。状況を変えるため何かをしたり、自分の過ちを正すため、また、自分がもたらした害を補償するため、自分にできるあらゆることを行なうことをさすのです。もし誰かに嘘をついたなら、真実を述べることで事実を明らかにします（ただし、そのことでさらに相手を傷つけるようなことがあってはなりません）。また、誰かのものを盗んだり、誰かの財産に被害を与えたり、誰かに余計な出費をさせるなど、何らかのかたちで人に物理的・金銭的損害を与えたなら、その相手にお金を返すか、弁償の手はずをととのえます。もし肉体的あるいは精神的に人を傷つけて、その人に医師の診察や精神的サポートが必要となったら、治療費やカウンセリング代を支払います。

償うことで大きな効果を得るために

「償い」は、人生でもっとも心が解放される経験となります。しかしたとえあなたが、人に害をおよぼしていたことに気づき、自分のしたことを反省しているとしても、実際に相手に自分の過ちを認め打ち明けるとなると、それが屈辱的で恐ろしいことのように思えてくるかもしれません。だからこそ、あらかじめ償い方の練習をしておくことが大事なのです。何をどんなふうに話すか計画を立てることで、償いに対するイメージが少しはやわらいでくるでしょう。友人やセラピストなど信頼できる人に相手になってもらい、打ち明けるための練習をするといいでしょう。

過去にかかわりのあった誰かに償おうとして、多くの人が出会う障害物とは、かつて意見の食い違いや対立を起こした際に、相手に対して抱いた憤りです。その結果、相手の犯したミスを持ち出して、彼／彼女を攻撃してしまうことがあるのです。したがって肝心なのは、誰かに償おうとする前に、必ず相手のことを許しておかなければならないという点です。

●「償い」を関係者全員にとってプラスにさせる

リストに挙がったそれぞれの人に、かならず直接会って正式の謝罪を行なう必要はありません。場合によっては、面と向かって相手の昔の傷に触れる方が、事態を悪化させることになるでしょう。たとえばもし相手がとても年をとっていたり、重い病気にかかっていたりしたら、昔の話を持ち出すことで（とくにそれが苦痛に満ちたものであればあるほど）、彼らは動揺してしまうかもしれませんし、最悪の場合、命をおびやかすことになるかもしれません。しかしそのいっぽうで、相手が病気だったり相手に死期が近づいていたりすると、人を許す心の準備がととのっていて、未解決の問題を処理するチャンスをよろこんで受け入れることもよくあります。ですから、その人のそばにいる人物に相談し、彼／彼女が応じることができそうかどうかたずねてみるといいでしょう。

ほかにもつぎの点を考慮に入れてください。相手はあなたと自分のあいだに何か問題が生じていると気づいていますか？　本当にあなた方は仲たがいしたのですか？　あなたのせいでふたりのあいだに距離ができ、緊張が生じたのですか？　相手の方は問題に気づいておらず、ふたりの関係は良好だと思っているのではないですか？

償うことの目的とは、人生においてあなたがかかわりをもった人たちとよりよい関係を築くため、罪や悪意を一掃することにあるのです。もし相手があなたに傷つけられたことに気づいていないなら（たとえば不倫など）、告白するタイミングにはくれぐれも注意してください。あなたのパートナー、あるいはかつてのあなたのパートナーが病んでいたり、仕事で危機に面していたり、妊娠している時に自分の不貞を告白するのは、自分本位で思いやりのない行動になってしまうでしょう。

それとは対照的に、あなたが何かをしたせいで、そして、謝れないせいで、親友や家族と仲たがいしているのなら、あなたの償いはおそらくどんな時でも、彼らによろこんで受け入れてもらえるはずです。ただし彼らがある種の危機的状況に陥っている時、あるいは人生における一大転機を迎えている時には、むずかしいかもしれません。しかしそれでも場合によっては、長いこと待ちわびたあなたの謝罪が相手にとって喜びとなるかもしれませんし、彼らが迎えている人生の一大転機がさらに有意義なものになるかもしれません。

相手に直接謝ったり償ったりすることで、さらにその人を傷つけてしまいそうな場合は、行動に出てはいけません。つぎに挙げるのはそうした例です。

*不倫相手の配偶者のところへ行き、罪を告白するようなまねはしないでください。とくに、彼／彼女がその事実を知らない場合はやめてください。

*相手に自分の「感情」を告白しないでください。たとえば、「許してください。私は自分を偽っていました。本当はあなたのことが好きじゃないのに、何年間も好きなふりをしていたのです」という言葉です。こうした言葉は不適切であり、相手に苦痛を与えるだけです。こうした状況における適切な償い方とは、先のように言葉に出すのではなく、今後、自分の感情に嘘のないつき合い方をしていくか、あるいは、自分はなぜ相手のことが嫌いなのか、その理由を直視して（たとえばこの人には、あなたが嫌う、自分自身の一側面があるのではないですか?）、相手に対する嫌悪感を克服することです。また、もしあなたが誰かのことを長年ねたんでいるのなら、自らの抑圧され否定された潜在意識をつきとめるため、自分の嫉妬心をつぶさに観察することが、償うための最善策です。

償いは、関係者全員にとってプラスとなる方法で行なわれなければなりません。以下に挙げるアドバイスを参考にしてください。

1　相手があなたの償いをどんなふうに受け取るか、また、相手がそれにどう応えるか、いっさい期待しないでください。もしあなたが結果に対して幻想を抱いているのなら、この点がとても大切です。相手の人物が両腕を広げてあなたを受け入れ、あなたの勇気をたたえてくれるといった美化した結果を思い描いて、ひどく失望することがないようにしてください。

そうかといって、最悪の結果ばかりを予想する必要はありません。たいていの場合、予期した以上にいい結果が出るものですが、人の反応を予測することはできないので、相手が示すかもしれない、つぎのような反応にも、心の準備をしておいてください。


*あなたが謝ってきたことに驚いて、相手はどう応えていいのか、何と言ったらいいのかわからないかもしれません。

*あなたに傷つけられたことなど、まったく覚えていない場合があります。

*謝罪に対し、怒りをぶつけてくるかもしれません。

*今回の謝罪の理由に関しては、相手には心当たりがないかもしれませんが、あなたに傷つけられたほかの件を持ち出してくるかもしれません。

*まれなケースではありますが、謝罪を拒否する人もいます。


たとえ謝罪が受け入れてもらえなくても、相手を束縛しないよう、また、相手に対する否定的な感情から自分を解放するよう努力しなければなりません。人が償いをどう受け取るか、私たちにコントロールすることはできません――もし彼らが望むなら、私たちを一生涯恨みつづけてもいいのです。彼らにはその権利があるのです。あなたのすべきこととは、けっして相手を恨まないということです。
人を許さねばならないという義務は誰にもありません。しかし償うことで、あなたは自分自身を許せるようになるでしょう――そしてそれが、もっとも大切なことなのです。あなたサイドの過ちを清算し、自分の非を正すためできるかぎりのことをしたのであれば、あなたはもう、今の状況に対して、罪の意識や怒りを感じる必要はありません。あなたはもう自由です。

2

あなたの注意は、相手の示す反応にではなく、自分自身の問題を解決することに向けられなければなりません。そのためにはできるだけ正直に、誠実に、率直になることが必要です。遠まわしな言い方をしたり、自分が与えた被害をわざと小さく見積もって罪悪感から逃れようとしたりしないでください。反省の気持ちをあいまいな言葉で表現しても、問題は解決しません。自分がどんな被害をもたらしたかわかっていること、そして謝りたいという意志を、相手にはっきり告げてください。あなたの言葉が遠まわしであいまいだと、相手に誠意を伝えることはできないでしょう。

3

謝罪の言葉はできるだけシンプルにしてください。相手をもう一度傷つけてしまいそうな、細かい内容は持ち出さないでください。たとえばもしあなたが不倫したことをわびているなら、あなたが長いあいだパートナーに対して性的に満足していなかったとか、自分が関係をもった相手はすごく魅力的で、どうしても自分を抑えきれなかったというような内容を、わざわざ持ち出す必要はありません。

4

自分のしたことを言い訳しないでください。言い訳は不誠実さのあらわれであり、言い訳しても相手の反感を買うだけです。相手が先にどんなことをしていても、あなたは誰かに強制されたから行動したわけではありません。自分の行動の全責任、人を傷つけたことの全責任を取ってください。誰かに償う前にあなたが本書で紹介したような許しのワークを終えているなら、相手の間違いや責任を取りざたすることはないでしょう。

　話し合ううちにあなたは、もし相手が望むなら、自分がどんな事情でそんな行動を取ったのか打ち明けてもいいと思うかもしれません。しかしもしそうなっても、相手を非難することにならないよう注意してください。

5

相手を傷つけたことを悔やんでいると、心をこめて真剣に表現することが大切です。もしあなたがしぶしぶ謝れば——ただたんに、それが正しい行動だと思うからという理由で謝ると——相手は、あなたの誠意のなさを感じ取ってしまうでしょう。また、もしあなたがぞんざいで、不謹慎な態度で謝れば、相手もあなたの謝罪を真剣に受けとめはしないでしょう。自分のしたことをどれほど悔やんでいるか、どれほど反省しているか、ことの重大さをどれほど認識しているか、そうしたことを相手に知らせるのがあなたの務めなのです。

　たとえば、不貞をはたらいたあなたが心からパートナーに謝りたいのなら、きっとこう言うでしょう。「君を裏切ってすまない。僕のしたことは君にとっても、ふたりの結婚生活にとっても、とんでもないことだった。君を深く傷つけ、ふたりのあいだに大きな溝をつくってしまった」

また、もしあなたが自分の暴力的な言動を謝りたいのなら、こう言うのではないでしょうか。「君のことを非難しすぎていた。謝りたい。厳しい言葉で君を傷つけてきたが、あんな態度を取っていた僕が悪い」

6

何かを「正す」ということは、その何かを「変える」という意味です。多くの場合、あなたは償おうとしている相手に、自分はどんな種類の償い、あるいはどんな種類の改善を考えているのか、説明しなければなりません。もしあなたが今回の件ではじめて、自分の態度や行動が人にどんな影響を与えているか気づいたのだとしたら、どうやって自分がそのことに気づいたか、また、自分が人に二度と同じ態度を取らないようにどんな方策を講じるのか、説明しなければなりません。セラピーや依存症の自助グループなどに通ったりしているのであれば、そのことを相手に告げてください。また、もしあなたのせいで誰かが治療やセラピーに通うことになったのなら、その費用を払ってください。相手がどんな補償も拒否するようであれば、お金は、その人が支援している慈善事業に、その人の名で寄付したいと伝えてください。

7

あなたはこれから先自分の行動を改めていくことによって、過去の過ちを完全に償わなければなりません。これはとくに、自分の行動パターンによって、何度もあなたが傷つけてきた身近な人々に償いをする際にあてはまる、大切なことです。ここで言う身近な人々に、私たちは「生きた償い（living amends）」を行なわねばなりません。「生きた償い」とは、私たちの今後の、人との接し方であり、言葉よりはるかに大事なものです。過去の行為をわびたのに、すぐにまた人を傷つけるのでは、言葉は口先だけのものになってしまいます。本当の改善は、私たちが自分の悪しき態度や行動を永久に変えることによってのみ、今ある人間関係にもたらされるのです。そしてそれが唯一の、過去の傷を癒すための正しい方法なのです。つぎに挙げる例は、この最後のステップがいかに重要であるかをあらわすものです。

◎カルロス（二九歳）――僕が家族に償うためには、すっかり変わった自分の姿を見せなければならないと思いました。家族は何度も僕を助けてくれたのですが、僕は彼らを失望させてばかりいたのです。そのためついに家族も、味方をしてくれなくなりました。長年家族に嘘をつき、返す気もないのに金を借り、薬物依存がこうじた時には家から金を盗んだこともありました。コカイン依存から立ち直るため何かの支援を得ないかぎり、いっさいかかわりをもちたくないと、家族は僕に告げました。そのため一年以上、彼らに会うことはありませんでした。すべてをなくした時、依存症から立ち直るため援助を受けるようになったのですが、家族はまだ、僕が薬を断ち切れるとは思っていませんでした。僕自身、自信がなかったのです。

でも僕はこの八カ月間、薬に手を出していませんし、とても厳しいプログラムにも取り組んでいます。回復するうちに、家族に償いたいと思えるようになったのですが、償うことは簡単なことではありません。自分がどれほど家族を傷つけてきたか直視しなければならないし、自分は本当に変わったのだと彼らに示さなければならないからです。

僕はまず、自分の過去の行ないをわびることからはじめました。家族のみんなを自分がいかに傷つけてきたかきちんと言葉にしていきました。すると彼らは、僕が自分の過ちに気づいているとわかってくれたようです。つぎに回復プログラムについて説明し、週三回のミーティングに僕がどんなふうに参加しているか、また、このプログラムのおかげでどうやって薬を断っていられるか伝えました。さらに僕は、自分がこの先ずっと薬を断っていられるという保証はないこと、いまだに薬に手を出したくなる衝動と闘っているし、一生闘っていくことになるだろうとも告げました。しかし、このプログラムがドラッグの問題だけをあつかっているのではなく、薬物依存のそもそもの原因となった性格上の欠点をあつかっていることや、人とのかかわり方を変えることがドラッグに対する自制心を保つのと同じくらい重要であることを、彼らに説明しました。

こうした説明が功を奏しました。家族を傷つけてしまい、僕がすまなく思っていることをみんなが認めてくれたのです。本当はあんなまねしたくなかったのに、自制心がきかなくなっていたのだとみんながわかってくれたのです。僕がなんとか解決への糸口をつかみ、自分のどこがだめなのかを見つけ出し、生き方を変えていく責任を認めたことを、彼らは自分の目で確かめる必要があったのです。僕の話を聞いて、家族はとても安心したと言いました。そして、ほんの少し扉を開いて、僕を家族の輪の中に入れてくれるようになりました。もちろん彼らが完全に僕のことを信用しているわけではありませんが、昔よりはるかによい接し方をしてくれるようになりました。そうなったのは、僕がなげやりな態度をやめて、また、ここにきてはじめて、自分自身にも家族にも正直になれたことをみんなが知ったからだと思います。

問題の「根源」にせまる

もしあなたに、これまでの人生をつうじて変わることのなかった行動パターン、あるいは問題傾向があるのなら、償うより先にしなければならないことがあるでしょう。それは、あなたの問題の「根源」を見つけ出すことです。そうすることが、自分の中の誤った部分を正すための唯一の方法であり、また、過ちを繰り返さないための唯一の方法なのです。つぎに挙げるのはシャーリーンという女性のケースですが、彼女について友人のナンシーはこう語っています。

あんな出来事のあとで、私がシャーリーンについて話すことになるなんて思いもしませんでした［ナンシーの友人シャーリーンは、ナンシーの夫と関係をもったのでした］。

ああいうことはそう簡単に乗り越えられるものじゃありません。ふたりに裏切られて惨めな気分になりましたが、それよりつらかったのは、友だちと呼べる人が私に対して、あんな仕打ちができたってことでした。おかげで結婚生活は崩壊寸前になったのですが、近づいてきたのは彼女の方だという夫の言葉を聞いて、私は納得がいきました。だからといって、夫のしたことが正しいわけではありません。でも話を聞いて、彼がどうして誘惑されたのか多少なりとも理解できるようになったのです。シャーリーンはとても美しくてセクシーな女性です。いっぽう私たちの夫婦生活は、性的な面ではかなりまずい状態にありました。でもシャーリーンなら望みどおりの男性が手に入ったはずですし、実際いつもそうしていました。なのになぜ、私の夫に手を出したのでしょう？

さっきも言ったとおり、私たちの結婚生活は崩壊寸前になったのですが、完全に破綻するまでにはいたりませんでした。もっとも、夫を許せるようになるには時間がかかりましたし、すべてを解決するため、夫婦でカウンセリングにも通わねばなりませんでした。でも現在、私たちの結婚生活はいろいろな面でうまくいっています。まだ完全に彼を信用しているわけではありませんが、それもしだいに変わっていくでしょう。私はこれまであまりに世間知らずだったのです。

元のさやにもどりつつあった時、シャーリーンから突然電話がかかってきました。どうか話を聞いてほしい、自分がなんであんなことをしたのか説明させてくれないか、彼女は私にそう言いました。赤ん坊のように泣きじゃくり、彼女がとても悲しそうだったので、私は頼みを聞き入れてしまいました。彼女の部屋で会うことになったのです。

シャーリーンはまず、自分がいかに悔やんでいるか告げました。ひどく心細げな様子を見て、私は彼女が反省していると思いました。しかし、それでも気分が晴れはしませんでした。彼女がなぜあんなことをしたのか、私には知る必要があったのです。彼女は事情を話しはじめました。彼女はその後、自己を見つめつづけ、自分のどこが狂っているのか探るためカウンセリングにも通ったのだと言いました。そして、六歳から一二歳まで、じつは父親に性的虐待を受けていたと私に打ち明けました。彼女はそのことをいつも意識していたのですが、虐待行為が自分にどんな影響をおよぼしていたかについては、まったく理解していなかったと言います。そして、男性はみんな自分の父親と同じなのだと信じ、また、男性のあらゆる性的要求に応えることが、自分が切望する、人からの関心と承認を得る（認めてもらう）ための唯一の方法だと信じてきたのだと告げました。そのせいで、彼女はこれまでずっとふしだらな生活を送っていたのでした。しかし問題はそれだけではありませんでした。

虐待行為を許してきた自分の母親に、シャーリーンは実は強い怒りを抱いていました。母親は虐待の事実に気づいていたはずだと彼女は言います。なぜなら、何度か行為の最中に部屋に入ってきたことがあるのだそうです。シャーリーンは母親に抱いていた強い怒りをすべて、なぜかこの私に向けました。彼女の中では、私が父親の妻、つまり母親でした。そして私が幸せそうにしているのが、彼女にはねたましかったのです。私たち夫婦に幸せになる権利はないと感じ、彼女はふたりの仲を壊そうと思いました。こんなふうになったのは、シャーリーンが私と親しくなり、私と母親を心の中で混同するようになったからだと思います。幸せになる権利のない母親が幸せになっている、彼女の目にはそんなふうに映ったのでしょう。だから彼女は、私に（じつは母親に）、父親のしていたことを見せつけようとしたのでした。複雑な内容ですが、あなたにはご理解いただけるでしょう。

私にすべてを打ち明けた時、彼女は泣き崩れてしまいました。ごめんなさいと繰り返し、二度と私を傷つけるようなまねはしないと言いました。そして、彼女にとって私は自分のことを利用しなかった唯一の人間であり、また、自分が信じることのできた唯一の人間だと言いました。あんなふうに私の信頼を踏みにじってしまったことが、彼女自身信じられなかったのでしょう。じつのところ、私は彼女の言葉に心が揺さぶられました。私はこらえ切れなくなって彼女を抱きしめ、ふたりいっしょに泣きました。

その晩、私たちはふたたび親しくなりました。彼女が本当に反省していることがわかりましたし、彼女自身どうすることもできなかったのですから、私は彼女を許すことができたのです。シャーリーンは不幸な人生を送ってきました。なぜ彼女があんなことをしたのか、今の私には理解できます。彼女と話したことで、私たちはふたりとも癒されたのです。私は主人を許していたのですから、彼女のことを許せないわけがありませんよね？

だからといって、彼女が二度と私を傷つけないと、完全に信じているわけではありません。しかし彼女がセラピーを受けているかぎり、大丈夫でしょう。私は、シャーリーンと夫、ふたりをともに信用しているわけではありません。私はそれほど愚かではありません。ふたりのどちらかが、同じことを繰り返すと言っているのではありませんが、単純な「ハッピーエンド」は信じられないのです。じつのところ、ふたりがいっしょにいるところを見るのは耐えられません――いまだに胸が痛むのです。しかしシャーリーンと私は以前より親しくなりました。あの一件がこんな結果に落ち着くなんてまったく予想もしていませんでした。

問題の根源に触れることで、シャーリーンは中身の濃い償いをすることができました。彼女は友人に謝るだけではなく、なぜ自分がそんなことをしたのか説明しました（言い訳としてではなく、友人に理解してもらうために）。セラピーを受けつづけるとシャーリーンが約束したため、彼女が同じまねを繰り返すことはないだろうと、ナンシーは安心感を得ることができ、彼女を許すことに決めたのです。

連絡のとだえた人に謝る方法、償う方法

謝罪のためのリストに、音信不通になった人の名が出てきて、彼らを探し出すのにかなり苦労しそうな場合もあるでしょう。しかし、すぐにはうまくいかなくても、がっかりしないでください。その人を見つけたいという気持ち、そして償いたいという気持ちは、探し出そうとする努力と同じくらい大事なのです。相手を探しつづけねばならなくなったとしても、自分が償いのプロセスを歩みだしたという事実を認めてください。

むかし傷つけてしまった人に謝れたらいいのに——そう思っている人たちがおおぜいいます。伝えられずにいる謝罪の言葉が重く胸にのしかかり、それを早く声に出してしまいたいと望んでいるのです。しかし残念なことに、そこには障害物があるかもしれません。相手と音信不通になっていたり、相手が亡くなっていたりする場合があるのです。

母が私に謝ったのと同じ時期に、私はあることに気づき、とてもショックを受けました。絶対にそうなるまいと努力していたにもかかわらず、ある心配事が現実のものになっていたのです——私は、母にそっくりな人間になっていたのでした。この事実に気づいた時、私は恥ずかしくて凍りついてしまいました。これまでの人生が脳裏をよぎり、友人や恋人に言い放ってきた悪口雑言が、あれこれ思い起こされました。棘《とげ》のある、悪意に満ちた、不愉快な言葉、明らかに彼らを深く傷つけた言葉の数々です。さらに、当時は正しいと思っていたり、ごくふつうだと思っていた、自分の無神経で自分勝手な、冷たい態度もたくさん思い出されました。

こうした気づきの真っただ中で、私は、友人や恋人たちに謝りたいと思うようになったのですが、

彼らのほとんどが、もう私の周辺から姿を消していたのでした。もちろんそれは偶然ではありません。ただたんに、お互いの連絡先がわからなくなったわけではありません。ある人は何の前触れもなく、何の痕跡も残さず、私の前からいなくなりましたし、私の方も、彼らの連絡先など知りたくないと周囲の人に断言していたのです。しかし気づきを得た時、私は、彼らひとりひとりをたずね、自分の心情を吐露したいと思いました。自分がどれほど反省しているか、自分の言動をどれほど悔やんでいるか、そして、今では、彼らがどうして私にあんな態度を取ったのか、その理由も理解できると伝えたかったのです。自分が人でなしになっていたことに気づかなかったことも。できることなら一からやり直したいと、私は彼らに伝えたいと思いました。

でも、それは不可能でした。自分の思いを伝えることができないため、私は殻に閉じこもり、いら立ちをつのらせました。自分のしたことを心の中で、何度も再現しなければなりませんでした。しばらくはそれでよかったのです。自分の行為を繰り返し思い出すことで、生き方を変えざるを得なくなったからです。しかしやがて、それはもはや健全とはいえなくなりました。私には、自分の中から罪悪感や羞恥心《しゅうちしん》、自己嫌悪を取りのぞく必要があったのです。たとえ相手が不在であっても、私は傷つけてきた人たちに謝るための方法を見出さなければなりませんでした。そしてまた、たとえ許しを乞う機会が得られなくても、私は自分を許す方法を見出さなければならなかったのです。

償うために相手の人物を探したのに、なかなか見つけられないという人たちがたくさんいます。とくにセラピーや回復プログラムの参加者たちは、自分に関する真実や、自分の言動がもたらした他者に対する影響を、突然突きつけられて、大変苦労するようです。つぎの手法は、私自身、そして多くのクライアントが利用しているものです。傷つけた人たちと連絡がとれなくなっていても、この手法を用いることで、彼らに謝罪するための方法、自分を羞恥心から解放するための方法が、きっと見つかることでしょう。

間接的に人に償う方法

傷つけた相手を探し出せなくても、あなたにはまだ償うための方法がいくつかあります。

*相手と対面できたら伝えたいと思う言葉を紙に書き出してください。その中には、自分の犯した過ちを認める言葉、自分の行為がその人の人生におよぼした影響を認める言葉、謝罪の言葉（後悔をあらわす言葉など）を必ず入れ、さらに、あなたが考えている償いの方法についても触れてください。

*なかなか文字にできないなら、録音するといいでしょう。相手に向かって実際に話しかけているかのように、録音機器に向かって話しかけてください。償うため、相手に伝えなければならないすべてのことを、言葉にしてください。

*補償に関しては、つぎのような方法でまっとうすることができます。相手の家族にお金を渡す、相手の人物が支援していた慈善事業にお金を寄付する、しかるべき団体にお金を寄付する（虐待を受けた女性のための団体、薬物あるいはアルコール依存症の治療センターなど）、そうし

た団体でボランティア活動を行なう、その他、相手の役に立ちそうなことを行なう。

●相手を探しつづける場合

傷つけてしまった相手を探しつづけることは大切ですが、右のような間接的な償い方をすることでも、あなたは過去を乗り越えられるようになるでしょう。また、不思議なことに、こうしたかたちで償っていると、探している人たちがあなたの前に現われてくることがあるのです。セラピーや回復プログラムに参加する多くの人が驚いているのですが、謝罪のためのリストに挙げた人物が、不意に彼らの前に現われるのだそうです。

私にも経験があります。数年前、私は二〇年来の親しい友人と連絡が取れなくなりました。私は彼女に謝らなければならない立場にあったのですが、彼女の行方は知るすべもなかったのです。この本を執筆しているあいだ、彼女のことを何度も思い出し、自分のとった態度をわびることはできないものか、私は悩んでいました。

そんなおり、出版宣伝ツアーの最中に、取材を受けたある記者から手紙がとどきました。文面から、音信不通になった友人がこの記者の同僚であること、また、彼女が私にインタビューする予定であることがわかりました。彼女は私にメッセージカードを送ってよこし、私も記者をつうじて、名刺とともにメッセージを送りました。彼女は別の州に引っ越していましたが、彼女に謝りたいという私の願いがふたりを引き合わせてくれたのだと思います。彼女は私の謝罪を快く受け入れてくれたのですが、じつは、自分が一方的につき合いを断ってしまったことをわびたいと思っていたとのことでした。ふたりのつき合いには長い歴史があるのですが、いろいろな意味で私たちは、友人として一からやり直すことになったのです。

●相手が亡くなっている場合の償い方

あなたのリストには、もう亡くなっている人の名前が挙がっているかもしれません。しかしだからといって、償いのチャンスが消えてしまったわけではありません。つぎのような方法でその人に償うことができるのです。

*あなたの償いの気持ちを手紙にするか、その気持ちを声にして録音してください。

*その人のことを思い出す場所へ行き、手紙を読み上げてください（または録音したものを再生してください）。

*相手が亡くなっている場合、生前よりもその人の魂との強いつながりを感じ、率直に話しかけることができると多くの人が述べています。教会やろうそくの灯された部屋、その他特別な場所でこうした話しかけをすると、その経験はひときわ感動的なものになるでしょう。

*先にも述べたとおり、補償の点に関しては、相手の家族や相手が支援していた慈善事業にお金を寄付する、あるいはボランティア活動を行なうことで、実行に移せます。

そして、自分自身に償おう

人に償わなければならないのと同様、あなたは自分自身にも償わなければなりません。これまで学んできた、意義深い謝罪の行ない方、そして償い方を、自分自身に対しても素直に用いてみてください。

*まずはじめに、自分を傷つけたり痛めつけたりするために行なってきたこと、すべてを挙げ、リストにしてください。自分の身体をどんなふうにいじめてきたか、人間関係をどんなふうに破壊し、成功をどんなふうに台無しにしてきたか、自分にとって必要なものをどんなふうに自分から奪ってきたか、そうした過去の例を挙げてください。

*自分自身に償うため、自分に手紙を書くか、自分への言葉を録音するか、自分に向かって話しかけるところを録画してください。

*償いのための作業がすんだら、それらを自分の中に取り込むことが必要です。数日おいたら、集中できる時を選んで、あたかもそれにはじめて触れるかのように、先に書いたり録音したりした、自分への償いの言葉に触れてください。償いの言葉を胸に深く染み込ませて、自らつけた心の傷を癒し、あなた自身を洗い清めてください。

第12章 不和の生じた家族を癒すには

子どもはまず最初、親を愛し、成長するにつれ親を批判し、やがて時に親を許す

――オスカー・ワイルド

誰もが過去にまつわる未解決の問題を抱えています。とりわけ、親兄弟への不満や怒り、親兄弟からこうむった心の傷は、多くの人にとって、解決されないままになっている問題のひとつです。こうした感情は自分のパートナーや子どもに転移することがよくあり、その結果、お互いの関係を悪化させたり、愛する人をありのまま受けとめることができなくなってしまいます。また、親や兄弟姉妹と長いあいだ対立し、苦しんでいる人たちもおおぜいいます。

傷つけてしまった家族に謝罪すること、あなたを傷つけた家族からの謝罪を受け入れること、自分を傷つけた家族に謝罪を求めること、こうした行為は、家族のあいだに生じた葛藤や傷を癒し、未解決の問題を解決し、仲たがいした家族との絆を取りもどすための、もっとも効果的な方法です。

疎遠になった家族に謝る

会うのをやめたいと言い出したのが家族の方なら、あなたの態度が原因で、相手は傷つき、失望し、裏切りや侮辱を経験したのですから、謝らなければならないのは、当然、あなたの方です。グレンダの話をお聞きください。

妹と口をきかなくなって五年以上になります。じつは、彼女が私を信用して打ち明けたある秘密を人にもらしてしまい、そのことを謝らなかったため、彼女は私と口をきかなくなったのです。今考えてみると、謝れなかったのは、私のプライドが邪魔したせいです。年をとるにつれ、妹よりもプライドが大事だなんておかしいということがわかってきました。彼女と話せなくて寂しいですし、もう一度やり直したいと思っています。謝ってすむなら、安いものだと思います。

家族が和解するために大事なのは、たとえ何が原因でお互いのあいだに距離が生じたのだとしても、各々がトラブルにおける自分の非を心から反省し、自分の犯した過ちをすすんで認め、わびることです。それができなければ、和解のためのどんな試みも、実を結びはしないでしょう。

子どもがあなたに会おうとしなくなったら

エルサレムには「嘆きの壁」と呼ばれる遺跡があります。この壁はローマ帝国によって破壊された古代のエルサレム神殿の一部で、ユダヤ教徒にとって聖なる場所です。むかし人々は、祈りがかなうことを願って、築後二千年になるその壁の割れ目や隙間に、祈りの言葉を記したメモを残すようになりました。

著書『許せない時にいかに許すか』の中で、ラビ・チャールズ・クライン師は、つぎのように記しています。彼が毎年イスラエルに巡礼におとずれる際、信者は、自分の手紙を壁にはさんできてくれないか、彼に頼むそうです。ある年、ひとりの信者が願いを記した手紙を開け、大声でそれを読み上げました。「神よ、あなたは私に多くのものを与えてくださいました。富と健康を恵んでくださいました。お願いです、どうか息子に、私を許す手立てをお与えください。私は息子を愛しています。息子にもどってきてほしいのです。息子が恋しいのです。そばにいてほしいのです」

私はこの男性の祈りを読んで深く心を打たれましたが、もしこの手紙がそのまま息子にとどいたなら大きな力を発揮するはずなのにとも、感じざるを得ませんでした。彼が何をしたのであれ、この男性は自分のしたことを息子に直接謝ったことがあるのだろうかと思ってしまいました。

子どもがどんな不満を抱いていても、あるいは和解するためあなたに何を求めていても、問題の本質はつぎの点にあるのです——ほとんどの子どもは自分の親に、彼らがわが子を傷つけたり痛めつけたりしたと認め、謝ってほしいと望んでいます。子どもと和解するため何を試みようとも、もしあなたが自分の過去の行為をわびていないのなら、すべてが無駄に終わるでしょう。たとえ子どもが「もう遅すぎる」と言ったとしても——きっと彼らはこれまであなたに話しかけてきたのですが、受け入れてもらえなかったのでしょう——あなたが謝り、彼らの話に耳を傾けようとするのなら、和解の可能性は充分出てくるはずなのです。

何について謝らなければならないのか、たいていの場合、親ははっきり気づいているものです。子どもがそれをはっきり伝えている場合もありますし、親の側が、自分の態度が不適切、無神経、あるいは虐待的であったことを自覚している場合があるからです。

しかし、子どもがなぜ自分から離れていったか考えても、かいもく見当がつかない親たちもいます。もしあなたがそうした状況にあるのなら、プライドを捨て、自分自身をじっくり見つめ直してください。自分は子どもをどんなふうに育ててきたか、また、幼年期から現在にいたるまで自分は子どもとどんなふうに接してきたか、こうした点を振り返った時、何か悔やまれることはありませんか？　してしまったこと、あるいはやり残したこと、そうしたものが子どもを傷つけているのではないでしょうか？　思い当たるふしがあるのなら、おそらく、あなたのそうした態度や行動を彼らが忘れられずにいて、いまだに傷ついているのかもしれません。

子どもが離れていった理由に関して、あなたにまったく身に覚えがないということはないでしょう。だいぶ前から、子どもが自分といっしょにいて楽しそうでないこと、子どもが自分との関係に不満をもっていることに気づいていたのではないでしょうか。それなのにあなたは、自分のどこがいけないのか、子どもにたずねるのを怠ってきたのではないですか？　子どもはあなたがどんなふうに自分を傷つけたか、あるいは自分を苦しめたあなたの態度や行動とは何なのか、教えようとしてきたかもしれません。それなのにあなたは、彼らの声に耳を傾けようとしなかったのではないでしょうか。

子どもと疎遠になった理由を、まだ理解できずにいるのなら、あなた自身の過去を振り返り、子どもの頃自分がどんなあつかいを受けていたか思い出してください。もしあなたが身体的虐待や性的虐待を受けていたり、言葉の暴力、育児放棄、過干渉、非難にさらされていたとしたら、あなたも自分の子どもを同じようなかたちで虐待する確率が高いのです。調査結果によると、幼児期に(間接的にであっても)身体的、精神的、または性的虐待を受けた人は、受けなかった人と比べ、虐待的な親になる可能性がはるかに高くなることがわかっています。

子どもに対する自分の態度がじつは虐待であることに、親が気づかない場合がよくあります。それはとくに、自分自身が子どもの頃、虐待を受けていた親たちにいえることです。子どもを傷つけているという自覚がないまま、自分の親にそうされていたのと同じふうに、あなたは自分の子どもに接してきたのかもしれません。時代は変わり、かつては正しいと思われていた育児法やしつけ法の中には、不適切なだけでなく有害なものがあることが、現在、明らかになってきました。もしあなたが子どもの頃虐待を受けていて、その遺物を子どもに伝えてしまっているのなら、そのことを子どもに説明し、自分の態度をわびることはきわめて重要です。

それなのに、多くの親たちがこの考え方に違和感を覚えます。なぜなら、自分の親を責めているように感じるからです。しかし、虐待の名残という真実と直面し、それを子どもに伝えることは、「自分の態度がこうなったのは親のせいだ」と親を責めることとは違います。誰かを責めることと、自分の責任を認めることは、まったく別のことなのです。

非難は否定的な行為です――非難とは、誰かに罪をきせて自分の責任から逃れようとすることです。いっぽう、責任を認めるという行為は、なぜ自分がそんな行動を取ったのか説明することになったとしても、あくまでも肯定的な行為です。どうしてあなたが虐待的な態度を取るのか、その理由を子どもに説明したからといって、責任から逃げることにはなりません。あなたは家族に関する真実を子どもに伝え、彼らを傷つけるのは自分の本意ではなかったことを、子どもに知らせることになるのです。

＊　＊　＊

前にもお話したとおり、母は最終的に、幼い私を、さらに大人になった私を、精神的に虐待していたとわびることができました。そして、自分の行為が虐待だったと気づくと、母はひどい自己嫌悪におちいりました。私は母に、自分の態度が私にどんな影響をおよぼしたか認めてもらい、そのことを謝ってほしかったのですが、いつまでもくよくよしてほしくはありませんでした。長年にわたる心理療法家としての経験、とくに虐待被害者の治療経験から、おそらく母自身、子どもの頃、精神的な虐待を受けていたのではないかと私は感じました。

そのことを母に話すと、彼女はそんな事実はないと頑として否定しました。母はいつも、自分の母親は美しく、社交的で、寛大で、じつに素晴らしい人だったとほめちぎっていたのです。実際、私は母からよく祖母（私が生まれる前に亡くなった）と比べられました。

その時はこの問題を明らかにするのはあきらめましたが、その後何度か母にたずねてみました。しかし、母がついに真実を告げたのは、彼女が亡くなる直前でした。祖母を裏切りたくなかったため、私に本当のことが言えなかったのです。じつは、祖母はアルコール依存症で、お酒が入ると攻撃的になり、人のあら捜しばかりしていたそうです（母がお酒を飲むとそうなったのと同じように）。亡くなった日も、祖母は酔っていたそうです（私は祖母が交通事故で亡くなったと聞いていました）。交通事故の真相を話すのは、母にとってとてもつらいことでした――酔っ払った祖母は、友人に会うため夜道を歩いていて、車にひかれたのです。おそらく道の真中を歩いていたのでしょう。

真実を告げるのはつらかったでしょうが、母は自由になれたと思います。はじめは、自分の愛した母親を裏切ってしまったと感じたようですが、あとになって母は私にこう言ったのです。真実を直視したことで、私に対する自分の態度を自ら受け入れられるようになったし、さらに、自分に対するかつての母親の態度も受け入れられるようになったのだと。

私は、家族という名のジグソーパズルの一片を、発見したような思いでした。自分の一族に受け継がれていく無数の特質——アルコール依存、傲慢、カリスマ性、芸術的センス、批判精神、知性、社交性など——の中に、私は「精神的虐待の傾向」も加えることにしました。どの家族も、善い特質と悪い特質を次の世代に残します。あるものは感謝して受け継ぎ、あるものは克服していかなければならないのです。

●子どもの話に耳を傾ける

それでもなお、子どもが自分から離れていった理由がわからないのなら、子どもにわけを教えてほしいとたのみ、彼らの言葉にしっかり耳を傾けなければならないでしょう。もし自分はすでに子どもから話を聞いているが、やはり理由がわからないというのなら、もっと違う態度で子どもの話に耳を傾けることが必要です。ただ黙って彼らの話に耳を傾けること、言い返さないこと——自己弁護しない、言い合いしない、事実と異なると思えてもそれを正そうとしないことが必要なのです。

自分の悪しき行ないを一方的に並べ立てられたり、自分の欠点を指摘されたり、不幸やトラブルを引き起こしたのはあなたのせいだと責められるのは、つらいことです。しかし、子どもにもどってきてほしいと思うなら、それがまさに、あなたがすすんで受け入れねばならないことなのです。

虐待のあった家族を修復する

家庭内に存在した子どもへの虐待が原因で、じつに多くの家庭がばらばらになっています。拒絶、真実に対する恐怖、プライド、正しい人間でいたいという願望、罪悪感、怒り、頑固さ――こうしたもののせいで、互いが互いをもっとも必要とする時に、家族が背中を向け合うようになっているのです。家族全員がそれぞれ苦しみを抱えているため、互いに思いもよらないような言動に走ったりしています。互いに話しかけるのをやめ、顔を合わせるのをやめ、ついには虐待という問題へのかかわりさえ、否定し合うようになっているのかもしれません。自分の過ちを認めず、相手の話に耳を傾けず、虐待から目をそむけていたのかもしれないと自分を振り返ることもせず、みなが互いに背を向け合っているのです。

●虐待の当事者以外の家族にできること

虐待の被害者たちはこれまで何度も、虐待の事実を信じていない家族や、自分を助けてくれない家族たちとは、一時的あるいは永久に別れて暮らさざるを得ないのでないかと思ってきたはずです。しかし彼らがたとえあなたにそんな姿勢を示しても、まだ和解の道は残っています。もしあなたが本当に心を開いて、被害者である彼/彼女の体験に理解を示そうとするのなら、また、もしあなたがプライドを捨て、自分が加害者に対して弱腰だったこと、あるいは加害者の肩を持っていたことを認めるのなら、そしてもしあなたがこれまでとは異なるかたちで彼/彼女の話に耳を傾けるなら、あなたの家族はきっと再出発することができるでしょう。

まず最初にすべきことは、虐待を受けた家族のメンバーの言葉に心を開くことです。あなたが今このくだりを読んでいるという事実も、あなたがある程度その人に心を開いているというあかしです。そのほかにも、メディアや友人の話、本を通して、あなたは虐待問題についていろいろ学んだかもしれません。友人の誰かに、虐待にまつわる自分の体験または子どもの体験を話してもらったという人もいるかもしれません。あなたの記憶がよみがえり、自分もまた被害者だったと、漠然と、あるいははっきりと自覚したかもしれません。それらすべてが、虐待を受けた家族のメンバーに心を開いているあらわれです。

大事な点がもうひとつあります。それは、家族の他のメンバーが、自分も同じ人物から虐待を受けたと打ち明けた時、または、複数の子どもたちが同じ人物から虐待を受けていることが、明らかになった時のことです。あなたはこうした事実から、被害者のことを信じるようになるでしょう。理由はどうあれ、愛する家族があなたに伝えようとしたことを、今、信じることができるなら、それは虐待を受けた側にとってもあなたにとっても、素晴らしい出来事なのです。たとえどんなにつらくても、真実と向き合うことであなたは自由になれますし、子どもや兄弟、孫、甥や姪たちと、家族としてまたひとつになることができるのです。

つぎにあなたのすべきことは、プライドを捨てることです。もし家族のあるメンバーが（あなたが加害者ではなくても）あなたに会うのをやめていたら、あなたはすでにその人の大切さや、その人が自分のプライドより必要な存在であることに気づいていることでしょう。むずかしいかもしれませんが、あなたの方から手を差し出すこと、それがつぎにあなたのすべきことなのです。

彼／彼女はあまりに怯《おび》え、あまりに傷つき、あまりに絶望していて、あなたに近づくことができないのかもしれません。おそらく長いこと、あなたに自分の話を信じてもらおうとしてきたでしょうし、虐待のせいで自分がどんなダメージを受けたかわかってもらおうとしてきたでしょう。しかしあなたには理解することができなかったし、理解しようとしませんでした。そして彼／彼女は、他の多くの虐待被害者と同じように、ある結論に達したのです。虐待から立ち直るためには、あなたから離れていた方がいいと。なぜなら、あなたに信じてもらえないため、彼／彼女は自分自身を、そして自分の認識を、極端に疑うようになってしまっているからです。

その結果、たとえ時々あなたが恋しくなっても、彼／彼女はあなたに近づくことができませんし、近づこうという気持ちにもなれません。たぶん彼／彼女は、それは無理な願いだと思っていますし、わざわざあなたに近づいて、これ以上あなたのことで失望し苦しんでも、自分にとって何もいいことはないと感じているからです。

和解のため、あなたがまず行動を起こすべきです。何より大事なのは、虐待を受けた家族のメンバーに、無理解だったことを謝ることです。それとともに、自分の気持ちに偽りはないこと、自分の考えは変わったことを相手に示してあげてください。そのためには、以前とは異なる態度や行動を取らなければなりません。それがすなわち、過ちは自分の方にあったと認めることになるのです。

あなたは、かつて電話や手紙で接していた時よりもさらに率直な態度で、相手に接しなければなりません。愛する家族に、あなたが連絡を取った目的をありのまま伝えてください（たとえば、「あなたから聞いた話について考えているうち、あなたのことが信じられるようになってきた。そのことについてもっと話がしたい」）。もっと早く信じてあげられなかったことに罪悪感を抱いているなら、こう伝えてください。「あなたを信じなかったのは私の過ちです」そしてもっとも大切なのは、あなたの気持ちを伝えることです。「いっさいの偏見なしにあなたの話が聞きたい」あるいは「何としてでも、あなたの力になりたい」

もし相手があなたともう一度話してもいいと言ったら、これまでとは異なる態度で話を聞くよう心がけてください。人の話を真剣に聞く時、私たちは、どんな返事をしようかとか、自分を弁護するにはどうしたらいいかなどと考えたりせず、相手の言うことに全神経を集中させます。相手が必要なことをすべて言い終えるまで、話をさえぎることなく、注意深く耳を傾けつづけるのです。

また、相手の話に耳を傾けているあいだは、彼／彼女の言っていることを正しく聞き取るようにしてください。結論を急いだり、あれこれ推測したりしないでください——相手の言葉をそのまま受け取るのです。たとえば、彼／彼女はあなたを責めているわけではないのに、あなたは虐待の件で、自分が何かしら責められていると感じてしまうかもしれません——虐待に気づかなかったこと、虐待を止めなかったこと、加害者の前に彼／彼女をさらしてしまったことについてです。

必要のない時に、私たちは罪悪感を抱いたり、自分を責めたりするものですし、実際はありもしないのに、周囲からの批判の声が聞こえてきたりするものです。もしあなたがそんなふうになりがちなら、用心深くなって対話を自分からやめることになるでしょうし、真剣に彼／彼女の話を聞くことも、力になってあげることもできなくなってしまうでしょう。相手が、虐待に関して何らかの点で、あなたを責めているかどうかは、その時点ではまったく関係がないのです。重要なのは、当人に何が起きたか、虐待によって当人がどう感じたか、虐待によって当人の人生がどんな影響を受けたか、そして今現在、当人がどう感じているかです。自分を守ろうとする習性から、相手の話を真剣に聞かず、彼／彼女の力になれないようなことがあってはなりません。

●もしあなた自身が家族の誰かを虐待したのなら

もしあなた自身が自分の子どもや、孫、姪、姉妹、いとこなど、家族の誰かを虐待してしまったら、その人物に謝って相手の気持ちを聞くだけではすみません。つぎのプロセスをすべて経て、自分の行動の責任を取らなければならないでしょう。

1 どんな事情があろうと、自分のしたことは不正であると認めなければならない
2 被害者に、虐待したのは自分だと認めなければならない
3 虐待の全責任を取らなければならない
4 あなたの行動が当人の人生にどんな影響をおよぼしたか、被害者の話す言葉に、すすんで耳を傾けなければならない
5 あなたのもたらしたダメージについて、被害者に謝らなければならない
6 他の家族に対しても、虐待の事実を認めなければならない
7 二度と同じことを繰り返さないよう、過ちから学ばなければならない。人を傷つけなくなるために必要であれば、心の治療を受け、同じかたちで二度と人を傷つけたりしないよう、努力しなければならない
8 被害を償うため必要なことは、何でもしなければならない

言葉だけでは相手の傷が癒えないため、被害者の治療費を負担するという金銭的な補償を申し出たり、あなた自身が心の治療などを受けると約束することによって、相手に償わなければならない場合も出てくるでしょう。

仲たがいした家族から謝罪を受け取る

仲たがいした加害者側の家族から謝罪を受け取ると、まるで素敵なプレゼントをもらったような気分になります。そう、私のように。しかし中には、謝罪などいらないと言う人、手遅れだと言う人もいるかもしれません。自分を必死に守ろうとして、自己防衛の壁を築いている人にとっては、「ごめんなさい」の言葉ていどでは、その壁を取りのぞくことはできないのでしょう。「ごめんなさい」だけでは、今さらどうにもならないのかもしれません。

しかしだからといって、真の謝罪がもつ意味を過小評価したり、否定したりすべきではありません。自分を傷つけた家族を許すかどうか、あるいは彼らと和解するかどうかは別として、心を開いて、相手の謝罪を受けとめられるようになってください。そうでないとあなた自身、大きな癒しを得るチャンスを失ってしまいます。

もしあなたが、相手を許すのに必要な共感を抱けずにいるのなら、つぎのことを今一度思い出してください。あなたを傷つけた人物とは、誰もがみなそうであるように、間違いをおかしやすく、了見の狭い、自分勝手になりがちな人間なのです。彼らも私たちと同じように、誤りの多い、心の弱い、満たされない人間なのです。私たちは自分に対してよりも他人に対して、はるかに高い基準を、も、う、け、る、も、の、で、す、。とくに親や自分の保護者に対しては、そうした基準をもうけがちです。たとえば子どもの頃私たちは、自分の親を、すべてに長《た》けた英雄だと思っていました。親は言行一致、つねに正しいことを行なっていると思っていました。しかし現実は違います。親は必ずしも良い手本というわけではなく、私たちに犯さないよう指示してきたはずの過ちを、しばしば彼ら自身が犯しています。彼らの行ないは正しいことばかりではありませんし、時として、すぐれた親と呼ぶにはほど遠い場合もあったのです。

親のもつ欠点や過ち、あるいは親から受けた虐待のせいで、たくさんの子どもたちが、親への憤りを心に抱きながら成長してゆきます。そして不幸なことに、多くの人がいまだに、親の弱さや欠点を、厳然たる事実として受け入れることができずにいます。彼らにとって親とは、そうしたものを超えた存在、人より優れた存在でなければならないのです。親もふつうの人と同じであるという事実を受け入れることができないため、彼らは親を許すことができないのです。

家族の謝罪を受け入れることができないなら、なぜ自分は抵抗を感じるのか、その原因を探ることが大切です。第5章で取り上げた、謝罪の受け入れ方に関する箇所を読み直してください。また、親を許したいのだけれど、そうすることができないというのであれば、第6章「許しをはばむ七つの障害物を乗り越える」を参考にしてください。何が障害となっているかわかってしまえば、それらを乗り越えるべく行動が起こせるようになるでしょう。つぎに挙げるエクササイズは、抵抗感を乗り越えるのに役立ちます。

【……エクササイズ……】謝ることに対する抵抗感を検証する

以下の質問に答えてください。

A　相手が心から反省していると、あなたは本当に信じていますか？　もし信じていないとしたら、それはなぜですか？　相手が反省したふりをしている、嘘をついている、もしくは、あなたを巧みにあやつろうとしていると思う理由を挙げてください。

B　何を恐れて、あなたは謝罪を受け入れることができないのですか？　彼／彼女がまた同じやり方で、あるいは似たようなやり方で、あなたを傷つけると思うのですか？　もし答えがイエスなら、あなたの抱く不安について、そして、これなら相手から自分を守れると思う対処法について記してください。その人が同じことを繰り返さないという保証はありませんが、あなたには、彼／彼女に対する自分の接し方を変える力があるのです。ふたたび傷つけられたりしないよう自分自身を守るのは、相手ではなくあなたの務めです。

　そのいっぽうで、ひどい仕打ちをした人間を、私たちは、そう簡単に信じることはできません。したがって、あなたの信頼を取りもどせるかどうかは、相手側の努力にかかっているのです。そのために、彼／彼女（相手）ができそうなことを挙げてください。

C　その人が謝ったのは、純粋な自責の念からではなく、謝らざるを得ないような状況に追い込まれたから、あるいは、家族の他のメンバーに謝罪を強いられたからだと思いますか？相手の人物はどんな動機からあなたに謝ることになったと思うか書いてください。本当はどんな理由で謝る気になったのか、本人にたずねてみても、まったくかまいません。しかし理由はどうあれ相手が謝ってきたのであれば、彼／彼女があなたの前で謙虚になったという事実を認めてください。たとえまわりから圧力をかけられたとしても、自分の非を認めるにはかなりの勇気がいるものだからです。

心の準備がととのう前に、家族の他のメンバーから、謝罪を受け入れて相手を許すよう求められても、あなたはそれに応じるべきではありません。相手と和解しなくても、気持ちの上でその人を許すことはできるのです。また、相手の過去の行為は許せても、将来的に自分がふたたび傷つきそうな、家庭という危険な場所にはいたくないと、あなたは思うかもしれません。幼児虐待の場合のように、謝罪を受け入れたり相手を許したりすることで、自分自身あるいは子どもをこれから先も、危険な目にさらしつづけることになるのなら、ぜったいに謝罪を受け入れてはなりません。

仲たがいした家族に謝罪を求める

あなたの意見で別れて暮らすことになり、それからあとも、相手がわびてこないなら、あなたはその人物に謝罪を求めるべきでしょう。ただし謝罪を求める前に、あなたが相手を本当に許そうとしているのか、また、自分の怒りを建設的なかたちで解き放つすべを知っているかどうか、はっきりさせておいてください。こうした条件がととのっていなければ、すべての努力は水の泡です。謝罪の求め方に関する第４部（第８章）のアドバイスを参考にしてください。

●仲たがいした親に謝罪を求める

親と疎遠になった人々は、親と和解し問題を解決したいというひそかな願いを、心の奥深く抱いています。親との別居や絶縁が最善の策だとその時はわかっていても、親と離れて暮らすうちに、多くの人が、いまだに自分は親を愛していて親と和解したいと願っていることに気づくのです。時がたち、傷が癒えるにつれ、どんなにひどい親であっても許したいと思えてきたり、どんなに憎らしい親であっても恋しくなってくるのが子どもの自然な感情です。私のクライアントのシンシアは、私にこんな話をしてくれました。

私は父を懲らしめたり思いどおりにしようとして、彼に会うのをやめたんじゃありません。父にののしられ、精神的にしいたげられるのはもう終わりだと宣言するために、会うのをやめたんです。

父とは三年以上会わなかったのですが、その間私にいろんなことがありました。父の虐待から逃れたこと、セラピーを受けたことで、私の自尊心はかなり向上してきました。素晴らしい男性と結婚し、ふたりの子どもにも恵まれました。生まれてはじめて、自分のことも人生も愛せるようになりました。もし父が以前のように私をしいたげたりしなければ、こうしたよろこびを父と分かち合いたいと思うようにもなりました。父に夫や子どもを会わせたかったし、それに、父がいなくても自分はうまくやっているると知らせたかったのです。

今の自分なら、かつてのひどい仕打ちを父に謝ってもらえるだろうと思いました。驚いたことに、謝罪を求めるのは想像していたよりも簡単でした。ごくふつうの場所で会いたかったので、父とは喫茶店で会うことにしました。テーブルにつくとすぐに私は、父が精神的に私を虐待してきたこと、それが私にどんな影響をおよぼしたかを告げました。父が不機嫌になったので、このまま席を立って出ていってしまうのではないかと思いました。しかし父は私を見て言いました。「たしかに時々きつくあたりすぎたよ。だが良かれと思ってしたことだ。おまえが言うように、おまえを傷つけたり、不安にさせたりするつもりはなかったんだ」

私は父の話をさえぎり、彼が私を非難し、私に罵声を浴びせたのは、「良かれと思って」したのではなく、自分に気をつかわないことに腹を立てたためではないかと主張しました。すると父はこう言いました。「おまえのことでも短気になっていたようだ。そんなつもりはなかったんだが。私は時々怒りにわれを忘れてしまう。それがいろんな問題の種だとわかっているし、自分でもなんとかしようとしているんだよ。本当にすまなかった」

私が父に望んでいたのは懺悔と謝罪、それがすべてでした。今では父といっしょにいても安心していられます。父は自分が怒りをうまく処理できないことを認めていますし、そのことをどうにかしようとしています。もう私に悪態をつくことはないでしょう。それに父と向き合えたあと、私自身、もし今度父に罵倒されても立ち向かっていけるくらい、強くなれたと感じているのです。

シンシアのように、親と距離を置いた結果、自分が以前よりはるかに健全でたくましくなったと感じる人がいます――親の前でも、自分をしっかり守れるようになったことに気づくのです。シンシアはもう一度やり直してみようという思いで、父親と話し合いました。前回彼女に会った時、私はこんな報告を受けました。

「私は父の前で、もう無力な子どもじゃないわ。父の犠牲者ではなく、父と対等に話せる立場になったって感じるの。父がブツブツ言い出すと、いつも『ふざけないでよ』って顔で彼をにらむの。すると父は引き下がるわ。驚きよ」

「和解」と「許し」は同じではない

親や家族と和解するのに、許しのプロセスをすべて終えていなければならない必要はありません。しかしおそらく和解のプロセスを経るうちに、相手のことを許せるくらいの信頼感、そして心の癒しを、あなたは感じるようになるでしょう。

和解はしても、相手のことをけっして許そうとしない人もいます。「そんなことがあり得るのか？」「相手を許さずに、和解することなどできるのか？」あなたはそう思われるかもしれません。しかし、人は誰でも善と悪の両面をもちあわせているという事実をあなたが本当に認めることができるなら、たとえどんな仕打ちを受けていても、その人の良い面を見て、相手を愛することができるのです。また中には、相手を完全に許すことはできなくても、和解できる人たちもいます。なぜなら彼らは、相手の行為を許すことはできなくても、その人自身は許すことができるからです。

「許し」や「和解」について判断を下すのはあなたです。許しの時とはいつをさすのか、それがわかるのはあなただけです。自分の直観を信じ、自分の気持ちにしたがってください。まだその時が来ていないのに、周囲の人や状況に急《せ》かされて、許しや和解を決断してはなりません。

自分を傷つけた家族のメンバーから謝ってもらったなら、心を開き、人としての礼儀を守って、相手の言葉にどうか耳を傾けてください。謝ってくれた相手の勇気を認め、あなたの魂にしみついた憎しみを、謝罪の言葉で鎮めてください。それからあと時間をかけて、その人と和解するかどうか、あるいは和解できるかどうか、決めればいいのです。

家族の誰かと疎遠になっているけれど、今ではその人といっしょにいたい、もしくはいっしょにいられると思うなら、相手に謝罪を求めても、あなたにとって失うものなど何もないはずです。ふたりのあいだに時間と距離が生まれたことで、相手は以前よりも自分の非を認められるようになっているかもしれません。しかしたとえそんな変化が相手になくても、相手の心境を知ることで、自分は今、和解を望んでいるのかどうか、あなたは判断できるようになるでしょう。

第13章 結婚生活や恋愛関係を癒すには

あなたは正しい人間でいたいのですか？　それとも愛されていたいのですか？

——サンドラ・レイ（セラピスト）

幸せな結婚とは、ふたりの上手な許し手がいっしょになることである

——ロバート・クィリン（ジャーナリスト、漫画家）

「愛しています（I love you）」という言葉にくわえ、もうひとつ、「ごめんなさい（I'm sorry）」という言葉も、相手に大きな影響を与える、じつに力強い言葉です。しかも多くの場合、「ごめんなさい」には「愛しています」の意味もふくまれています。「ごめんなさい」には、「プライドなどかなぐり捨てていいくらい、私はあなたを愛している」「自分の非を認めることができるくらい、私はあなたを愛している」「あなたの気持ちが大事であり、あなたを傷つけてしまったことがとてもつらい」「あなたを二度と傷つけないよう、何かの援助を得ようと思うくらい、私はあなたを愛している」という内容がこめられているのです。

自分の過ちを認めること、あるいは、パートナー（妻・夫・恋人）を傷つけてすまなかったと謝

ることで、あなたは愛情だけではなく、自分の強さや相手への思いの深さを示すことになります。

不幸なことに、カップル（夫婦や恋人同士）の多くはお互いに謝り合うことをしませんし、中には相手にけっして謝らないという人さえいます。ふたりのどちらかひとり、もしくはふたりがともに、自分が悪いとわかっていても、プライドが邪魔をして相手に謝ることができないでいるのです。こうした状況はとくに各々が極端に負けず嫌いだったり、ふたりのあいだに「権力争い」が起きたりしている時に生じやすいものです。

さらに、それぞれが、パートナーを傷つけてしまったことに気づいていない場合もよくあります。彼らは傷つけられることばかり用心して、または、ただたんにほかの問題に気を取られ、自分の態度が相手にどんな影響を与えているのか、気づくことができないのです。こうした傷が積み重なって、ふたりのあいだに緊張や葛藤、距離が生まれてきます。

愛する人が謝ってくれないと、心に深い傷が残ります。やがて、この時の傷が原因で私たちは心を閉ざし、自分の中に、相手に対する距離や怒り、苦々しい気持ちが芽生えてくるようになるのです。

この章の目的は、「謝罪」によって、パートナーに対する敬意や信頼、思いやりがいかに呼び起こされるか、「謝罪」によっていかにそれらを維持していけるか、そして「謝罪」によってカップルの抱えるトラブルがどのように改善されていくかを示すことです。さらに本章では、謝ることに対する男女の考え方の違いにも触れ、男性・女性それぞれに、謝ることがお互いの関係を持続させるためにどれほど有益か、説明していこうと思います。

一方は謝るのに、もう一方は謝らない場合

ふたりの良好な関係とは、敬意と信頼、思いやりにもとづいたものをいいます。もしカップルのどちらかが相手に謝ることができなければ、パートナーに対する敬意や思いやりのなさを示すことになりますし、さらにまた、パートナーは謝ることのできないその人を、尊敬し信頼しつづけることができなくなります。

一方は自分の態度をすぐに謝ることができるのに、もう一方にはそれができないというケースもよくあります。こうした現象は男女の違いで起こるものだと私たちはとらえているのですが、多くの点から見てたしかにそれは正しいといえそうです。たいていの文化圏で、場合によっては極端なほど、男性は人に頭を下げるべきではないと教えられ、女性は人に頭を下げるべきだと教えられます。男性より女性の方が、謝ることはひとつの礼儀であると教えこまれているのです。

さらに、女性の方が男性より、人を喜ばせる人間になるよう、また、他者の気持ちに配慮する人間になるよう育てられており、謝ることはそのための手段となっている場合が多いのです。また、生物学的に見て、女性には男性より、人間同士のつながりや歩み寄り、協調といったものに価値を置く習性がそなわっています。謝ることは女性にとって、これらの要素を表現・実践するための自然な手段なのです。

なぜ謝ることが苦手な人がいるのか、この問題については第3章で述べたとおりです。この理由を理解することによって、私たちは、人とのかかわりの中で、忍耐力と思いやりを育むことができるのです。こうした意味において、とくに女性にとっては、男性の謝ることのできない理由を知る

ことは重要です。ですからこの章では、自分のパートナーをより深く理解するため、女性であれば男性のために書かれた箇所も読み、男性であれば女性にむけて書かれた箇所も読んでください。なぜ謝ってばかりいる女性がいるのか理解すること、女性も人に謝罪を求められるようになるべきだと男性が理解することで、妻や恋人に対する理解が深まるだけでなく、お互いの関係を平等なものにしていくことができるでしょう。

とはいえ、すべての男性が謝ることができないとか、すべての女性が謝りすぎているといった印象を、私はみなさんに与えたくはありません。反対の場合もあります。謝ることの苦手な女性もたくさんいますし、謝ってばかりいる男性、不適切な謝り方をしている男性だっているのです。もしあなたにそんな傾向があるなら、性別にとらわれず、自分に合ったアドバイスを参考にしてください。

●男性にむけて

男性が自分のパートナーに抱く最大の不満のひとつとは、女性が口うるさくて、あまりに不平を言いすぎるという点です。そのいっぽうで皮肉なことに、女性が男性に対して抱くもっとも大きな不満のひとつに、彼らが自分の話に耳を傾けようとしないという点が挙げられます。女性たちは、自分が口うるさくなるのは、パートナーである男性が話を聞いてくれないからだと主張しているのです。

男性が女性の話をしっかり受けとめさえしたら、彼女たちもくどくど言いたくなったりはしないでしょう。たとえば、あなたの妻／恋人が、あなたに何かをしてほしいとたのんだ時、あなたが一言「わかったよ」と答えるのなら、また、あなたのどんな態度が気にさわるのか彼女が説明した際、

「君はそんなふうに感じていたんだね」とあなたが答えるなら、彼女は自分の話があなたにとどいたと感じ、とりあえず納得するでしょう。じつはそれがとても大切なのです。とくに女性にとっては。

しかしあなたはさらに一歩先を行くことができます。あなたに非がある場合、たとえばあなたが何かをしなかったと妻／恋人が文句を言った時には、彼女にわびてください。自分の落ち度を謝ることで、彼女の言葉はたしかに耳にとどいたこと、さらに、自分の取った行動あるいは自分の怠慢さをすまなく思っていることを彼女に伝えることができるのです。

謝ること、謝ってもらうことは女性にとってひじょうに大切です。その理由のひとつとして、女性が公平さと平等を重要視している点が挙げられます。公平さとは、集団内の協調と、集団内のあらゆるニーズの充足を抜きにしては、語ることができません。平等性を重視するのは、それを勝ち取るため女性たちが、厳しい闘いを強いられてきたからです。また、自分の過ちを認めることに関しては、ほとんどの女性が男性よりスムーズに自分の非を認めることができるため、なぜ男性にとってそれが一大事なのか理解に苦しむのです。そしてなかなか謝ることのできない男性を、女性たちは、頑固で不公平な人間、つまるところ思いやりのない人間だと見なすようになるのです。

もしあなたが人に謝ることのできないタイプの男性なら、つぎのアドバイスにしたがって、自分を変えていくことができるでしょう。

1　もしあなたが自分の落ち度や悪しき態度を言い訳しがちな性格なら、自制するよう心がけてください。自分は言い訳しているなと気づいたら、その場でこんなふうに言ってください。「しかしどんな理由があったにせよ、問題は僕がそんな態度を取ったことだ。すまなかった」

2
もしあなたがこれまで自分の落ち度を謝らずに過ごしてきたとしたら（ふたりの記念日を忘れてしまう、など）、今すぐ自分を変えるのはむずかしいかもしれませんが、だいじょうぶ、うまくいきます。おそらくはじめは、パートナーの言葉や態度を合図にすべきでしょう。

彼女がもし、あなたがふたりの記念日を忘れてしまったので傷ついたと言ったなら、彼女に謝ってください。言い訳はいけません。嘘をついて、「君をびっくりさせるつもりだった」なんて言うのもいけません。また、黙り込んで、あとで何か埋め合わせをしようとひそかに案を練るのもいけません。とにかく、素直に謝るのです。

3
たいていの女性が男性よりも繊細なため、男性からすると、なぜ女性が一見ささいに見えることでしょっちゅう傷ついているのか、理解に苦しむことがよくあります。しかし大切なのは、もしあなたのパートナーが、あなたが何かしたせいで、あるいは何かしなかったせいで自分は傷ついたと言うのなら、彼女にとってあなたの行為は、本当に謝ることが必要だという点です。

ですから、あなたの態度のせいで自分は傷ついたと言われたなら、どうか彼女に謝ってください。言い訳したり、傷つく方がおかしいなどと言わないでください。ばかげているとか、神経過敏だとか言うのもいけません。君は大人げない、あるいは、赤ん坊のようだという言葉は、もってのほかです。とにかく彼女に謝るべきです。

4　意図的に何かをしたのでなければ自分には謝る必要はない、男性はそう考えがちです。しかし、謝ることとは、自分がわざと誰かを傷つけたと認めることではありませんし、謝ったからといってあなたが悪者になるわけでもありません。むしろ謝ればふつう、あなたには相手を傷つけるつもりはなかったということになります。あなたは純粋に、相手が傷ついてしまったという事実に対してわびているのであり、それこそがまさに、女性が望んでいることなのです。

5　「すまなかった」と声に出して言えないなら、謝罪の言葉をカードや手紙に書いて彼女にわたすといいでしょう。

6　約束を守れなかったことで相手を傷つけたのなら、彼女に謝り、ふたりで代案について話し合ってください。ふたりの約束をあなたが破ったという事実を無視してはいけませんし、また、あれこれ言い訳するのもいけません。約束を破ったことをわび、実行に移すことのできそうな代案を考えてください。

7　逆に、もしあなたのパートナーが、争いを避けようとして謝ってばかりいるのなら、彼女に謝る必要のないことをわからせてあげてください。自分に何の責任もないことで彼女が謝ろうとしていたら、こんなふうに伝えてください。「君は何も悪くないんだから、謝る必要はないんだよ。謝らなきゃならないのは、僕の方だ」

●女性にむけて

女性の側にも謝る必要はあるのですが、多くの女性が謝りすぎたり、上手とはいえない謝り方をしています。女性のこうした傾向は、男性と同じように、人間関係にさまざまな支障をきたす原因となります。しょっちゅう謝ってばかりいたり、お互いのあいだに生じたトラブルで必要以上の責任を負ったり、傷つけられても相手に謝罪を求めずにいることで、女性は不当なあつかいを受ける結果となります。こうした態度を取らざるを得なくなることで、女性は内心、夫や恋人に恨みを抱くようになり、セックスを拒むなど、彼らと距離を置くようになるのです。

先にも述べたとおり、たいていの女性が礼儀正しくなるよう、また、誰かを傷つけたら必ず謝るようしつけを受けてきました。そのうえ女性は、人を喜ばせる人間、人の面倒を見る人間になるよう育てられてきたため、お互いのあいだに不和が生じると、むやみに謝ってパートナーをかばおうとします。喧嘩の際にも、自分の責任を自ら認めようとするよりも、安易に、そして繰り返し頭を下げるのです。さらに、女性は生物学的に譲歩や連帯、協調を重視するよう条件づけられているため、平和を守ろうとして謝ることが多いのです。

しかし女性には、謝りすぎる傾向もあります。自分が間違いを犯したわけでもないのに、女性は反射的に謝ってしまうのです。「私はあなたのことが大事だし、傷つけたくない」と伝えるための方法として、女性は謝罪を用いますし、たとえ自分がまだ傷ついていても、あるいは、相手に怒りを覚えていたとしても、平和な関係を維持するための方法として、女性はやはり謝罪を用いるのです。相手の気持ちをやわらげるため自分が謝り、罪をかぶってしまうことさえあるのです。

ところがあいにく、あまりに謝ってばかりいると人から弱い人間だと見られることになり、結果として周囲の人につけ込まれることになります。また、争いを避けようとして謝ってばかりいると、「自分は男性をつなぎ止めるため、あるいは恋人／夫婦の関係を維持するためにはどんなことでもやるし、どんな非難でも受け入れる」というメッセージを伝えることになってしまいます。

また、謝ってもらう権利があるのに謝罪を求めないでいると、パートナーに、同じ態度を取りつづけてもいいというメッセージを送ってしまうことにもなります。やがてあなたは、自分の過ちをわびない彼に内心、怒りを募らせていくでしょう。こうした憤りの念が募っていくと、パートナーに距離を置き、彼を軽蔑するようになりますし、最終的には彼への愛がすっかり失せてしまうのです。

こうしたパターンを克服するには、つぎのような方法で、自分を変えていかなければなりません。

1　自分がどれくらい頻繁に謝っているかに注目してください。「ごめんなさい」「私が悪いんだから」といった言葉をあなたは何度、口にしているでしょう。

2　自分がしょっちゅう多く謝っていると気づいたら、なぜ謝っているのか考えてください。無意識的な反応ですか？　争いを避けるためですか？　あるいは自尊心が低いせいですか？

3　このつぎ自分はまた謝っていると感じたら、深呼吸して、謝るのを数分待ってください。そして、今の状況について、以下の問いへの答えを考えてください。

＊なぜ私は謝ろうとしているのか？
＊私は本当に「申し訳ない」ことをしたのか？　ただいつもの「自分」でいただけではないのか？
＊本当に自分のせいか？　私は争いを避けようとしているだけではないか？
＊私は本当に自分のしたことを反省しているのか？　じつはまだ怒っているのではないか？
＊私はわざとやったのか？（相手があなたを傷つけていたのであれば、あなたも相手を傷つけたくなることがあるでしょうし、そんな場合は反省できないことがあって当然です）
＊謝ることで、私は何を得ようとしているのか？　謝ることは、その目的を達成するための最善策か？

4

もしパートナーがあなたに直接言葉で謝るかわりに、花を買ってくるなど、態度で気持ちをあらわすようなら、今度彼がそんな態度を示した時は、彼の行為が本来何を意図しているのかはっきり指摘してください。「お花をどうもありがとう。これがあなたなりの、『きのうの晩はすまない』っていうことなのね」こう指摘することで、お互いに隠し立てすることがなくなり、彼もこれからはもっとオープンに謝ることができるようになるでしょう。あなたの質問に、彼は「そうだよ」と言わざるを得なくなるかもしれません。少なくとも、うなずくくらいのことはするでしょう。いずれにせよ、こうしたことが次へのきっかけになるはずです。

主導権争い

夫婦やカップルのどちらか一方、あるいはふたりそろって、相手に謝ろうとしない理由のひとつは、謝ることが彼らにとって主導権を放棄することのように思えるからです（五三ページ参照）。ふたりとも不安を抱き、傷つき、怒りを覚えているのですが、自分の立場が不利になるのを恐れて、和解のため自分から行動を起こそうとは思いません。その結果、お互いの関係は行き詰まってしまうのです。

こうした膠着《こうちゃく》状態を打破するにはどうしたらいいのでしょう？　私たちの社会では、男性より女性の方が自分の感情を受け入れやすいという側面があるため、おそらく最初に行動を起こすのは女性ということになるでしょう。少なくともはじめの頃は。

男性は攻撃されたと感じると被害者意識的な思いを抱き、自分の非を認めにくくなっていきますが、その点を理解し、心にとめておくことが重要です。あなたの声の調子あるいは態度は攻撃的ではありませんか？　もしそうなら、威圧的ではない、パートナーへの接し方を考えてください。たとえば、自分の気持ちを伝えたい時は、「あなたって、なんて鈍感な男なの」ではなく、「私がどうしてほしいのか気づいてくれないと、つらいのよ」というふうに言ってください。

パートナーが落ち着いてあなたの話に耳を傾けられるようなら、攻撃的にならないようさらに注意しながら、なぜつらいのか説明してください。たとえばこうです。「あなたに理性的じゃないって言われると悲しいの。それは違うわ。あなたの意見に賛成しないからといって、私に理性がないということにはならないでしょう」

「君を見ていると君のお母さんを思い出す」と夫に言われた、私の友人を覚えていますか（六八ページ）？　夫の言葉を聞いた彼女は、自分がどんなふうに感じたか伝えるかわりに、こう言って彼を攻撃しました。「あなたは、私が母にそっくりだと言ったけど、冗談じゃないわ。母親との問題を抱えているのはあなたの方よ」これでは火に油を注ぐようなものです。ふたたび喧嘩がはじまりました。

　ランチの際、彼女からこの喧嘩の話を聞いた私は、母親に似てきたという夫の言葉を聞いて、彼女がどう感じたのかたずねてみました。「夫の言葉を聞いた時はぞっとしたわ。だって、私の最大の恐怖は母親に似てくるってことよ。私が教えたんだから、彼もそのことを知ってるわ。私の話をあんなかたちで持ち出されてつらかった。これから先、彼を信じて自分のことを打ち明けるのは不安だわ」

　私は彼女に、夫を責めたことを謝って、私に言ったことをそのまま――母親に関する彼の言葉がいかに自分を傷つけ、不安にさせたか――彼に告げるようすすめました。つぎに彼女に会ったところ、私の言うとおりにしたら、うまくいったとのことでした。

「信じられなかったわ。私がどんなふうに感じたのか話したら、夫はこう言ったの。『君がお義母《かあ》さんのことでそんなに神経質になっていたなんて気がつかなかった。なぜ君があんなに怒ったのかわかったよ。だいじょうぶ、あんなことはもう二度と言わないよ』」

　もちろん、膠着状態を打開するため、女性にまず行動を起こすよう求めるのは、女性に重荷を押しつけることになります。男性の側にも、謝ることへの抵抗感を乗り越える義務、そして、ふたりの幸せを守るためには自分のプライドを後回しにするという義務があります。むずかしい課題なのはたしかですし、長い月日のあいだに身についたものの考え方を克服するには、時間はかかるでしょうが。

そのいっぽうで、「行動は言葉より雄弁である」を実行しているたくさんのカップルがいます。つぎに紹介するのは、「ごめんよ」を言う勇気がもてるまで、ある男性たちが用いている、彼らなりの謝り方です。

◎ジョシュ（二四歳）――「サマンサと喧嘩して、彼女の方が悪い時、たいてい彼女はそれを認めます。でも、僕にはなかなかできません。だから、彼女に花を買ったり、出かける時に『愛してるよ』って書いたメモを残したりして、すまないという気持ちを伝えています」

◎アレックス（五二歳）――「結婚以来、妻に『すまない』と言えたためしはありません。謝るかわりにすることは、喧嘩のあとの数週間は、ポーラのためにつくすことです。夕食後、皿洗いを手伝いますが、そのほかにも洗濯や洗車をします。私がいかに家事を一生懸命手伝うかで、彼女には私の反省のほどがわかるでしょうから」

◎エリック（三六歳）――「僕には『ごめんよ』なんて絶対に言えません。喧嘩した晩の翌日の謝り方は、早起きして朝食をつくり、まだベッドにいるナンシーのところまで運ぶことです」

私たちは何について謝るべきなのか?

男女がともに「自分が悪かった」と感じる態度や行為とは、気が短いこと、乱暴なこと、無神経なこと、パートナーに注意を払わないこと、お互い誤解し合うこと、あるいは疑い合うこと、パートナーに共感できないこと(相手の立場に立ってものを考えようとしないこと)、パートナーの存在に感謝しないことなどです。しかしそのいっぽうで、男性と女性にはそれぞれ異なる、相手のために謝らねばならないことがあるようです。

●男性が女性に謝らなければならないこと

多くの男性たちは、謝ることへの抵抗感を乗り越えようとさえしていません。パートナーの不満の声を、口やかましいとか、あれこれ要求しすぎだと言って、まじめに取り合おうとしないのです。女性に対する彼らの認識とは一般的に、神経過敏だ、怒りっぽい、男性に対する期待が大きすぎる、といったところです。

しかし中には、自分には謝らねばならない問題がたくさんあると自覚している男性もいます。彼らはとくにつぎのような点について、そんな意識を抱いています。

*パートナーが何を求めているか、気づかないこと
*自己中心的で、パートナーが何を感じているか、あるいは彼女の人生に何が起きているか、まるで気にかけていないこと

＊パートナーの言っていることを、本当は聞いていないこと
＊ていねいな話し方をしないこと（ぶっきらぼう、あるいは乱暴な態度を取ること）
＊批判的なこと

●女性が男性に謝らなければならないこと

女性は男性に、どうしたら人に共感が抱けるのか、どうしたら女性が必要としているものに敏感になれるのかを教えることができますし、また教えてあげなければならないのですが、その際に、男性を変えていこうなどと思わないよう注意が必要です。それではまさに、共依存の関係になってしまいます（「彼が変わるためにはどうしても私が必要だ」というふうに、世話をする側の人間が、世話をされる側の人間に自分の存在意義を依存してしまう関係）。誰であっても、とくに男性は、「しつけ」を受けているような気分は味わいたくないものです。女性にできる最善のこととは、どうしたらもっと自分の弱さをさらけ出せるのか、どうしたら人を信じ、人を思いやれるようになるのかを、例を挙げて男性に示すことです。

妻や恋人が自分のことを、たんに彼女の人生設計のパーツのようにあつかうと言って、多くの男性がぼやいています。事実そのとおりです。女性はパートナーをあるがままに受け入れるのではなく、自分には彼を変えることができるという思いこみをもって、恋愛関係に入るのです。しかし、これはじつに不公平です。相手の男性をありのまま愛さないのであれば、彼といっしょにいるべきではないのです。

そのほかにもつぎのような点に関して、女性は男性に謝らなければなりません。

*ダブル・メッセージ（内容の異なるふたつのメッセージ）を男性におくること――たとえば、パートナーにもっと繊細で感情豊かになってくれと言いながら、強い男性像を求めるため、意気地なしになってはいけないと言う

*男はみんな同じだと決めつけること――たとえば、男性はみな約束をろくに守れないと決めてかかること

*自分のパートナーを信用しないこと

*寛大になれないこと（とくに、夫が自分の感情を表に出さないこと、弱さを見せられないことに対して）

*パートナーがつねに強い人間でいることを望み、気持ちの面でも性的な面でも男性ばかりにリードを求めること

【……エクササイズ……】誰が誰に謝るべきなのかを探る

A　パートナーがあなたに謝るべきだと思うことがらを、すべて書き出してみてください。できるだけ昔のことまで思い出し、彼／彼女があなたを傷つけたり怒らせたりした出来事を全部挙げてください。

B　今度は、あなたの方がパートナーに謝らなくてはならないと思うことがらを、Aと同様、で

きるだけ昔にさかのぼって、挙げてください。

リストを完成させるには時間がかかるかもしれません。何かを思い出したらリストにつけ加えていき、完成までに、数時間あるいは数日間かけてもかまいません。

C　リストが両方でき上がったら、Aのリストに挙がったものを自分が今どんなふうに感じているか確かめてください。どのことがらに関しても、パートナーは自分に謝る義務があると、以前にもまして強く感じますか？　あるいは、自分の不満を書き出したことで、あなたの怒りは多少おさまりましたか？

D　つぎに、Bのリストをつくったあと、Aのことがらへの感じ方がどんなふうに変わったか調べてください。自分がパートナーに謝らなくてはならないことを挙げたあとは、彼／彼女の行為に対する怒りや非難の気持ちは、多少なりとも小さくなりましたか？　あるいはその逆ですか？　Bのリストをつくったあと、かえって、パートナーに対する怒りが大きくなったりしましたか？
もし後者であれば、もうひとつ別のリストをつくることをおすすめします――Aのリスト（パートナーがあなたに謝るべきだと思うことがら）に挙がったもののうち、どんなことを、あなたもパートナーに対して行なってきたと思いますか？

E　Aのリストにもどり、その中でどれがもっとも重要か考え、該当するものに○印をつけてください。Ａのリストの中で、あなたが今でもパートナーに謝罪を求めたいと思っているものはどれですか？

長年にわたって私は、セラピーにやってきたご夫婦やカップルに、このエクササイズを行なうようすすめてきたのですが、エクササイズを行なうことによって彼らは、自分たちが抱える問題の本質を見定め、コミュニケーションを円滑にすることができました。と同時に、長年の怒りを乗り越え、許しに向かっていけるようになったのです。

愛していても安心感が得られない時

現代に生きるカップルの多くが強い断絶感を抱え、悩んでいます。その原因のひとつとして、ふたりいっしょにいても、それぞれが自分のパートナーに安心感を抱けないという問題が挙げられます。心の奥底にある感情を表現するには、相手に安心感を抱けなければなりませんし、精神的な弱さをさらけ出すためにも、相手に対する安心感が必要です。あえて誰かと本当の意味で親密な関係を築くためには——自分の考えや感情、夢、不安がつまった私的な世界に相手が入ってこられるようにするには——、そうしても安全だという思いを、相手に対して抱けなければなりません。

自分を何度も傷つけてきた相手といっしょにいて、安らぎを感じる人などどこにもいません。そ、い、が、い、な、い、の人が謝らない場合はなおさらです。

他のどんな人といるよりパートナーといっしょにいる時に、私たちは無防備になれるものです。

また、他のどんな人よりパートナーが自分のことをどう思っているか気になるものですし、ふつうパートナーは他の誰より私たちのことをよく理解しているものです。

つき合いだした当初は、たいていの人が恋人に心を開き、自分の秘密や希望、感情を打ち明けます。そして、自分はどんな人間なのか恋人にわかってもらいたいという、切なる願いを抱くとともに、パートナーのことを深く知りたいという、やはり切なる欲求を抱きます。新たに出会ったパートナーが自分の過去について語る時、私たちは、なぜ彼が今ある彼になったのかぜひとも知りたくて、彼の話にじっと聞き入ります。また、新たに出会ったパートナーには自分の気持ちを表現できるよう促し、彼女が自分の悩みや不安、怒りを打ち明けてくれた時には、彼女を励ましいたわります。私たちはそれらすべてをお互い無条件に受け入れるのです。

私たちはパートナーを愛し、パートナーに関するすべてのことを愛します。彼／彼女の弱さや欠点もふくめ、そのすべてを愛するのです。言葉や態度を通して私たちがパートナーに伝えるメッセージとは、つぎのようなものです。「あなたは私といると安全です。私を信じて、自分の気持ちや秘密を打ち明けてもだいじょうぶです。私はあなたをジャッジしません。私はあるがままのあなたを愛しています」

こうしたメッセージはパートナーに伝わります。なぜなら私たちの心に嘘偽りがないからです。恋をしていると、私たちは以前と比べ、はるかに愛情と思いやりに満ちてきますし、かつてないほど寛大になります。いっぽうパートナーは私たちの率直さを感じ取り、ひじょうに大きな安心感を味わいます。そして安らぎに満ちたこの雰囲気の中で、素晴らしい癒しの時がおとずれます。これまで誰にも話せなかった昔の話や秘密をお互いに共有し合って、過去が癒せるようになるだけでなく、私たちは自分の不安も分かち合えるようになるのです――すると不安はしだいに恐ろしいものではなくなってきます。そして、将来の夢や希望をパートナーと分かち合う時、私たちには、そうしたものが実現可能なものであると思えてくるのです。

しかしながら、ふたりの関係が深まってくると、こうした状況に変化がおとずれます。自分にとって慰めと励ましの源だった人が、激しい苦痛と失望の源となってしまうのです。心が開け放たれているため、私たちはとても傷つきやすくなっています。日々ふれ合っているうちに、傷つけられることが何度か起きてくるのです。そんな時もしふたりがこうした状況に気づき、パートナーの心の動きに注意を払うなら、心の傷は、反省の言葉や、もう二度と傷つけたりしないという約束によって癒されていくでしょう。しかしどちらか一方、あるいはふたりがともに自己防衛的になり、自分はいつも正しいと主張したり、謝ろうとしなくなったりしたら、心の傷は癒えるどころか、ますますひりひり痛んでくるでしょう。

傷が痛めば痛むほど、私たちはこれから先も傷つけられるのではないかと神経をとがらせるようになります。やがて、心を閉ざすことによって自分の傷や自分自身をかばう以外、どうすることもできなくなってしまいます。こうなるともう私たちはパートナーの前で無防備でいられなくなりますし、パートナーに心を開こうとも思わなくなります。自分の本当の気持ちを伝えるのをやめてしまうのです。

ひどく傷ついたせいで、私たちはパートナーに対して批判的になり、以前なら受け入れることのできた、彼／彼女の過ちや欠点が許せなくなっていきます。するとほどなく、ふたりのあいだにもう安らぎは見出せなくなります。お互いの愛で癒されることがなくなり、愛によってつねに傷つくようになるのです。ふたりの絆が強くなるのではなく、ふたりの距離が離れていくことになるのです。謝罪にはこうした状態を変える力があります。あなたがたは謝ることによって、お互いに受け入れ合い、理解し合う関係へと、もどることができるのです。かつてパートナーと分かち合った安心感、思いやり、許しに満ちた温かい住み処《か》へと、ふたたび身を置くことができるのです。その状態にもどるためには、あなたがたふたりの努力が必要ですが、最初の一歩を踏み出すには、どちらかひとりの努力があればいいのです。

【……エクササイズ……】謝ることによって、いかにふたりが救われるか

A　邪魔の入らない静かな場所で、床にすわるか椅子に腰かけてください。目を閉じて、あなたのパートナーを好きになった最初の頃のことを思い出してください。あなたがかつて彼／彼女に抱いた愛情や、無条件で彼／彼女を受け入れていた頃の気持ちを思い出すのです。ふたりで分かち合った希望も思い出してください。そしてしばらくそうした思い出に浸ってください。当時の気持ちに触れることで、愛し合うこと、受け入れ合うことをふたたび思い出すのです。

もしこうした思い出に痛みがともなうなら、涙を流してください。もし怒りがともなうなら、あなたの中から消えてしまうまで、その怒りの感情を紙に書き出してください。そしてもう一度、愛の記憶を呼び起こしてください。

B　つぎに紙とペンを取り、パートナーを好きになった当初、彼／彼女に愛や尊敬を感じたすべてのことを書き出してください。あなたが愛し、尊敬した、彼／彼女の性格や人格を紙に書きとめるのです。

もしあなたの心の傷や怒りが邪魔をして、パートナーのもつ素晴らしい特質を思い出すことができないのなら、記憶へ通じる道が開けるまで、それらの否定的な感情を紙に書き出してください。

ここまでは、エクササイズの準備段階です。このエクササイズの本当の目的とは、パートナーに謝ること、パートナーから謝ってもらうこと、パートナーに謝罪を求めることです。

1　もう一度、ふたりのつき合いがはじまった頃のことを思い出してください。第10章の「ライフ・レビュー」のエクササイズ（二〇四～二〇七ページ）のように、リモコンを手にしているところをイメージし、再生ボタンを押して、これまでのふたりの生活が再現される様子を思い描いてください。

2　パートナーがはじめてあなたをひどく傷つけた時のことを思い出せますか？　たとえば、はじめて彼があなたを非難した時のこと、はじめて彼女が約束を破ってあなたをがっかりさせた時のこと、はじめて彼が嘘をついた時のことなどです。

しかしそんな最初の時のことなど、すっかり忘れてしまったという人もいます。そんな場合でも、具体的な出来事なら思い出せるでしょう——ふたりのあいだに口論が起こり、彼が恋人をひとりパーティーに置き去りにした時のこと、妻が夫を家からしめ出し、夫は車で夜を明かさなければならなかった時のこと、パートナーが親友の彼女と妙に親しげにじゃれ合った時のことなどです。

3　2の記憶を書きとめてください。

4　ふたたび再生ボタンを押して（早送りではなくスロー再生で）、これまでのふたりの生活風景をながめてください。あなたが傷ついた別の出来事、あるいは一連の出来事を思い出してください。たとえば、姑がたずねてくると彼があなたをないがしろにしがちなこと、妻が赤ん坊の世話に負われ、自分の存在にすら気づかないように見えること、セックスのあと彼が背中を向けて寝入ってしまうこと、彼女が平気でほかの男性とたわむれること、など。

5　4の心に浮かんだ出来事や、その時受けた心の傷を紙に書きとめてください。

6　さらに、ふたりの過去を現在にいたるまでゆっくり再生しながら、あなたの受けた傷を書きとめていってください。

7　あなたの書きとめたものをすべてながめてみてください。あなたが受けた傷の中で、他と比べてさほど重要でないものがあることに気づくでしょう。そしてきっと、たとえ傷ついたことは覚えていても、その出来事にまつわる今の感情そのものは、他の出来事にまつわる感情ほど強烈でないことに気づくでしょう。

8　いまだにあなたを打ちのめす心の傷や出来事に、○印をつけてください――いまだにあなたを動揺させるもの、あなたの気分を害するもの、あなたを怒らせるものです。

9　これまで書きとめた出来事の中で、パートナーが謝ったものはどれでしょう。8で○印をつけたものは、パートナーがあなたに謝っていないものではないでしょうか――パートナーがまだ謝っていないことが一因となり、あなたはいまだに苦しんでいるのではないでしょうか。

10　8で○印をつけたものの中で、今あなたがパートナーに謝罪を求めたいものはどれなのか、確かめてください。たとえ彼／彼女がすでに謝っていたとしても、それが外から強いられたもので、そこに誠意が感じられないこともありますし、彼／彼女が同じ態度を取りつづけている場合もあります。

（ただし注意すべきケースがひとつあります。それは、パートナーはすでに何度も謝っているのに、あなたに何の変化もあらわれない場合です。もしそうであれば、同じ問題に対して何度謝罪を求めても、意味があるとは思えません。なぜあなたが怒りや憤り、自分の受けた傷に固執するのか、調べてみるべきでしょう。第6章「許しをはばむ七つの障害物を乗り越える」を参照してください）

パートナーに謝ってもらうためのプランを立てる

理想的なのは、あなたのパートナーも先のエクササイズを終えていることです。もしやり終えていないのなら、エクササイズで得たあなたの経験を彼／彼女に多少なりとも伝えて、エクササイズに対する彼らのやる気を起こさせてください。

パートナーといっしょに床にすわるか腰かけて、自分たちがこれからどうやってエクササイズに取り組んでいったらいいのか、ふたりでプランを立てることが大切です。つぎのアドバイスを参考にしてください。

*じっくり時間をかけて、あなたが必要とするすべての謝罪が得られるようにしてください。そのためにはまず、ふたりでいっしょにエクササイズに取り組む日を決めましょう。いっそのこと週末ふたりで旅行して、お互いに謝ることについてじっくり考えてみるのもいいでしょう。

*ふたりのエクササイズの進み方が同じになるよう、時間を調整する方がいいでしょう。一方はリストづくりをはじめていないのにもう一方は終わらせているといったことのないよう、両

者がともにひとつの段階を終わらせてから、つぎの段階に移るようにしてください。こうやって進めていけば、どちらか一方が悪者になってしまうことなどないはずです。

＊お互いのリストの長さが違う場合、長いリストのできた側は、似たような項目を結びつけて、自分のリストを短くしてもけっこうです。たとえば、パートナーが一〇回遅刻して自分をがっかりさせたというのを、「態度」というひとつのカテゴリーにしたり、いちばん重大なものをひとつだけ（例・親友を招いていたふたりの記念日のパーティーに、パートナーが遅刻した）リストに挙げてもいいのです。このエクササイズの眼目は、相手に自分はひどい人間だと感じさせたり、相手の過ちをあれこれ掘り起こしたりすることではありません。ふたりの関係を修復すべく、お互いから謝罪を引き出すためのものですから、長たらしいリストでパートナーを圧倒したくないと思うのが当然です。

＊どちらかひとりがリストづくりをやめたとしても、もうひとりはエクササイズをつづけることができます。もしパートナーがあなたの頼みを聞いてくれそうなら、エクササイズをやり終えたのち自分に謝ってほしいことが出てくるだろうと、伝えておいてください。

●謝罪の求め方

謝罪を求める際、こんなふうに言うといいでしょう。「私はまだ○○の件で傷ついています。あなたから謝ってもらうことが必要です」パートナーを攻撃するのではなく、自分の傷を彼／彼女と分かち合うのだということを忘れないでください。

できるだけ率直な言葉で、また、できるだけはっきりした態度で自分の感情を表現してください。つぎのように。

「あなたが私たちの結婚記念パーティーに遅刻したの覚えてる？　じつはあの件で、私はまだ傷ついているの。あの時たしかにあなたは謝ってくれたけど、私をなだめるためだったような気がするわ。問題なのは、あなたが仕事のせいで遅れたことなの。あなたにとっては、仕事がつねに第一なんじゃないかしら。仕事があるなら遅刻するのは当然だって、あなたはそう思っているんじゃないの？　黙っていたけど、私はあなたのそんな態度にずっと不満を抱いてきたわ。私は結婚生活を何より大事にしてもらいたいってことを、あなたにもわかってほしいの。これまでずっとそうじゃなかったわよね。今までのことをあなたに謝ってほしいし、あなたの口から、ふたりの生活を最優先するって言ってほしいの」

●パートナーからの謝罪の要求にどう応えるか

謝罪を求められる側は、パートナーがリストをひとつずつ読み上げるのを聞いてください。その時もし謝ることが必要だと感じたら、彼／彼女に謝り、もし謝る必要はないと感じたら、彼／彼女にそのとおり伝え、理由を説明してください。とにかくけんか腰にならないように気をつけてください。謝罪のなかったものはとりあえずそのままにして、つぎの項目に移ってください。しかし、ふたりのどちらか一方、あるいはふたりがともに、どんなことがらに対しても謝る気持ちになれないのなら、エクササイズは中止してください。

重要なのは、ふたりそろってエクササイズに取り組むこと、そして各々がふたりの関係を改善させていこうという意志をもつことです。そうすれば、過去の怒りを乗り越えて、お互いの傷を癒していくことができるでしょう。しかしどちらかひとり、あるいはふたりとも、こうした熱意に欠けるようなら、過去の葛藤を解決するためには、専門的な治療やプロの仲介役の力が必要になってくるかもしれません。つぎに挙げる夫婦の例が参考になるのではないでしょうか。

謝ることによって、一からやり直す

長年の経験から言えるのですが、夫婦やカップルがふたりそろってセラピーにやってくるのは、どちらかがどちらかに対して、あるいはふたりがお互いに対して、怒りを抱きつづけている場合です。以下に挙げるのはメラニーとジャック夫妻のケースですが、ふたりは離婚の危機にひんしていました。

ふたりのあいだに強い敵対心があるのは、誰の目から見ても明らかでした。しかし、セックスに対する不満をはじめとして、ありとあらゆる不平不満が彼らのリストに書き連ねられていたとはいえ、なぜ彼らがこれほど腹を立て合っているのか、その理由を特定するのは困難でした。彼らのしていることといえば互いのあらさがしで、しかもふたりはののしり合うことに慣れっこになっていて、どんな口汚い言葉を聞いても、まったく動じる様子はありませんでした。彼らはずっと、夫婦がひたすら張り合う『ローズ家の戦争』状態だったのです。

私がこの点について意見を述べ、明らかにふたりは憎み合っているのになぜいっしょにいるのかをたずねると、彼らはそろって別れたいわけじゃないと言い切るのでした。結婚生活を守るため協力すると約束しましたが、私はあまり楽観はしていませんでした。しかし二回目のセッションが終わる頃、私は、ふたりの口論やあらのさがし合いは何かの出来事がきっかけとなってはじまったのではないか、夫婦のどちらかが(あるいは夫婦がともに)相手をひどく傷つけたことがきっかけだったのではないかと感じるようになりました。そして、どちらが卑劣な人間なのか決着をつけようとして、それ以来、しのぎをけずってきたのではないかと思うようになったのです。私がそんな感想を伝えると、彼らはいつになく黙りこくってしまいました。「それで、いったい何がきっかけだったんです?」本題に行き当たったと思いながら、私はたずねました。

「ことの起こりは、彼が手当たりしだいに女性を口説きはじめたからよ」メラニーは苦々しげにそう言いました。

「君だって僕に仕返ししたじゃないか、たっぷりとね」ジャックが切り返します。

「私はただあなたに教えてあげただけよ。その手はこっちも使えるってね」

手がつけられなくなる前に、私は仲裁に入りました。「メラニー、あなたが言っているのはどういうことですか? ジャックが他の女性に言い寄ったせいで自分が傷ついたから、あなたも誰かに言い寄ったというわけですか?」

「とんでもない、彼女はそれ以上のことをしたんだよ」とジャックはせせら笑いました。「誰かにちょっかいを出すなんてもんじゃない、彼女は外で浮気したのさ!」

「本当のことなんですか、メラニー?」

メラニーはまた黙りこみ、やがて重い口を開きました。「ええ。でもそれは、彼のふしだらな行為が私をどんなに傷つけたか教えるためよ」

「口説くことと本当に浮気することは、まったく別だ」とジャック。

「あなたは彼に大事なことを知ってもらおうとして浮気したんですね。そのことを彼に話しましたか？　まだ浮気をつづけているのですか？」私はたずねました。

「その男性とは一晩かぎりよ、目的を果たすためだけだから。ええ、ジャックに浮気のことは話したわ。私はジャックの関心を引こうとしたのよ。ほかに何をしても無駄だったんだもの」

「それからどうなったんですか？」

「ジャックは他の女性を口説かなくなったわ。それはたしかよ。でも私たちはそれからずっと争いつづけているの」メラニーはそう言いました。

「今話してくださったことが、喧嘩の原因なんですね。女性への態度や浮気のことが」

「そう言われればそうかもしれない」ジャックが答え、メラニーもうなずきました。ふたりが何かの件で同意したのは、おそらく数年ぶりでしょう。

「あなたにはメラニーが浮気したことが忘れられないのですね？」ジャックにたずねると、彼は足もとを見つめ、忘れられないと答えました。

「あなたの方はどうですか？　ジャックがほかの女性を口説いたことを、乗り越えられましたか？」

私はメラニーにたずねました。

「いいえ、だめよ。彼はあんなこと他愛もないことだし、男なら誰だってすることだって言ったけれど、私は本当に傷ついたの。私たちはとても愛し合っていたわ。彼は私のすべてだった。私には、自分が彼のすべてじゃないことが耐えられなかったの」

セッションを終えたあと、私がふたりに先のエクササイズをためしてみてはどうかすすめると、彼らは承知してくれました。メラニーとジャック夫妻に何が起きたかわかったところで、あなたも、自分がこのエクササイズを行なっているところを想像してみてはいかがでしょう。

●素直な気持ちでお互いに向き合う

私はジャックとメラニーに向かい合わせですわってもらい、「メラニー、あなたがさっき私に言ったことをもう一度、今度はジャックの目をまっすぐ見て話してください」と指示しました。

しぶしぶ、メラニーはジャックの目を見つめながら、先ほどの言葉を繰り返しました。すると、ふたりのあいだに亀裂が入ってすでに何年もたつというのに、彼女の頬を涙がつたわりはじめました。

「ジャック、あなたの気の多さがメラニーをどれほど傷つけたかわかりますか？」私はジャックにそうたずねました。

ジャックはうなずき、しばらく黙ったあと、メラニーに聞きました。「でも、僕は女性を口説くのはやめただろ？」

メラニーは彼を見て言いました。「ええ、たしかにやめたわ。私がまた浮気するんじゃないかって恐れてね」

「彼女を傷つけたことを謝ったことはありますか？」と私はたずねました。

「いや。彼女は他の男と浮気して僕に仕返ししたんだから、おあいこさ」

「そうではないでしょう。おふたりは何年間も争いつづけているのですから」私は言いました。

「ああ、もう終わりにしたいよ」

「それなら、お互いに自分がどれほど傷ついたか相手に伝えて、謝り合う必要がありますね」

ふたりはそれぞれ、自分がいかに苦しんできたか相手に伝え合いました。メラニーはジャックにつぎのように説明しました。彼がいろんな女性にモーションをかけるせいで、彼女は自分に自信が持てなくなり、それが原因でふたりの性生活がしっくりいかなくなったのだと。彼が他の女性を口説くようになってから、以前のようにベッドで自然体でいられなくなったということでした。「結婚したばかりの頃は、世界一の美女になった気分だったわ。あなたが私を愛してくれたからよ。でもあなたがほかの女性に目を奪われるようになって一変したの。私は少しもきれいじゃない、醜い女だって思うようになったのよ」話し終わると、彼女に胸の痛みがよみがえり、涙がこぼれ落ちました。

ジャックの目にも涙があふれました。「君をそんなに傷つけていたとは気づかなかった。知らなかったんだよ。君を苦しめたくはなかった。僕は君がなんてつまらないことを言ってるんだと思ってたんだ。男なんてみんな女の子と遊ぶものだし、あの頃はそれが男らしい行為だと思っていた。ごめんよ、君を愛している。ずっと愛しているよ。僕にとっては君が世界でいちばん美しいんだ」

その言葉を聞いて、メラニーはジャックに腕をのばし、彼を抱き寄せました。彼らは抱き合ってしばらくすすり泣くと、やがて落ち着きを取りもどし、それぞれの椅子に腰かけました。

「メラニーに、あなたのしたことを許してくれるか、たずねてみてはどうでしょうか？」

「どうか、僕を許してほしい。君をこんなに傷つけていたなんて知らなかった」私の言葉を受けて、ジャックは謝りました。

メラニーは彼の目を見て言いました。「あなたを許すわ、ジャック」

「今度はあなたの番ですよ、ジャック。彼女がほかの男性とベッドをともにしたことを、あなたがどう感じているか、彼女に伝えてください。たとえそれが、あなたに教訓を与えるための行為だったとしてもです」

ジャックの方が、メラニーより躊躇《ちゅうちょ》していました。彼の顔は紅潮し、困惑している様子でした。「君は僕に教訓を与えてくれたよ。だがそれはあまりに痛烈だった。どれほど僕が傷ついたか、伝えきれないと思う」

彼は少なくとも一分ほど黙っていました。やがて、膝の上で握りこぶしをつくり、つぶやくように言いました。「君がほかの男とベッドにいるところが、どうしても頭から離れないんだ。四六時中、頭にあるんだよ」そう言うと、身体を震わせてむせび泣きはじめました。

メラニーは彼を抱きしめ、「知らなかったわ、知らなかったわ」と何度も繰り返しました。「ごめんなさいね、ごめんなさいね」

私はしばらくふたりをそっとし、互いに慰め合ってもらいました。あとひとつだけ仕事が残っています。

「メラニー、あなたのしたことを彼が許してくれるかどうか、ジャックにたずねてください」

「私を許してくれる、ジャック？　本当にひどいことをしてしまったわ。あんなふうにあなたを傷つける権利なんて私にはなかったわ。あなたが私を傷つけたように、私もあなたを傷つけたかったの。だけど、あなたをこんなに苦しめることになるなんて想像もしなかった。お願い、許してちょうだい」

嗚咽《おえつ》のあいだから、ジャックはつぶやきました。「君を許すよ」

長年にわたってつづいた苦悩を取り除いたのは、たったふたつの謝罪の言葉でした。

私はその後二度セッションをもうけて彼らに会い、怒りの感情がふたりに残っていないか確かめ、コミュニケーションのとり方をいくつか教えました。すべての傷を癒すためには、ふたりでもっと謝り合う必要があったのですが、おおもとの問題に対する謝罪があったことで、ふたりは互いに相手を許せるようになっていました。それから半年後、私のもとにカードが送られてきました。そこには、結婚する時に交わした誓いをその後もふたりで確かめ合っていると、記されていました。

謝罪を通してトラブルを解決する

夫婦のあいだには、子どもの教育方針や、家を購入するかどうか、子どもをもうけるかどうかといった人生の一大事に関する意見の相違はたしかにあります。しかしこうしたものは別として、夫婦やカップルのあいだに生じる対立というのは、たいていが、一方のパートナーの言動がもう一方のパートナーを傷つけている場合が多いのです。だからこそ、ふたりのあいだに起こったいざこざを解決するために、謝罪は役に立つのです。どちらが何をしたか延々と言い争ったりするのではなく、相手の話に耳を傾け、自分サイドの非をしっかりわびなければなりません。ふたりそろって素直な態度で相手に接すれば、お互いに自分が認められ尊重されたと感じて、たいていの口論はすぐにおさまってしまうでしょう。

問題は、それぞれが自己防衛すること、または、ふたりの関係における自分のポジションを守ることに夢中になって、相手が自分の気持ちを話そうとしているのに、その話を真剣に聞こうとしない点にあります。また、自分が受けた心の傷や誤解されたことにこだわって、自分の非を素直に謝れない点にあるのです。

かつて、人々がお互いの話を素直に、そしてじっくりと、聞いていた時代がありました。それぞれの人の言葉が尊重されていた時代です。しかし今日では多くの人が、自分の話は人に相手にされないと感じながら成長します。子どもの頃、大人に面倒がられていたからです。そして今、私たちは誰もがみな、自分の話を人に聞いてもらいたがり、発言権を得るために他の人の話をさえぎってしまいます。口出しせずに相手の話に素直に耳を傾けるのではなく、すぐに質問し、反論に出ようとします。とくにパートナーに対しては、相手が自分の話を聞いてほしい、自分の気持ちを知ってほしいと願っていても、それを認めず、私たちは自己防衛に走り、相手に異を唱え、自分自身の感情にしか意識を向けないのです。

人はみな、自分の話を聞いてほしいのです。受け入れてもらいたいのです。つきつめて言うなら、私たちはみな愛されたいのです。パートナーと話す時、このことを思い出せば、もっと彼／彼女に心を開くことができるはずです。心を開くこととは、心をこめて相手の話に耳を傾けること、そして心をこめて相手と話すことをいうのです。

●心をこめて話を聞く

心をこめてパートナーの話に耳を傾ける時、私たちは素直な気持ちで、いっさい口出しせず、彼／彼女の言葉に聞き入ります。すると、人にはそれぞれ自分なりの真理や意見、信念をもつ権利があるのだと悟り、他者に自分の真理や意見、信念を押しつけようとしなくなります。

心をこめて相手の話を聞くためには、『知恵の輪 *Wisdom Circles*』の著者であるチャールズ・ガーフィールド、シンディ・スプリング、セドニア・ケーヒルが言うところの、「純粋に人を受け入れるための中心点《センターポイント》」を見出すことが必要となります。この中心点で私たちは、自分のものの考え方の枠をゆるめ、新たな考え方を受け入れるためのスペースをもうけ、「より深い愛に満ちたやさしさを示す」ことができるようになるのです。

パートナーが話し手の心情を実感しようとつとめることは大切です。身体も顔もしっかり相手に向けること、視線を合わせること、相手の話に集中すること、相手の言葉を尊重して自分は黙っていること。こうした態度を通して、あなたはパートナーに、自分が親身になって、相手の視点から話を聞いていると伝えることができるのです。それはあなたが自らすすんで、パートナーが抱く希望や喜び、あるいは不安や悲しみを、ともに分かち合おうとしているしるしです。

パートナーの話に耳を傾け、共感を抱く能力が高まってくると、相手の言葉の意味をより深く理解できるようになるでしょう。以前は聞き逃していた、相手のかすかな意思表示も、聞き取れるようになるのです。

そしてこれがもっとも大事な点なのですが、あなたは自分とパートナーのあいだにある共通点の価値を知り、彼／彼女との距離感が小さくなっていくことでしょう。心をこめてパートナーの話を聞くことで、自分の中にある、相手のことを無条件に愛する能力を伸ばしていくことができます。相手に対する思い込みや過度の期待が、これまでふたりの相互理解を邪魔してきました。それらを乗り越えて、あなたはパートナーの声に耳を傾けられるようになるのです。

●心をこめて話をする

心をこめて話す時、私たちは自分の言葉をいちいちチェックしたり、パートナーにいい印象を残そうとしたりせず、自分が本当に真実だと思うことを口にします。心をこめて話すこととは、あらかじめ考えていた内容を復唱することではありません。胸の中にあるものが自然と言葉になってあらわれることをさすのです。心をこめて話す能力が身についてくると、自分がもつ無意識の面にも意識的になれ、相手に伝えるべき深みと重みのある言葉が自然と心に浮かんでくるでしょう。

つぎに挙げるエクササイズは、心をこめて話を聞く・話をすることを学んでもらうためのものであり、また、争いを解決するため、謝罪を正しく用いてもらうためのものです。

【……エクササイズ……】率直にすべてを話し合い、争いを解決する

A　ふたりのあいだで何が起きたか、あるいは何が問題なのか、パートナーと意見を交わしてください。ただし一方が話しているあいだは、口をはさまず、黙って彼／彼女の話を聞いてください。

B　パートナーと交代で、喧嘩やトラブルにおける自分の非をわびてください。

C　どちらが何をしたかをむし返すのではなく、今回の経験からお互いに何を学べるかに焦点を

当て、パートナーと話し合ってください。いつもの喧嘩のパターンを繰り返さないと約束し合ったり、同じ類いの争いを避けるためどうしたらいいのか話し合ってください。

【……エクササイズ……】パートナーの立場に立つ

A　パートナーがあなたに対して抱いていると思われる強い不満を挙げてみてください。

B　ふたりの仲を守るため、あるいはふたりの関係を改善するため、Aで挙がった、あなたに対する不満をひとつひとつ、素直な気持ちで見つめ直し、そこに何かしら真実がないかを自問してください。

C　彼／彼女の立場に立って、自分のようなパートナーをもったとしたらどうなるか、想像してみてください。

第14章「謝ること」を子どもに教えるには

子どもに変わってほしいと思う点があるのなら、私たちはまずその内容をよく吟味し、それは自分にとっても改善すべき点であるとは言えないか、確かめてみなければならない

——カール・ユング

本章では、子育てと関連のある、謝罪の四つの重要性を取り上げます。その四つとは、(一)両親が子どものお手本になって子どもに謝り方を教えることの意義、(二)イライラしたり、注意を怠ったり、かっとなった時、あるいは、子どもに過剰な期待を押しつけた時、親が自分のそうした態度を子どもにわびることの意義、(三)子どもに謝ってもらうことの意義、そして(四)子どもに(そして家族のメンバーに)、相手を恨むのはやめて、相手に謝ってほしいと求めるよう促すことの意義です。

「謝罪」のお手本としての親

自分の間違いを素直に認め、互いに謝り合い、許し合う両親を見て育った子どもは、同じ態度を取るようになるものです。いっぽう、互いに非難し合ったり、恨み合ったり、謝ることを拒み自分の非を認めない両親を見て育った子どもには、なかなかこうした態度は取れません。家庭以外の場所で親が人を恨んでいたり、人に謝らないようであれば、やはり結果は同じです。もしあなたが親の立場にあるのなら、つぎの質問に答えてください。

1　間違いを犯した時、あなたは人に謝れますか？

2　夫／妻を傷つけたり、怒らせたり、困らせてしまった時、あなたは彼／彼女に謝れますか？

3　あなたは子どもの前で、夫／妻に謝れますか？

4　あなたがた両親の会話を耳にすることで、あるいは他者に対するあなたの態度を目のあたりにすることで、子どもは謝ることに関してどんな教えを学んでいると思いますか？

5　子どもの心を傷つけた時、子どもを無視した時、子どもを叱りすぎた時、あるいは、子どもに期待を押しつけていた時、あなたは彼らに謝りますか？

子どもたちはつねにあなたを見ています。人生のヒントを求め、他者にどんな態度を取るべきなのかを学ぼうとして、あなたを見つめているのです。子どもが友だちと遊んでいる様子を観察すれば、そこにあなた自身の態度が映し出されていることに気づくでしょう。もしあなたにまだ幼い子どもがいるのなら、その子がどんな一人遊びをしているかながめてください。女の子がお人形遊びをする時は、人形に役を与え会話させるものです。彼女があなたから（父母から）どんなことを聞き取っているか知るために、人形どうしのやり取りに耳を傾けてください。人形たちはしょっちゅう、言い争ったり喧嘩したりしていますか？　あなたは人形が「ごめんね」と言っているのを聞いたことがありますか？　それとも人形はいつも非難し合っていますか？

先日クライアントのニータが、自分が義理の娘に「謝罪」について教えることになったいきさつを話してくれました。彼女の義理の娘ジェイニーはとても怒りっぽく、自分の行動をいつも人のせいにし、何か間違いを犯してもけっして謝ることはありませんでした。

ジェイニーが喧嘩や口論の絶えない家庭で育ったことを、ニータは知っていました。ニータの夫は彼の前妻と喧嘩ばかりしていましたが、ジェイニーが思春期を迎えた頃から、今度は彼女が厳格な父親と衝突するようになったのです。

ある日学校から電話があり、ジェイニーが授業をサボったと知らせてきました。放課後、ジェイニーは迎えに来たニータの車に乗り込むと、父親が帰ってきたら大変なことになると言い出しました。ニータはこの時、今が謝罪というテーマを持ち出す格好の機会だと思ったそうです。そこでニータはジェイニーに、あなたが言い訳したり口答えしたりしないで、自分の非を認めて謝ることができたなら、お父さんはあなたをそれほど怒ったりはしないはずよと諭《さと》しました。

父親は帰宅すると、皮肉をこめてジェイニーに、今日はどうだったかたずねました（彼は娘が授業をサボったことをすでに知っていました）。ニータには彼女の顔が引きつったのがわかりました。彼女は場の雰囲気をやわらげようとしてこう言いました。「ジェイニーはさっき、いつもは絶対言わないようなことを言ってたのよ。何て言ったんだっけ？」この言葉に背中を押され、ジェイニーはサボったことをおとなしく謝りました。すると父親はいつになく穏やかに、この件については夕食後また話そうと言いました。

ところが夕食後、彼はジェイニーに一週間の外出禁止を命じたのです。ジェイニーはたちまち怒りだしましたが、そんな娘を見て、彼はさらに一週間、外出禁止の期間を延長しました。今度こそ本当にジェイニーは怒りを爆発させました。お父さんはフェアじゃない、独裁者だ、ひどい父親だと言って、彼を罵倒しはじめたのです。

ジェイニーを落ち着かせるためニータは彼女をわきに連れていき、自分が心から反省しているとお父さんに伝えるべきだと、もう一度諭しました。そして、外出禁止を命じた父親の本当の目的は、彼女に何かを学ばせるためなのだと説明しました。ジェイニーが頭を下げ、いい勉強になったと言えるようなら、父親はきっとこの命令を取り下げるはずだが、芝居をするのではなく誠意をこめて謝らなければならないと、ニータはジェイニーに告げたのでした。

つぎの土曜日、ジェイニーは父親の手伝いに精を出しました。一日中、裏庭で彼と作業し、夕方には父親に抱きついて、ひどいことを言ってごめんなさい、授業をサボったのだから外出禁止は仕方がないわと言いました。そして、もう二度とあんなまねはしないと約束しました。すると、予想どおり、父親は外出禁止を取り下げたのでした。

何が起きたか伝えようと、ジェイニーははずむように家に入ってきました。ニータは彼女の話を聞いて自分もとてもうれしいがと前置きして、ふたたびつぎのように諭しました。私たちは、人をあやつったり、人から何かを得ようとしたりして謝るべきではない。自分に非がある時には、人を責めたり人と喧嘩したりするより、謝る方が気持ちがいいから謝るようでなければならないのだと。授業をサボったこと、そして父親をなじったことを謝ったあと、すがすがしい気分になったのではないかと、ニータはジェイニーにたずねました。ジェイニーはそのとおりだと認めました。ニータがつぎに取り組もうとしているのは、娘に謝れるよう、夫を導いていくことです。

子どもに謝ることの意義

親というものは、たとえ自分が悪いとわかっていても、子どもに謝りたがらない存在です。彼らは謝ることによって自分の立場が弱くなるとか、子どもから尊敬されなくなると思っています。また、親の中には、自分は親だから子どもに謝る義務はないと思っている人さえいます。

しかし実際には、謝ることであなたの立場が弱くなることも、あなたのイメージが損なわれることもなく、むしろ、子どもに対するあなたの行動や態度が不適切、不当、乱暴だった場合、彼らに謝ることで、子どもはあなたのことをもっと尊敬するようになるのです。自分の非を認めるにはかなりの勇気がいることを、私たちはみな知っています。子どもですら知っています。自分の犯した過ちを子どもにわびるあなたは、彼らの目に勇気ある人として映るのです。

また、子どもたちに謝ることによって、子どもはあなたをひとりの「人間」として認めるようになります。たとえあなたがどんなに力強く、どんなに優秀であろうと、彼らはあなたのことを、権威の象徴、畏《おそ》れを抱くべき存在、あるいは、近づきがたい存在としてとらえるのではなく、自分と同じように弱くて過ちを犯しかねないひとりの人間だと思えるようになるのです。その結果子どもたちは、自分の間違いを過大視しなくなります。さらに、子どもに謝ったからといって、彼らがあなたから権威を奪い取ってもいいのだと感じるわけでもありません。それどころか、彼らはあなたや他の権威者たちに強い親近感を覚えるようになるのです。

子どもたちに謝ることであなたは、人は過ちを認めながらも威厳を保つことができるのだと教えることになります。こうした経験を通して、彼らは間違いを犯した時、人に謝ることができるようになるのです。

アンケートに参加してくれたある女性が、こんな話をしてくれました。彼女のふたりの子ども、ジョシュ（七歳）とヘザー（五歳）が裏庭で遊んでいた時の話です。ふたりが遊びだして数分後、ヘザーが泣きながら家に飛び込んで来ました。「お兄ちゃんがどなって、わたしの悪口いうの」

後ろにいたジョシュが言いました。「だって、おまえがバカだからだよ！」彼女はヘザーをなだめると、ジョシュに向き直りこう言いました。「ジョシュ、ヘザーにどなってごめんねって言ってちょうだい。ヘザーのしていることが気に入らないのなら、そう言えばいいでしょ？　どなったり、悪口を言ったりする必要はないわ。ヘザーに謝って」

するとジョシュは彼女を見上げて言いました。「でも、ママだって、ぼくをどなっても謝らないじゃないか」

彼女は驚いて黙りこんでしまいました。息子の言うとおりでした。子どもたちをどなっても（どならないよう努めてはいましたが）、謝ったことがなかったのです。彼女はジョシュとヘザーの手を取って、「あなたの言うとおりだわ、ジョシュ。ママはどなっても謝らないわよね。ふたりとも、どなってごめんなさい。いやな思いをさせたでしょう、もうどならないように気をつけるわ。いいママになるようにがんばるから」と言いました。
「わかったよ。だれにでもまちがいはあるよね」ジョシュはそう言うと、ヘザーに向かって言いました。「どなってごめん。おまえはバカじゃないよ。ただちっちゃいだけさ」
ヘザーは感激して母親に抱きつきました。「ママ、だいすき」そしてジョシュに向かって「ときどきいじわるするけど、お兄ちゃんもだいすきよ」
「子ども」と「謝ること」について私が述べてきたことは、この例にすべて言いつくされています。子どもは親の行ないから学ぶものです。彼らに口で謝り方を説くだけでは、充分ではありません。言葉で説くのと同時に、親が子どものお手本にならなければなりません。ジョシュとヘザーは、彼女が謝ったからこそ、母親への敬意を失わなかったのです。むしろ彼らは彼女を尊敬するようになりました。

子どもたちに謝ることとは、自分は彼らを尊重していると伝えることです。すると彼らは、あなたと自分自身をもっと尊敬するようになるのです。

クライアントのマーシーは娘のステファニー(一四歳)に、自分が昔、いい母親でなかったことをわびました。

私は子育ての下手な母親でした。自分にその自覚があることを、私は娘に知ってほしかったんです。そうした事実をあいまいなまま胸にためておくより、はき出してしまいたいと思いました。今では自分がいい母親になれたと思いますし、娘もそう感じていると思います。でもだからといって、過去の自分を償ったことにはならないと思ったんです。

ストレスから育児を放棄し、彼女を父親に押しつけたことをわびた時、娘は泣き出しました。私は彼女を抱きしめて、しばらく泣かせてやったのですが、涙をふくと娘はこう言いました。「長いあいだ、ママが謝ってくれるのを待っていたの。私には、『ごめんなさい』の言葉が必要だったのよ。つらい思いをさせたわねって、ママに言ってほしかったの。ママが後悔してるのはわかってたし、私はママを許してたけど、謝ってもらえてうれしかった。謝ることのできたママを、今ではとても尊敬してる」

親が謝ることによって、子どもの抱いた感情やものの感じ方は正しいものだと認めてあげることになります。そして、親に配慮が欠けている時、彼らが傷ついたり腹が立ったりするのは当たり前なのだと教えることになるのです。

子どもにとって、とりわけ幼い子どもにとっては、親に怒りを覚えるのは自分自身、受け入れがたい行為です。なぜなら子どもは精神的・物質的充足を、親にたよっているからです。そのため親に腹を立てることで彼らはとても大きな恐怖を味わいます。子どもからすると、自分の感情を誰かに知られ、告げ口されたら、親も自分に腹を立て、自分のもとから去っていくのではないか、そんな思いにかられるのです。

年長の子どもでさえ、親に対する怒りの気持ちを（意識的にも無意識的にも）否定しようとします。ふつうはどの子どもも親をとても愛していて、親を傷つけたくないと思っています。怒りは人を分かつものです。誰かに腹を立てると、心はその人から離れていきます——この分離感を、子どもは味わいたくないのです。

一四歳の少年タイラーのケースが、その好例です。彼は、精神的・身体的虐待を加える男と再婚し別れられずにいた母親に、何年間も怒りを抱きつづけてきました。しかし母親に対する彼の怒りは、ずっと意識の奥に隠されたままでした。母親を愛していたからでしょう。お母さんのせいじゃないと、彼は母親を正当化していたのです。母親は悪くない、悪いのは義理の父親だと、思い込もうとしてきたのです。彼女はこの男と結婚せざるを得なかったようです。タイラーには、なぜ母親が義父と別れないのか理解できませんでしたが、おそらく彼をとても愛しているからだろうと考えていました。

母親はけっきょくこの男と別れたのですが、タイラーが母親に怒りをあらわせるようになったのは、離婚後数年してからでした。母親のマリアンからすれば、自分にとってもタイラーにとっても、何もかもうまくいっているはずでした。離婚が成立し彼女はとても幸せでしたし、タイラーとの関係も以前より密接になっていました。そんな時に、突然タイラーが感情をあらわにしはじめたのです。彼は彼女の財布から金を盗み、夜になると家からこっそり抜け出すようになりました。

マリアンは、虐待を受けた結婚生活から立ち直るため、カウンセリングを受けに私のもとに通っていました。彼女が息子の変わりようについて語った時、私は彼女に、当時の結婚生活についてタイラーと話し合ったことがあるかをたずねました。すると彼女は、前夫と別れて今はとても幸せだとふたりでよく話すことはあるが、その程度だと答えました。

そこで私はマリアンにつぎのように言いました。母親があういう男性と結婚したこと、そして、虐待がはじまってからもその男性と暮らしつづけたことをタイラーがどう思っているか、たずねてみてほしいと。また、タイラーは彼女のことを怒っているようだが、その感情を直接表現できず、お金を盗んだり、家から抜け出したりしているのではないかと説明しました。

彼女もタイラーと話すことは大切だと同意したのですが、つぎに彼女と会ってみると、あまりうまく話し合えなかったと言いました。タイラーは義父に腹を立てていることは認めましたが、マリアンが「私のことはどうなの」とたずねると、話題を変えて肩をすぼめてしまうのでした。そのため彼女は私のアドバイスにしたがって、タイラーに、あなたが私に腹を立てるのは当然だと告げました。そして、セラピストである私と話してみたいかをたずねたのです。彼がすこし興味を示したので、マリアンは私にタイラーとの面談を依頼してきたのでした。

タイラーは母親に示したのと同じくらい強い怒りを、義父に対しても示しました。怒りの感情を表現させるのは治療に役立つとわかっていたので、私は彼に、なぜ義父を憎んでいるのか、そして、義父に何をしてやりたいか、話してはどうかとすすめました。すると彼は、こんなふうに自分の怒りを表現するのは気持ちがいいともらしました――復讐心を抱いてはならないと母親に言われてきたので、彼は胸にたまった怒りの感情を追い払おうとしてきたのです。

私はセッションが終わる前に、母親に対する彼の怒りをなんとかしたいと思いました。そこで私はタイラーに、あんな虐待関係に甘んじていたのだから、母親に腹を立てるのはしごく当然だと説きました。そして、実際のところ、あなたは母親を怒っているのかどうかとたずねました。最初彼は返事に躊躇《ちゅうちょ》しましたが、やがてついに彼女に怒りを抱いていると認めたのです。

セッションの残りの時間を費やして、母親が虐待する男性といっしょにいた事実を、彼がどんなふうに感じているか（タイラーは怒り、傷つき、失望していました）、また、その事実が彼にどんな影響を与えたか（彼に無力感と、怒ることに対する不安、そして、自分もまた人を虐待する人間になるのではないかという不安を抱かせていました）について話し合いました。

私のクライアントはマリアンですから、私がタイラーに会いつづけるのは正しいやり方ではありません。そこで私はつぎのセッションでマリアンに、虐待を目のあたりにした子どもたちが集うグループセラピーにタイラーを連れていくようにすすめました。と同時に、私は彼女に、こんな状況に彼を置いたことをタイラーにわびたことがあるかどうかたずねました。彼女の答えはノーでした。

謝ることはとても大切だと彼女に告げ、私はその重要性をつぎのように説明しました。まず第一に、タイラーに謝ることで、暴力的な男性と暮らしつづけたのは母親の過ちだという彼の認識を正しいと認めてあげられる点、また、彼が彼女に腹を立てるのは当たり前だと認めてあげられるという点です。第二に、虐待的な環境に彼を閉じ込め、ダメージを負わせてしまったことを、彼女も認めていると伝えられる点。そして最後に、謝ることによって、彼に「力」を与えてあげられるという点です——タイラーには義父に対する無力感、母親を救えないという無力感がありました。自分のもつ力を再認識する必要があったのです。タイラーに謝ることは、母親を許す、あるいは許さないという権限を、彼に与えることになるのです。

今回の場合、タイラーはすでに彼女をか弱い存在だと思っていましたし、彼女のその弱さに怒りを覚えていました。謝ることで彼女が失うものは何もありません。得るものだけです。彼女が得られる最大のものは、息子の示す理解と思いやりです。タイラーに謝ったあと、彼女には安堵《あんど》の波が押し寄せてきたそうです。自分自身気づいていなかったのですが、あんな暮らしをつづけたこと、息子を危険な男の前にさらしていたことに対して、彼女はひじょうに強い罪の意識と羞恥心《しゅうちしん》を抱いていました。息子に謝ることによって、彼女はこうした罪悪感と羞恥心から解放されました。そして、息子からの許しによって、さらに癒されることになったのです。

●謝罪には限度をもうけること

とはいえ、あまりに謝りすぎないよう気をつけることも大切です。自分の欠点や子どもに犯したささいな過ちを、いつまでも謝っていてはいけません。そうでないと、子どもを甘やかすことになったり、子どもにとって脆弱《ぜいじゃく》な存在になってしまいます。過去に犯した重大な過ちをわびることからはじめて、それからあとは、あなたが子どもを無視したり、あまりに乱暴な接し方をした時にだけ、謝るようにしてください。子どもに対して謝るのは、あなたが彼らにもたらした心の傷を癒すこと、子どもに敬意を示すこと、謝罪に関する彼らのお手本になることが目的です。子どもの機嫌をとったり、ごねる子どもをなだめたり、あるいは、態度を改められない自分を弁解するために、謝罪を用いるべきではありません。

行ないは、言葉よりものを言います。謝っておきながら、あなたが態度を改めないなら、謝罪の言葉は空虚で無意味なものになるでしょう。子どもの目にはあなたの行動が偽善的行為に映るのですから、謝ることの意義を形にして示すどころか、実際には、子どもから謝る意欲を奪うことになるのです。同じ過ちを繰り返さないよう全力をあげてこそ、謝罪はその力を発揮するのです。人は誰も完璧ではありませんし、完璧をめざす必要もないのですが、かつて子どもを苦しめ、子どもを不幸にした自分の態度をあなたが改めようと努力していることを、子どもたちがしっかり認められるようでなければなりません。

子どもが謝った時、それをどう受け取るか

子どもに謝ることの大切さを教えようとするのなら、親に謝ろうという彼らの気持ちを育むようなかたちで、子どもからの謝罪を受け取り、受け入れられるようでなければなりません。もし子どもが謝ってきたら、つぎのような態度はつつしんでください。

*いつまでもがみがみ叱りつづけること
*ほかの問題まで持ち出すこと
*本当は反省していないでしょうと決めつけること
*謝るだけでは足りないと責めること

子どもに謝ってもらうことの意義

私たちには、自分でも気づかぬうちに、ちょっとしたイライラや不満が積み重なって、愛する家族に心を閉ざすようになっている場合があります。たとえば、こんなふうに——。
あなたはその日、家族にとびきりのご馳走を用意するため、早く仕事を終えようと必死に働きました。帰宅途中に息子の好物をすべて買い込み、ディナーの準備にとりかかろうと、家に向かって

一目散です。疲れていますが、手抜きはいっさいしません。やがて息子が友だちをふたり連れて帰宅しました。彼はあなたが家にいるのを見て、驚いたと同時にがっかりしている様子です。あなたにはピンときました、息子はおそらく邪魔されたくないのだと。そこであなたは、みんなで奥の部屋に行けばいいと教えてあげます。息子の友だちに歓迎の意を示すため、おやつがほしいかたずねます。彼らがほしいと答えたので、あなたは夕食の準備をいったん中断させて、サンドイッチをつくってあげます。ところが息子は、おやつを感謝するどころか、つくったサンドイッチの種類について文句を言いました。大事なディナーを台無しにされたくなかったので、息子はまだ一五歳なんだと思い返すことで、あなたはいやな気分を忘れようとするのでした。

夕食の準備が終わり、料理がオーブンの中に入りました。夫が帰宅する時間が近づいたので、二時間ずっと鳴り響いていたCDの音を下げるよう、あなたは息子にていねいに頼みました。息子はあなたをにらみつけて音楽をとめ、肩越しにこう言いながら乱暴に部屋から出ていきました。「せっかくの時間をめちゃめちゃにしてくれてありがとね、ママ！」悲しさと怒りがない交ぜになりながら、あなたは彼のふたりの友だちが遠慮がちに息子のあとを追って、裏口から出ていくのを見送りました。そして、これじゃ息子は夕食までにもどってこないだろうなと思うのでした。

その晩、あなたと夫は楽しいひと時を過ごし、夫はあなたに何度も感謝の言葉を口にしました。あなたは夫をとても愛していますし、彼のために何かをすることに喜びを感じています。しかし心の奥で、傲慢で可愛げのない息子に対する怒りの気持ちを捨て去ることができません。また、いっしょに夕食が食べられたらよかったのにという気持ちも捨て切れません。彼の好物だったのですから。

つぎの朝には、息子は前日のことなどすっかり忘れ、いつもの陽気な彼にもどっていました。あなたはひそかに謝罪の言葉を期待していたのですが、経験から、彼が謝ったりしないことはわかっていました。だからあなたはすべて忘れようと努めます。しかし悲しいことに、本当に忘れることはできないのです。このつぎ、息子の好物をつくろうと思った時、あなたはこの出来事を思い出し、つくるのをためらうでしょう。このつぎ、息子の友だちが来た時は、ちょっと愛想が悪くなり、鳴り響く音楽に前よりがまんできなくなるでしょう。

つらい思いをしたり恨んだりせず、翌日息子に、彼の態度で自分がどれほど傷ついたか、どれほど腹が立ったか、また、彼には謝る義務があるときちんと伝えていれば、はるかに気分が晴れたはずです。彼の態度は受け入れがたいものであること、自分はそれをがまんしつづけることはできないと彼に伝えることができたはずなのです。

残念ながら、日常的に傷つけられたり、感謝されなかったり、見放されたり、無視されたりすることで、私たちは怒りや憤りでいっぱいになっていきます。その結果、パートナーや子どもに対する愛情は、煮えたぎる怒りの下に埋もれていくことになるのです。寛大な心や思いやりがなくなって、短気で心の狭い妻や夫、あるいは親になってしまうのです。

つぎに挙げる試みは、家族みんなが安心して、自分が必要とする謝罪を、家族の誰かに求められる方法です。

家族全員で活用できる方法

子どもたちに謝罪の行ない方・求め方を教えるため、また、謝ることを通して家族の関係を癒すため考案された、ふたつの特別な方法をお教えします。〝アポロジー・ナイト（謝罪のための夜）〟と〝アポロジー・ボックス（謝罪の箱）〟という方法です。これらふたつの方法には、つぎのような利点があります。

*子どもたちに、良いことと悪いことの違いを教えることができる
*子どもたちの「共感（相手を思いやる心）」を育むことができる
*自分の行為は人に影響をおよぼすこと、また、自分の行為には必ず何らかの結果がともなうことを、子どもたちに教えることができる
*親子のコミュニケーションを保つことができる
*家族の連帯感を生み出し、それを保っていくことができる
*建設的なかたちで、家族全員、とくに子どもが、怒りや憤りを解き放つことができる
*家族みんなの罪悪感や羞恥心を解消することができる
*家族は自分の話を聞いてくれていると、子どもたちが実感できる

●アポロジー・ナイト（謝罪のための夜）

年齢に関係なく、家族全員がこの集まりに参加することができます。とはいえ、この方法を用いて六歳未満の子に謝り方を教えようとしてもうまくいきませんし、たとえ教えることができたとしても効果的ではありません（ふつう子どもは六歳でようやく社会的良心が身についてきます）。し

かし幼い子どもでも、謝ってもらえれば何かしらの恩恵を得ることができるでしょうし、家族の他のメンバーがお互いに謝っているのを見聞きすることで、謝ることの大切さを学ぶことはできるでしょう。こうした幼い子どもが家族の誰かに謝りたいと言うのなら、それをさまたげることはありませんが、謝ることを期待してはいけません（もし彼らがあまりに騒がしいようなら、寝るのを待って行なう方がいいでしょう）。つぎに具体的な内容を述べていきます。

＊一週間に一回(家族そろって夕食がとれる日の晩など)、夜、一時間ほど時間を割いてください。あらかじめ家族全員に、その日は友人と出かけたりしないよう伝えておいてください。また、その日は、家族の好きなテレビ番組のない日にするといいでしょう。電話線を抜き、テレビを消してください。友人や親戚には、その日は訪問を遠慮してほしいと伝えておいてください。

＊すでに家族団欒のための夜をもうけているなら、そこに一時間ほど、お互いに謝るための時間を入れてください。そのほかにも重要だと感じるテーマがあれば、自由にテーマをもうけてください。たとえば、家族のメンバーにお互い感謝を捧げ合うための時間です。

＊週ごとに司会者を決めるのもいいでしょう。司会者がミーティングの開始を呼びかけ、その夜の家族の交流を促し、ミーティングを終了させます。

＊ミーティングをはじめる際、この集まりがもつ意図を、誰かに声に出してはっきり宣言しても

らってください。その意図は、家庭内の不平や不満をオープンにし、トラブルや誤解をお互いに認め謝り合うことで、家族の絆を強くするといった内容になるでしょう。たとえば、こんな感じです。

「私たちはひとつの家族であり、お互いに愛し合っています。ここに集まった目的は、お互いに愛し合い、助け合うことを忘れさせてしまう、ひとりひとりの傷ついた感情を癒すことです」

「私たちはみな、自分の言葉や行動で、家族のメンバーを傷つけています。たとえわざとでなくても、自分が家族の誰かにもたらした痛みにわびるため、私たちは今夜ここに集まりました」

＊すわったまま、しばらく黙って手を取り合って、「アポロジー・ナイト」をむかえるという家族がいます。キャンドルやお香に火をともしたり、詩や本の一節を朗読したり、みんなで歌を歌ったり、祈りを捧げたりして、その時間と空間を特別なもの、あるいは神聖なものにすると効果的かもしれません。司会者は、ミーティングのはじめ方を工夫するといいでしょう。

●準備ができたらはじめましょう

以下の説明は、家族で行なう「アポロジー・ナイト」の進め方です。

1　家族のメンバーそれぞれに、紙とペンをわたします。司会者は、各人につぎの二通りのリストをつくるよう頼んでください。

*ひとつ目のリストには、家族の誰かにしたこと（あるいは、しないままにしていること）で、自分が謝りたいと思っていることがらをすべて挙げてもらいます。

*もうひとつのリストには、家族の誰かがしたことで、自分に謝るべきだと思うことがらをすべて挙げてもらいます。

これらのリストは一〇分以内にさっと書いてもらってください。

2 まずひとつ目のリストを、家族のメンバーひとりひとりに読み上げてもらいます。読んだ人は、リストに挙げた自分の態度や行動を、家族全員、あるいは迷惑をかけたメンバーに、謝りたいと思うはずです。読み上げる順番は席順でもかまいませんし、希望する人からでもかまいません。

3 家族のあるメンバーが謝った時、謝る対象となった人（たち）はつぎのような反応を示すのではないでしょうか。

*「気持ちはわかったよ」

＊「あなたの態度で傷ついていたから（怒っていたから）、その言葉はうれしいわ」

ただたんに謝ったからといって、謝罪を受けたメンバー（たち）がその人間を許せるようになるわけではありません。しかし、右に挙げた二番目のような発言をした人は、少なくとも相手からの謝罪があったと認めているはずです。そしてそれが、とても重要なことなのです。

4 相手のしたことを軽視したり、逆に大目に見たりすることで、謝罪を拒否しないでください。たとえばつぎのような発言は控えるべきです。

＊「全然たいしたことじゃないのに」

＊「謝る必要なんてないよ」

＊「私がそんなこと気にしてると思ってるの」

＊「いや、僕があんなことをしたからだよ」（「そもそも自分の方が悪いんだから」というニュアンスで）

5 自分がどれほど傷ついたか、相手の態度がどれほど自分を苦しめたか、激しく非難しないでください。ここは怒りをぶちまけるための場ではありません。もしあなたにまだ相手を許すつもりがなく、その人と話し合う必要があるのなら、ふたりきりになってから話し合うか、後日話し合おうと約束をしてください。

6 謝罪は受け取れないなどと、断言しないでください。許せるようになるには時間がもっと必要かもしれませんが、気持ちは許しの方向を向いているべきです。もしあなたにその準備が整っていないのなら、この集いに参加すべきではありません。

7 全員がひとつ目のリストを読み上げ、謝る機会を得たあとは、たとえばみんなで手を取り合って深呼吸をし、ひとりひとりと見つめ合うなかで、家族が愛し合っていること、支え合っていることを実感してください。

8 ミーティングを終える前に、リストをふたつとも破るよう伝えてください。ある家族はすべてを忘れるための儀式として、みんなでいっせいにリストを破り、それを放り投げるそうです。

しかし、しかるべき謝罪を受け取っていないため、あるいは、受け取った謝罪が心にしみこんでいくにはさらに時間が必要なため、相手の行為を水に流せない人もいます。そんな人はリストを破らず、取っておきましょう。リストを見れば、自分に課題が残されていることを思い出せるでしょう。

また、個別に謝ってくれなくても、相手が家族全員に対してわびる場合があり、それで納得できることもよくあります。あるいは、自分がリストに挙げたのと似通った言動について、相手がわびる場合もあります。こうした状況であれば、ふつう誰もが自分のリストを破ってもいいと思うでしょう。

9

それでもなお、謝ってもらいたいという人がいるのなら、その人にはふたつの選択肢があります。

*なぜ謝ってもらいたいのか、その理由を書いたメモを相手にわたす。メモをもらった人は、その場で、あるいはつぎの集まりでその人に謝るか、ふたりでその問題について話し合おうと約束する

*相手とふたりきりになって、自分がそう感じる理由について聞いてもらい、話し合う約束をする

10

集いが深まるにつれ、ふたつ目のリスト（家族の誰かがしたことで、自分に謝るべきだと思うもの）についても触れたいと思うことでしょう。そうなったら、家族全員にふたつ目のリストを読んでもらい、まだ相手の口から謝罪の言葉が出ていないなら、自分がなぜ謝ってほしいと思っているのか、その理由について各人に述べてもらいます。こうすることで、家族の各メンバーが自分の感情をあらわすことができますし、指摘された側の人は、自分の態度が他のメンバーにどんな影響をおよぼしたか、理解することができるはずです。

だからといって、討論や議論をしようというのではありません。謝罪を求める人は、ただたんに、謝罪を求める理由を述べるだけ、また、相手の態度が自分にどんな影響をおよぼしたかを述べるだけです。いっぽう相手は、反論したり言い訳したりせずに、黙ってその人の話に耳を傾けるだけです。謝罪を求められた人は、自分の番がきたら、つぎのように発言できます。

＊「傷つけてごめんなさい。そんなつもりはなかったのよ」
＊「そのとおりだ。僕は謝らなくちゃいけないよ。すまない」
＊「教えてくれてありがとう。あなたの言ったこと、よく考えてみるわ」
＊「あなたがそんなふうに感じていたなんて知らなかった。考える時間をちょうだい。あとで返事をします」

どんな状況であっても、口論するのは許されません。それと同時に、当事者以外の家族が、ふたりの問題に口をはさまないようにすることも大切です。誰かが誰かの味方をしてはいけないからです。ほかのメンバーが唯一介入していいのは、集まりのルールを当事者たちに思い出させる時だけです。

子どもたちをはじめとして、家族のすべてのメンバーが、謝罪をほしがるのはいけないことだ、家族の気分を害するのは間違ったことだと思い込むようになってはいけません。また、誰であっても、家族のメンバーが自分の気持ちを話すのをさまたげたり、家族の苦しみを軽視したり、家族をからかうようなまねをしてはなりません。

「アポロジー・ナイト」は、民主的な試みです――家族の各メンバーは、みな平等にあつかわれます。幼い子どもやティーンエイジャーにも、大人同様、家族に謝ってもらう権利が与えられ、彼らは、自分の過ちを認められる器の大きな親に対して、敬意を抱くようになります。いっぽう親は子どもに対するしつけや説教をやめにして、謝罪の練習にあたることで、その晩は、親という肩書きを一時捨てなければなりません。もし子どもがルールを忘れてしまうようなら、司会者が思い出させてあげてください。幼い子どもたちのために、ルールを紙に書き出しておくのもいいでしょう。

当然のことながら、親であれば夫婦間の問題は、あとでふたりだけでもっと話し合いたいと思うでしょう。ふつう、セックスや浮気の問題、金銭問題、子どもの教育方針をめぐる意見の相違といった問題は、子どものいないところでふたりだけで話し合うべきテーマです。しかし、夫／妻が横柄だとか、短気だとか、無神経だといった日常レベルの小さな問題や過ちは、このミーティングであつかってもかまいません。子どもたちには、自分の行動に対し責任を取るための正しい手本が必要ですし、問題を解決するための建設的な方法を学ぶ必要があるのです。憎み合ったり四六時中いがみ合ったりする親ではなく、お互いに自分の非をわび合う親の姿を見ることで、子どもたちは安心感を抱くようになるでしょう。自分の両親には結婚生活を維持し、家庭の平和を保つ力があると信じることができ、精神的に安定してくるからです。

●アポロジー・ボックス（謝罪の箱）

もし「アポロジー・ナイト」というかたちがあなたの希望にそわなかったり、性格的に向かないというのであれば、つぎの方法はいかがでしょう。本書で先に触れた、ユダヤ人学生のことを覚えていますか？　ユダヤ教の贖罪《しょくざい》の日が近づくと、校内の掲示板に小さなメモを貼って、その年に自分が傷つけたり迷惑をかけたりした人々に許しを乞うた学生たちの話です（五二ページ）。この話をヒントにして、あなたの家でもこうした習慣をつくってみてはどうでしょう。決まった位置に掲示板を取りつけたり、「謝罪文」を入れる箱を置いたりすればいいでしょう。家族の他のメンバーに自分の「謝罪文」を読まれたくなかったら、宛名を書いた封筒の中にそれを入れ、封をして箱に入れてください。

気持ちが自然と「許し」や「新たな出発」に向かう、大晦日《おおみそか》や元旦などの特別な日に、この方法を行なってみるのもいいでしょう。しかしできれば、年に一度しかおとずれない特別な日を待つのでなく、月に一度は行なってほしいと思います。その方が、過去の問題をきちんと清算することができますし、心の傷を悪化させないですむでしょう。

第15章 ビジネスの関係を修復するには——敬意と思いやりの心を通して

誰もが「ごめんなさい」と言えるようになったなら、そして心の整理ができたなら、仕事も家庭の環境も、どれほど向上することでしょう。——デボラ・タネン

謝罪によって、ビジネス社会のあらゆる人間関係が円滑になっていきます。謝罪があることで、ビジネスの世界に敬意や思いやり、信用が生まれますし、もし謝罪がなされないなら、怒りや糾弾、不信感が生まれます。

自分の能力に見合った仕事ができなかった時、顧客やクライアントに期待されたレベルの仕事ができなかった時、または自分のミスや過ち、あるいは会社の他の人間のミスや過ちが発覚した時、謝ることによって、顧客やクライアントのあなたに対する評価、および、あなたが背負って立っている会社に対する相手の評価を、アップさせることができます。そしてこれは、職場の中の環境にもいえることです。あなたが短気だったり、乱暴な言動を取ったり、配慮に欠けたりした時は、まず何よりも自分の態度を同僚や上司、経営者に謝ることで、生産的で協調的、健全な職場環境を維持し発展させることができるのです。

本章では、ビジネスとかかわりのある謝罪について取り上げ、謝罪すること、謝罪を求めることによって、ビジネスの世界で私たちがいかに思いやり豊かな人間になれるのかを、述べていきたいと思います。

謝罪——相手に敬意を示すための、究極の方法

相手に対する敬意は、ビジネス社会におけるもっとも重要な要素です。同僚や仕事仲間を無理に好きになる必要はありませんが、彼らに敬意を払うことは必要です。何かを間違えたり、ミスを犯したり、誰かに迷惑をかけたりした時、謝ることはもっとも有意義な、相手に敬意を示すための方法です。反対に、こうした状況で謝らずにいることは、相手を軽視していることを如実にあらわす、きわめてあからさまな意思表示となるのです。

顧客や取引先を責めてはいけない

残念ながらアメリカ型の文化には（他の多くの文化圏と同じように）、何か問題が生じた際は客や取引先側のせいにするという風潮が、いまだに消えずにあります。「お客様は神様です」ではなく、「お客様は頭痛の種」といった考え方です。自分の失敗やミスをすぐにわびずに、言い訳したり相手方を責めたりする人や、顧客や取引先が文句を言ってくると、ばかにした態度を示す人さえいます。自分の過ちを償おうとするのではなく、自己防衛的になるうえ、時には好戦的になることさえ

あるのです。

顧客サービスにあたる方や、個人の顧客を相手にしている方は、つい最近、クレームを受けた時のことを思い出してください。あなたはすぐに謝りましたか？　自己弁護に走りましたか？　こちらの間違いを認めましたか？　相手のせいにしましたか？　ていねいに対応しましたか？　それともぞんざいな態度を取りましたか？

悲しむべきことに、多くのビジネスマンは、自分が過ちを犯してしまったという事実についてじっくり考えることがありません。したがって、彼らが失敗から何かを学ぶことも、サービスの改善につとめることもないのです。顧客がクレームをつけ続けると、彼らは保身に走り、ろくに相手をせず、時には敵意さえ示します。こうした傾向は、他の職種にも見受けられます。弁護士や、医者をはじめとする医療従事者の中にも、自分に異議をとなえる者を見くだして、無知だとかトラブルメーカーだとか決めつけてくる人がいます。

●踏んだり蹴ったり

ビジネスの場で被害をこうむったにもかかわらず、相手に事実を否定されたり、無視されたり、あろうことか自分の方が責められたという経験は誰にでもあるでしょう。いわば、踏んだり蹴ったりの状態です。相手は謝罪して事態を改善しようとしないどころか、私たちを非難して、侮辱するのです。

また、相手の業務上の落ち度を指摘したら、かえってそっちの方が理不尽だと言わんばかりの態度を取られたという経験もあるのではないでしょうか。店員が客にクレームをつけられて、相手をじろっとにらんだりしかめ面したりするのも、今日ではめずらしいことではありません。

私たちの知性や時には誠実な言葉にまで、こうした侮辱が向けられることがままあります。不当なあつかいを受けたうえに、嘘をついていると言って責められることほど、屈辱的なことはありません。名誉を回復するための唯一の方法が、書面による正式な抗議あるいは法的な申し立てとなる場合もあるのです。そうすることで、被害をもたらした側は自分の行為に直面せざるを得なくなるでしょう。

●責任転嫁

今日のビジネス社会でよく使われる手段の中に、もうひとつ、「責任転嫁」があります。責任転嫁は、オフィスや会社、企業など、複数の人間がひとつのプロジェクトにかかわっているところ、あるいは、ひとつの製品を生み出すのにいくつもの段階（何人もの人や部署）を経なければならないようなところで、よく見られるものです。何か問題が生じた場合、素直に謝るよりも、誰か別の人や部署に責任があるとする方が当事者にとっては楽だからです。

謝罪によってトラブルを回避する

ビジネス上のトラブルを解決するうえで、謝ることがもっとも効果的な方法であることは間違いありません。しかし残念ながら社会には、あまりにプライドが高く、あまりに頑固、またはあまりに臆病なため、自分の非を認めることのできない人がたくさんいます。さらに、今のビジネス社会に浸透している、（謝ると）訴訟を起こされかねないという不安を考え合わせれば、謝罪することがいかにむずかしいかは、容易に察しのつくところでしょう。

自分の非を認めることのできない人――何としてでも自分を守らねばならない人――はしばしば、心の不安定な人です。心の安定している人は、自分は間違いを犯したと認めることができますし、少なくとも、間違いを犯す可能性は自分にもあると認めることができるものです。それは、間違えることがその人にとって恐ろしいことではなく、また、間違ったからといって、その人の自尊心が傷つくこともないからです。

間違いを認めないのはプライドの問題だと言う人たちがいます。また、こちらの方が悪いのだと証明できる者などどこにもいないのだから、何としてでも己れの無実を貫こうという人たちもいます（「自分が否定しつづける限り、罪から逃れられる」という考えです）。しかしどちらの考え方も明らかに傲慢であり、相手を侮辱しています。あまりにひどい態度であれば、相手側は法的行為に出ることも辞さないでしょう。

仕事上のトラブルを清算するため、あなたにとって謝罪が必要だった時のことを思い出してください。相手から謝罪がなかった時、あなたはどう感じましたか？　侮辱されたと思いましたか？あまりに失礼だと感じ、何らかの手段に訴えましたか？

会社や経営者、同僚を相手どって起こした訴えのかなりの割合が、相手から謝罪があれば、回避できたような内容です。謝らなかったせいで多くの人々が会社から解雇されたり、降格処分を受けているのが現実なのです。

雇用主や管理職、取締役の方々へ

立派な会社経営者や管理職の人々は、会社の責任を背負っているのは自分自身だということをしっかり理解していて、従業員や部下を自分の隠れみのに使ったりはしません。何か問題が生じると、彼らはすぐに顧客や取引相手に謝り、トラブルの解決を約束します。顧客に迷惑をかけたという事実を認めることで、相手を尊重していることを示すのです。

商品や製品、あるいは仕事の成果に、不都合や不満を感じた顧客・取引相手は、つぎの三つを求めています。

1　彼らは「謝罪」を求めています。ここでいう謝罪とは、顧客や取引先が損害を受け、迷惑をこうむり、失望した事実をあなたが認めること、また、あなた側の反省を伝えることです。

2　彼らは自分の話を「きちんと聞いて」ほしいと願っています。適切な対応がないのはひじょうにいら立たしいことです。適切な対応がないと、人は自分の抱いた正当な怒りや不満、失望が、軽視されたり無視されているのではないかと思ってしまいます。

3　彼らは、「問題が改善されるという保証」を求め、間違いやミスの「責任を取って」ほしいと望んでいます。起きてしまったことは取り返しがつきませんが、相手に対して、誤りは正す、あるいは同じ間違いは二度と起こさないと約束することはできるのです。

謝罪に関するこれら三つの要素を顧客や取引相手に提示せず、問題を第三者のせいにする経営者や管理者は、顧客からも、従業員からも尊敬されることはないでしょう。こうした経営陣は弱虫、あるいは臆病者と見なされるのです。

また、経営者や管理者がつねに顧客側を責めているのも、ほめられた行為とはいえません。それが前例となり、従業員や部下たちも似たようなまねをしはじめます。こうした姿勢はすぐに職場全体に浸透し、働き手の勤労意欲を低下させ、言い訳がましい職場の体質をつくる結果となるのです。自社が供給する製品やサービスの利用者への敬意または配慮が、もしも誰にもなかったら、すぐれた商品開発を追求すること、あるいは最高のサービスを提供することに、何の意味があるのでしょうか?

経営者や管理者が、納期の遅れや自社の誤り、ミスを即座にわび、必ずトラブルを解決すると相手に約束することによって、従業員や部下たちに、顧客を尊重することを身をもって教えることになります。あなたが取引先に敬意を払うなら、あなたは自然といっそう仕事に励むでしょう。そしてもし全社員がいっそう仕事に励むならば、顧客や取引先は満足し、ビジネスは発展するでしょうし、そうしてあなたはより大きな仕事ができるようになるのです。

自分は何も悪くないのに謝ること

自分は何も悪くないのに謝らなくてはならないこと、これほどつらいことは、そうめったにありません。しかしビジネスの世界では、信用を得て成功するためには、謝らなければならない場合があります。もしもあなたのもとに、顧客や取引先が腹を立ててやってきたら、状況をおさめるため何か策を講じなければなりません。通常その方法として挙げられるのが、自分サイドの非を何かしらわびることです。だからといって、やってもいないことの責任を認めなければならないという意味ではありませんが、謝罪を効果的なものにするためには、つぎの三つの要素を相手に提示してください。(一)相手の言い分を聞くこと、(二)反省すべき点については反省すること、そして(三)問題に善処することです。

カリフォルニアで小さな本屋を営む私の友人がいるのですが、彼女は毎日接客に当たっています。店はたいてい閑散としており、店にはいつもお客はひとりかふたりといったところです。しかしごくまれに、なぜか客が押し寄せてくる時があり、レジの前に列ができるそうです。そんな時たいていの客は理解を示してくれるのですが、たまにとても急いでいる人がいて、イライラし出すそうです。自分は何も悪くないと彼女は思っているのですが——お客さんが買う本を決めてレジに並ぶ時間を、彼女にコントロールすることはできません——客がいら立っていてもいなくても、彼ら全員に謝ることが肝心だと、彼女は気づいたといいます。

店が混んだ日は、精算する時、お客さんにまず言うの。「お待たせして本当にすみません」って。とくに気にしていないお客さんなら、「いえいえ、だいじょうぶですよ」って言ってくれるわ。イライラが募っているお客さんだと、怒りをこらえて黙ってうなずくか、「まあいいか」って意味の言葉をつぶやくわね。時々、「もうひとり店員を雇うべきだ」って言われたり、私を店主だと思っていない人からは、「店主にもうひとり増やすように言っとけ」って言われたりするわ。でもふつう、みんなはそれ以上文句を言わないの。
気が向くと相手の様子を見て、人を雇っても割が合わないって説明することもあるし、レジの前に列ができるなんてごくまれだから、人を雇っても意味がないって説明することもあるの。お得意さんにこう伝えておくと、レジでまた待たされても、あまりイライラしなくなるみたいよ。

このやり方がうまくいくのは、迷惑をかけたことを即座にわびることによって、彼女がつぎの三つを行なっているからです。

1　彼女は何かトラブルが起きていることを認め、客がいら立つのはもっともだということを認めている。

2　客は本来、待たされるべきではないと認めることで、彼らに対する敬意を示している。

3　迷惑をかけたことに対する反省の気持ちをあらわしている。

こうした結果、客の怒りは鎮まります。迷惑をこうむったという事実が認められたため、彼らには、それをわざわざ口にする必要がなくなったのです。そして何より重要なのが、自分の気持ちを店主が尊重してくれていると実感したことです。私の友人は何らかの改善策を示したわけではないのですが、ほとんどの客が彼女の対応に満足しています。

理不尽な客や取引相手、激怒した客や取引相手への対応法

ビジネスの世界では、自分に非がなくても謝らなければならない場合や、顧客や取引先の方が明らかに理不尽であっても謝らなければならない場合があります。私自身の経験からひとつ例を挙げましょう。

数年前、私がロサンゼルス地区で開業していた頃、オフィスの前で道路工事がはじまりました。工事の音はうるさく、道は通れなくなりました。クライアントはいつもこの通りに車を停めていたので、その時は他の駐車場所を探さなければなりませんでした。工事がはじまってまもなく、不便になることをクライアントにわびたところ、ほとんどの人が事情を理解してくれたのですが、あるクライアントはひどく腹を立てていました。謝っても彼女をなだめることはできませんでした。彼女は不便でしょうがないと言って私を責め、もし私が何も策を講じなければ、二度とここには来ないと言って怒るのでした。

たしかに、クライアントがどこから通っているか知っておくこと、また、クライアントに穏便な態度で接するのは私の務めですが、セラピストといえども、攻撃されれば冷静さを保つのはつらいものです。彼女は声高になり、私を罵倒しはじめました。むっとはしたものの、彼女の話をちゃんと聞いていると知ってもらうことで事態を打開すべきだと、私にはわかっていました。そこでこん

なふうに、彼女の話を別の言葉で言い換えました。「おもての道路工事のせいで、あなたはとても頭にきてるんですね。それでなくても予約に遅れていたのに、駐車場所が見つからないせいでもっと遅れてしまったのですものね」

クライアントの話を言い換えるのには、ふたつの目的がありました。ひとつには、彼女の言葉を私がしっかり聞いていたと知らせること、つまり、彼女の話に私が耳を傾けていたと伝えることです。ふたつ目は、彼女にとって何が本当の問題なのかを私自身が理解するためです。心理療法家が〝メタ・メッセージ（非言語的意味）〟――メッセージに込められたメッセージ――と呼ぶものを理解するためです。この場合のメタ・メッセージとは、彼女が私に会うことをぜひとも必要としており、予約をふいにしてしまうのではないかと恐れていたという内容です。

このメタ・メッセージに気づいた私は、彼女にこう言いました。「あなたは今日、本当に私に会う必要があったのですね。だから、予約が無効にならないかと心配されてたんでしょう」すると彼女は黙りました。

この時点で私のすべきこととは、彼女を安心させ、善後策を講じることです。そこで私はつぎのように説明しました。たとえ時間に遅れても予約が取り消されることはなく、予約を入れた時間帯は彼女をずっと待っていると。さらに、工事中の道路を避けて別の角を曲がると、充分駐車スペースがある通りに出るので、来週はその道を通ってきてはどうかと伝えました。

私が個人的に何か過ちを犯したわけではありませんが、道路工事のせいでクライアントがこうむった迷惑をわびるのも、やはり私の義務なのです。私は彼らに対する敬意と礼儀のしるしとして、彼らがその状況をどう感じているかについて、しっかり理解しなければならないのです。

顧客や取引先の気持ちを「認め」、トラブルが起きたことを「謝罪し」、事態を「改善する」ことによって、たいていの問題は、すみやかにかつ穏やかに解決されるでしょう。そしてあなたも、あなたの顧客や取引先も、気分が晴れるはずです。

最終的にはメタ・メッセージを見つけることで、激怒したクライアントもなだめることができるのです。心理療法家のようにメタ・メッセージを見つける訓練を受けた人はそう多くいませんが、その気になれば、この技術を身につけるのはむずかしいことでありません。

顧客や取引先が怒りをあらわにした時は、彼らが怒った本当の理由を探ってください。まず、相手が何を「恐れて」いるのか探ってみましょう。納期が守れないのではないか、品物の到着が間に合わないのではないか、あるいはトラブルに対する補償がないのではないかと、不安に思っているのかもしれません。

カンカンになった顧客や取引先の機嫌をとるべきだなんてばかげていると思われるなら、この問題をちがった角度からながめてください。誰にでも、ささいなことにわけもなく腹が立ったという経験があるのではないでしょうか。その時あなたを怒らせた相手の態度が冷淡だったり、あるいは乱暴だったりしたことで、あなたの怒りはエスカレートしたのではないですか？　ではつぎに、こんな時はどうだったでしょう。相手があなたを無視したりばかにしたりせず、あなたの話に耳を傾け、謝り、こんなトラブルは二度と起こさないと保証してくれた時のことです。こうした相手の態度に、怒りがおさまったのではないですか？　相手のそういう対応の仕方は、とても効果的だったとは思えませんか？

同僚や部下との関係を改善するためには、謝罪はどうあるべきか

同じ職場で働く人たちにも、ひとりひとり個性やコミュニケーションのスタイルがあり、また、それぞれ異なる文化的・政治的バックグラウンドがあります。そのうえ、朝から晩までいっしょに働いているのですから、お互いイライラすることや、相手の態度や振舞いが気に入らないこともあるのです。そう、ちょうど家庭にいるのと同じように。

したがって、職場でひんぱんに口論やトラブルが持ち上がるのも、驚くにはあたりません。また、ほとんどの人たちが、自分の態度には同僚を不快にさせたり同僚から無神経だと思われたりする点があることに気づいていないのですが、これも、驚くにあたらないことなのです。むしろ社内で何か問題が生じると、人はふつう自分でなく、同僚の態度の方に原因を探るようになるものです。

その一例として、謝罪に関する企業向けのセミナーでよく起こる出来事をお話ししましょう。私は参加者に、自分の同僚のとても嫌な、あるいは腹の立つ態度を挙げてもらい、その理由を紙に書き出してもらいます。つぎに参加者に輪になってすわってもらい、それぞれに先のリストを読み上げてもらいます。すると多くの参加者が、(自らも後ろめたさを覚えていた)自分の態度を人から指摘され、また、自分自身が指摘した同僚の態度と同じくらい自分の態度も人に迷惑をかけていると知り、ショックを受けます。

迷惑をかけた相手に個別に謝る必要はありませんが、謝りたいという人には、グループ全体に対して自分の態度をわびてもらいます。謝った人たちは、最初は多少恥ずかしかったものの、謝ったことで気持ちが軽くなったと報告しています。また、追跡調査によると、謝った人たちは同僚に親

近感を抱くようになり、職場環境に対する不満が減ったと述べています。

こうしたセミナーをはじめとして、謝罪に関するワークショップを開く企業の数はしだいに増えているのですが、誰もが参加のチャンスに恵まれているわけではありません。しかしだからといって、あなたが謝罪の恩恵にあずかれないというわけでもありません。あなたが短気だったり、いらついていたり、失礼な態度を取ったり、無神経だったりした時には、相手にきちんと謝ればいいのです。たしかに誰にでも不機嫌な日はありますし、完璧な人間になる必要もないのですが、それでも、あなたが同僚を傷つけたのなら、その人に敬意をもって接し、謝るのは当然です。それと同じく、誰かがあなたに謝ってきた時は、意固地にならず、広い心でその人の言葉を受け入れられなければなりません。あなた自身、今回わびてきた同僚や他の同僚たちを、不快にさせたり傷つけたりしてきた可能性がかなり高いということを、忘れないでください。

あなたを傷つけ不快な気分にさせた同僚がいるのなら、その人を無視したり、その人の悪口を誰かに言ったり、仕返しを考えるのではなく、謝ってほしいと求めてください。

柔軟な姿勢で

これまで述べてきたとおり、謝罪という行為は、ビジネスの場においても大きな力を発揮します。しかし私たちは謝罪に関して、ビジネスの場では、周囲の状況に応じて柔軟になる必要があります。『論争の文化』の著者デボラ・タネンはつぎのように忠告します。人にはそれぞれ異なる会話のスタイルがあり、会話における話の前後関係もさまざまで、同じ話の内容がすべての人に通じるとはかぎらない、と。
私たちが、礼儀正しい分別のある人間になろうとして会社の同僚に謝るのであれば、そしてもし自分の会話のスタイルが相手に通じるのであれば、謝ることを通して円満な人間関係が築けるでしょう。しかしもし彼らにあなたの会話のスタイルが理解できないようであれば、謝罪は表面的にしか受け取ってもらえず、謝罪の言葉は弱さのあらわれであると解釈されてしまうかもしれません。とりわけビジネスの世界ではそうです。また、このことはとくに女性にあてはまります。同僚や仕事仲間にいちいち謝ってばかりいる女性たちは、能力がないと見なされてしまうかもしれないのです。

相手に対する敬意と礼儀はビジネスのあらゆる場で効果的に働きますが、謝りすぎたり、何も悪くないのにいつも非難を身に引き受けていたりすると、同僚や仕事仲間から尊敬されなくなるでしょう。キャリアアップを願う人たちは、過度に謝ることで自分のイメージに傷をつけたりしないよう注意しなければなりません。

あなたは日常生活の大半を職場で過ごしています。謝罪すること、謝罪を受け入れること、謝罪を求めることを日々心がけることによって、職場の環境を自分にとって、また周囲の人すべてにとって、よりいっそう快適なものにすることができるのです。

第16章 結び——謝罪を、世の中を変えるムーブメントに

許すこととは、世界を癒すため私たちにできる、もっとも大切な行為なのです
——マリアン・ウィリアムソン

私にとって本書とは、読み物であると同時に、ひとつのスローガンでもあるのです。多くの人が、いろんな「謝罪」を日常生活の完全な一部として取り入れてくださることが、私の心からの願いです。自分の犯したミスや過ち、罪をわびることで、あなたは相手に、彼らが当然受け取るに値する敬意を示すことになりますし、あなた自身、もっと大きな心で人に接していこうという意志をかため、他者への共感や思いやりを深めることになるでしょう。

そして、人に与えた害を償うことで、あなたは、自らの自尊心を損ねる羞恥心《しゅうちしん》や罪悪感を一掃するとともに、傷つけた相手に対して、これまで得たことのないような貴重なプレゼントを贈ることになるのです。

子どもたちに謝ることの大切さ、有意義な謝罪の行ない方を教えることで、彼らに素晴らしい人生のスタートを切らせてあげることもできるでしょう。さらに、謝罪のあり方について子ども

たちに説くことで、人としての謙虚さや、行動の責任を取ることとの重要性も教えることになるのです。謝ることの大切さを学んだ子どもは他者を尊重し、思いやりのある、忍耐強い人間になっていきます。

日常生活での怠慢や不注意をわびることで、家族に敬意と思いやりを示すことができますし、子どもたちには共感と同情の示し方を、身をもって教えることができるでしょう。また、妻や夫に過去の過ちをわびるなら、まだ癒えぬパートナーの古傷を癒し、結婚生活に愛と信頼を取りもどすことができるでしょう。

人に謝罪を求めることは、怒りの感情を処理するための画期的な方法です。きちんと相手に謝罪を求めることによって、離婚率や子どもの家庭内暴力の問題は減少すると思われますし、世の犯罪件数も減っていくのではないでしょうか。

私たちが日々の暮らしの中で行なうべき基本的な謝罪、そして大きな集団組織や国単位で行なわれるべき重大な謝罪。このふたつのあいだには、強いつながりがあります。自分の責任を否定したり誰かを非難するのではなく、己れの行動の責任を取ることからはじめれば、自分を取り巻くあらゆる人間関係——恋人との関係、家族との関係、仕事上の人間関係——を変えていくことができますし、さらには、私たちの文化全体をも変えていくことができるのです。

世界を変える、ひとつの謝罪

ひとりの人間には世界を変える力が宿っています。私心のない、あなたのひとつの謝罪から、連鎖反応が生まれてくるかもしれません。あなたの謝罪に相手がとても感動し、自分が傷つけてしまった誰かに謝らなければならないと、勇気づけられるかもしれません。そしてその人に謝ってもらった人物も謝罪の大切さに気がついて、自分の謝るべき人物に謝罪するかもしれません。あなたの勇気あるたったひとつの行動から、つぎつぎと謝罪の輪がひろがっていくのです。

あなたが謝ることを生活の一部にすることによって、夫や妻、子ども、同僚、友人たちにどんな影響を与えるか考えてみましょう。

自分自身やもろい自我《エゴ》を必死に守るのでなく、人の立場に立って生きていこうと誓った時、つねに自分の行動に責任をもち、迷惑をかけた人たちへの償いに心を砕くようになった時、私たちの生き方は人を感動させるだけでなく、あらゆる人にとって、ひとつの見本となるのです。あなたという見本に接した夫や妻、友人は、誰かを傷つけた際、素直に謝れるようになりますし、身近な人たちにもすすんで謝るようになるでしょう。また、あなたから謝ることを学んだ子どもたちは、その教えをいつか自分の子どもにも伝えるでしょうし、同僚や顧客に対して謝罪を心がけるあなたの姿勢は、会社の他の人間にもひろがって、職場を思いやりと敬意に満ちた場所に変えていくことになるでしょう。

また、もし誰かがあなたに謝り、あなたがそれを受け入れることができたのなら、その人は、自分がこれまで傷つけてきた他の人たちのことも思い出し、彼らにも謝れば晴れやかな気分になれるのだろうと感じるようになるでしょう。

これは、あなたが彼らの人生に転機をもたらしたということです。自分の過ちを認め、傷つけた相手に許しを求めるという、これまでとはまったく異なる新たな姿勢を、彼らは身につけることになるのですから。

人から寄せられた謝罪を受け入れることによって、私たちは、自らのぼった台座から降り、自分も人と同じであること、自分も人を傷つけ、人の人生に苦痛や失望をもたらす存在であることを認めるようになるのです。やさしく両手を差し出し、同情と共感という和解のためのプレゼントを、謝罪を寄せたその人に贈ることになるのです。許しがもたらす癒しの中で、あなたは彼らをあたたかく抱きしめることでしょう。

過ちを犯した人物から遠ざかっていったり、その人を悪人あつかいしたりせず、本人に謝罪を求める時、あなたは彼／彼女に大きな恩恵をもたらします。彼らは自分の行為があなたを傷つけてしまったとは、気づいていないのかもしれません。

自分の行為が人にどんな影響を与えているかは、誰にとってもわかりにくいものなのです。ですから、それを指摘し、自分自身について教えてくれることを、ふつう人は（最初は恥を覚えますが）ありがたく思うものです。

また、自分を傷つけた人を許すことで、あなたはその人に最高の贈り物をすることになります――和解のチャンス、より素晴らしい人間になるためのチャンス、そして時には、新しい人生を迎えるためのチャンスさえ、与えることになるのです。どんな札付きの常習犯でも、真実の許しによって、完全に生まれ変わることができるのです。彼らはもう自分のことを許されざる者だとは思いませんし、羞恥心に苦しめられて、心身ともにくたびれ果てた状態にいるわけでもありません。自己を解放する「許し」という癒しを経て、罪を償うことを心に誓い、人生の再スタートを期すことができるかもしれないのです。

私たちは誰かに許しというプレゼントを贈られると、心が豊かになり、他者に対しても同じプレゼントを贈ることができるようになるのです。

訳者あとがき

本書を手に取られた方は「謝ること」もしくは「謝罪」について、何らかの関心をもたれていた方だと思います。それはご自分が誰かに謝ることに関してでしょうか、それとも、誰かに謝ってもらうことに関してでしょうか？　あるいはその両方でしょうか？

著者である心理療法家ビヴァリー・エンゲルは、「謝ること／謝ってもらうこと」をめぐってゆれ動く私たちの心、そのあやや葛藤、そして心の奥にひそむ隠れた側面を、具体例を交えながら詳述し、本当の謝罪とは何か、許しとは何かを探っていきます。

私がこうしたテーマに興味を抱いたのは、自分や家族が誰かにひどく傷つけられた時、もし相手が自分のしたことを心から悔やみ、わびたのなら、私はその人を許すことができるのだろうかという疑問からでした。では、私にとってその判断基準とは何か、相手がどんな態度を示せば私は相手の言葉を信じ、許そうという気持ちになるのか、はたしてそもそも許すということ自体可能なのだろうか、という疑問です。そして、本書を通して私は自分なりの答えを見出したと感じています。

「謝る」ことについて著者は、「謝罪すること」「謝罪を受け取ること」「謝罪を求めること」の三つの観点から考察します。謝ることに対する実情を振り返ってみると、私たちは日常、「ごめんなさい」や「すみません」を社交辞令のように用いているいっぽうで、何かトラブルがあっても相手の過ちを指摘せず、ことなかれ的に問題を棚上げしたまま、相手に対して適当に距離を置いてしまいがちです。また、中には謝ることを一種の敗北宣言のようにとらえ、めったに謝らないという人もいます。いずれにせよ、謝ることの本当の意味や目的をないがしろにしてきたのは確かなようです。

本書を読んでいるうちに、謝ることに関して私自身が、いろいろな課題を抱えているのだと気づきました。まだ自分の憤りを相手に伝えきれていないため、「すみません」という知人の言葉を素直に受け入れられずにいること、反抗期真っ最中の子どもから「さっきはごめんなさい」の言葉をもらい晴れやかな気分になっていながら、自分のほうは辛辣《しんらつ》な言葉で家族を傷つけても、それを謝れずにいることなど。

そういえば、以前に経験したクリーニング店でのトラブルの一件も思い起こされました。「お宅がなくしたんじゃないですか」そう言われるのでないかと思いながら、返ってきた洋服の一部分が欠けていたことを、私はその時、おそるおそる店主に告げたのでした。ところが店主は「それは申し訳ありませんでした」と率直に店の落ち度を認め、私のためにその洋服のメーカーに連絡してパターン起こしから縫製まで依頼し、〝消えた襟〟をオーダーメイドしてくれたのでした。お金で弁償するという方法もあったでしょうに、このていねいな対応に私はいたく感激したのでした。今思えば、店主はあの時まさに、客である私にまっさきに「謝罪」し、私の声を「きちんと聞き」、損害を「補償して」くれていたのです（第15章「ビジネスの関係を修復するには」をご参照ください）。

著者は家庭内の虐待問題の専門家ということもあり、また自身の体験から、家族間における謝罪のあり方に多くのページをあてています。家庭ではお互いついつい気が緩み、言ってはいけないことまで言ってしまい、感情のもつれを生じさせます。傷つけ合ってできた傷は、時として、他人につけられた傷よりも深くなることがあるでしょう。私自身、家庭内のとげとげしい日常会話が子どもの心を歪めていると第三者から非難され、それを客観的な「ひとつの事実」として受けとめて、夫婦で子どもにわびたという経験をもっています。本来強い愛情で結びついた家族だからこそ、互いのつながりを見つめ直すという意味でも、素直に謝ること、しっかり自分の痛みを伝えることを教え、学んでいくべきだといえるでしょう。社会の最小構成単位は家族です。夫婦間、親子間で、正しく謝り合えていることが大事だと実感します。

いじめや少年犯罪の増加の原因には、想像力の欠如があるといわれます。こんなことをしたら相手がどう思うか、何を感じるか、どれほど苦しむかを、子どもたちがイメージできなくなってきているというのです。著者が言う「共感の欠如」につうじていると思います。共感とは本来人にそなわったひとつの能力ですが、それが欠如すると、相手の立場に立てなくなり、相手との共通点が見出せなくなります。家庭や教育の場で、子どもたちにとくに喚起させたい力だと痛感しました。

「謝ること」が自己満足であってはならないことも、私は本書から学びました。自分の気持ちをすっきりさせたいからとか、謝ってしまうほうが楽だからなどという理由で安易に謝ることには、何の意義もありません。謝罪の目的とは、害を与えてしまった相手の傷を癒し、互いの関係を修復することにあるのです。だからこそ、相手が気づかずにいる自分の過失や相手にとって忘れかけた古傷なら、あえてそれに触れることはないと著者は言い、「自分は同じ過ちを二度と繰り返さないと心に誓い、それを実行すること」が真の謝罪になると述べています。このことは、相手の気持ちを尊重し謝ることができずにいる方にとって、大きな励ましと救いになるのではないでしょうか。

いっぽうで私たちは、自分が謝ってもらうという立場になった時には、「何をどうしたら許せるのか、自分の傷は癒えるのか」に関する明確なヴィジョンがないまま相手の言葉を受け取るため、なかなか心が満たされることがありません。著者が言うように、セラピーやワークショップで「許し」の重要性を説かれても万人がたやすくその域に達するものではありませんから、ここにまたひとつの葛藤が生まれてしまいます。

人は誰も、怒りや恨みに心を乱されたり縛られたりしない生き方を望んでいます。しかしだからといって、自分の気持ちを偽って誰かを無理に許すことなど不可能ですし、その必要もありません。相手がどんなに謝ってくれたとしても、自分の心に一片でもわだかまりがのこっているようなら、己れの直感や気持ちに素直に従い、「言葉は受け取るが、まだ許そうとは思えない」とその人に伝えればいいのであり、許しを自分に強いることはないのです。本書にあるとおり、自分の気持ちを判断するのは自分以外にあり得ないのですから。著者の毅然としたこうした主張は、とても心地よく感じられます。

謝罪を求める、あるいは謝罪を受け取る行為とは、「過ち」や「罪」と、それを犯してしまった「人」とを分けて考える準備が自分に整っていると、相手に示すことではないでしょうか。そして真の謝罪を受け取ったと感じると、私たちはおのずと、相手の行為とその人を分けて考えられるようになるのではないかと思うのです。そうした時に、憎むべきものは行為であって人ではなくなる——じつはこれが、先に挙げた、私の疑問に対する答えなのです。行為と人とを分けて考えられるようになることが、私なりの「許し」であると気づいたのです。もちろん、そこにいたるまでには多くの時間が必要でしょう。場合によっては、一生かけても到達できない深遠な境地なのかもしれません。

責任の所在を重視する米国では、「アイム・ソーリー」が神経質なまでに慎重にあつかわれてきました。このあたりの事情はよく知られるところでしょうが、「すみません」があいさつ代わりになっている日本と同様、謝ることの本当の意味に焦点が当てられてこなかった点は同じかもしれません。謝りさえすれば万事が解決するわけではありません。謝罪とは、より良い新たな関係を互いに築いていこうというスタートの合図です。それを理解していなければ、日常生活におけるさまざまな人間関係に何の変化もおとずれはしないでしょうし、社会的な問題が解決に向かうこともないでしょう。家族や友人など身近な人間に対する謝罪であっても、社会的、公的な場における謝罪であっても、その本来の意義と目的は同じであり、そうした謝罪がなければ、どんな状況、どんな場面にも、本当の和解や救済はあり得ないのです。

日本では平成二一年までに、裁判員制度が導入されることとなりました。私たちが法廷という場所で、被告人の言葉に耳を傾け、当人から発せられるであろう謝罪の真意を判断しなければならない時がやがてきます。その時、本書がみなさんに伝えているメッセージをぜひ思い出していただきたいと思います。謝罪とは、その人が自分の過ちを認め、それを心から悔い、自分には行動の全責任を取る覚悟、償っていく意志があることを伝えるための言葉だということです。

さて、本書で紹介されている「修復的司法」（一二、三四～三五ページ）については、最近日本でも耳にするようになりました。地域社会の協力のもと、被害者と加害者が直接向き合い、お互いの知りたいこと・伝えたいことを話し合って、問題の解決や和解にあたるというシステムですが、欧米では、まず窃盗や器物損壊などの比較的軽微な事件で用いられるようになり、その後、死亡事件などの重大事件でも用いられるようになりました。修復的司法の基本となる、被害者と加害者による対話に関しては、日本でもさまざまな角度から検討されはじめているようです。

最後になりましたが、企画の段階から、日本教文社専務取締役・永井光延氏、第二編集部部長・田口正明氏には大変お世話になりました。この場を借りてお礼申し上げます。また、丹念に訳稿を読みこみ、的確なアドバイスを与えてくださった、第二編集部・田中晴夫氏にも心から感謝したいと思います。本当にありがとうございました。

平成一八年六月

石井　礼子

◎訳者紹介——**石井礼子**（いしい・れいこ）＝青山学院大学文学部英米文学科卒。訳書にR・アンソニー『自信エネルギー開発法』、M・ニームス『お金に好かれる人 嫌われる人』P・ローベンハイム『私の牛がハンバーガーになるまで』（以上、日本教文社）、R・G・ジャン、B・J・ダン『実在の境界領域』（技術出版）他がある。神奈川県在住。

人《ひと》はなぜ謝《あやま》れないのか

——自分《じぶん》も相手《あいて》も幸《しあわ》せになれる「謝罪《しゃざい》」の心理学《しんりがく》

初版第一刷発行　平成一八年七月一五日

著者——ビヴァリー・エンゲル
訳者——石井礼子（いしい・れいこ）

発行者——岸　重人
発行所——株式会社日本教文社
東京都港区赤坂九—六—四四　〒一〇七—八六七四
電話　〇三（三四〇一）九一一一（代表）
〇三（三四〇一）九一一四（編集）
FAX　〇三（三四〇一）九一一八（編集）
〇三（三四〇一）九一三九（営業）
振替＝〇〇一四〇—四—五五五一九
印刷・製本——凸版印刷
●日本教文社のホームページ　http://www.kyobunsha.co.jp/

ISBN4-531-08155-2　Printed in Japan